ADAC Reiseführ

Dubai

Vereinigte Arabische Emirate und Oman

Shopping · Museen · Naturschönheiten · Lehmforts
Lokalkolorit · Sport und Freizeit · Hotels · Restaurants

Die Top Tipps führen Sie zu den Highlights

von Elisabeth Schnurrer

Intro

Unterwegs

Service

Leserforum

Die Meinung unserer Leserinnen und Leser ist wichtig, daher freuen wir uns von Ihnen zu hören. Wenn Ihnen dieser Reiseführer gefällt, wenn Sie Hinweise zu den Inhalten haben – Ergänzungs- und Verbesserungsvorschläge, Tipps und Korrekturen –, dann kontaktieren Sie uns bitte:

Redaktion ADAC Reiseführer
Travel House Media GmbH
Grillparzerstr. 12, 81675 München
adac.reisefuehrer@travel-house-media.de
www.adac.de/reisefuehrer

Dubai, Vereinigte Arabische Emirate und Oman Impressionen

Moscheen und Malls im Morgenland

Dubai ist auf dem besten Wege, die **Urlaubsdestination** des 21. Jh. zu werden. Jährlich besuchen knapp 9 Mio. Gäste die Metropole am Persischen Golf (auch Arabischer Golf), bis 2015 soll sich ihre Zahl verdoppeln. Geschäftsleute und Urlauber bevölkern die feinen hellsandigen Küsten in Dubais Strandviertel *Jumeirah*, wo weltweit bekannte **Hotel-Ikonen** wie das *Burj al-Arab* oder *Madinat Jumeirah* zu Luxusaufenthalten unter arabischer Sonne einladen.

Einheimische wie Gäste lieben auch die zahllosen Souks und Shopping Malls in *Bur Dubai* und *Deira*, die Designerkleidung und Haute Couture, edlen Schmuck und exquisite Parfüme anbieten. Auch wenn nicht gerade Promotion-Wochen wie das beliebte **Dubai Shopping Festival** im Januar und Februar stattfinden, sind die Preise dank weitgehender Steuer- und Zollfreiheit ausgesprochen günstig. Gleiches gilt übrigens für die gesamten Vereinigten Arabischen Emirate.

Einheit in Vielfalt

Diese einzige **Staatenföderation** der islamischen Welt wurde 1971 aus der Taufe gehoben und besteht aus den sieben Emiraten Abu Dhabi, Dubai, Sharjah, Ajman, Umm al-Qaiwain, Ras al-Khaimah und Fujairah. Insgesamt leben hier gut 5 Mio. Menschen, von denen etwa vier

Links oben: *Gemütlicher Ausritt am Strand von Jebel Ali in Dubai*
Links unten: *Vielseitig ist die Dubai Mall, das größte Einkaufszentrum im Nahen Osten*
Rechts oben: *Dubais Skyline mit dem Burj Khalifa, dem höchsten Wolkenkratzer der Welt*
Rechts unten: *Vor der Ankunft von Geländewagen erschlossen Kamele die Wüste*

Fünftel Ausländer sind: überwiegend Inder, Pakistani, Bangladeshi, seltener auch Briten und andere westliche ›Expats‹, die hier ihren Lebensunterhalt verdienen.

Die hohe Zahl von Fremdarbeitern ist eines der gemeinsamen Merkmale der Vereinigten Emirate, ansonsten hat jedes ein eigenes Profil entwickelt. In der Kapitale **Abu Dhabi City** etwa laufen die Fäden der Macht zusammen, **Dubai City** ist Handelszentrum und Tourismushochburg, **Sharjah** gilt dank seiner vielen Mu-

seen als Kulturhauptstadt, **Ajman** ist für seinen traditionellen Dhau-Bau bekannt, **Umm al-Qaiwain** genießt bei Bankern und Vogelbeobachtern weltweit einen guten Ruf und **Ras al-Khaimah** lebt neben dem zunehmenden Tourismus in erster Linie von Gemüseanbau und der Kermikproduktion. **Fujairah** schließlich, das einzige Emirat im Osten am Golf von Oman, bezaubert mit abwechslungsreicher Natur und einladenden Tauchplätzen.

Sport und Spaß unter südlicher Sonne

Besonders im Hinterland der Küsten finden **Outdoorsportler** reichlich Herausforderungen. Es locken die felsigen Wadis des schroffen *Hajar-Gebirges* oder die unendliche Sandwüste der *Rub al-Khali*, des Leeren Viertels, bei den lauschigen Liwa-Oasen. Dort wird auf dem Moreeb Hill jedes Jahr im Frühjahr die **Desert Challenge** für Motorräder und Geländewagen ausgetragen. Das ganze Jahr über kommen Anhänger des **Sand Skiing** auf den roten Sanddünen von Hatta auf ihre Kosten. Einen traditionelleren Zugang zur Wüste bietet ein Ausflug auf dem Rücken eines Kamels oder eines der berühmten **Araberpferde**, vielleicht sogar mit anschließender Übernachtung in einem Beduinenzelt. Die Emiratis sind passionierte Reiter und verfolgen die *Querfeldein-Endurance Races* ebenso gespannt wie die Rennen auf dem Turf von *Meydan* in Dubai. Nicht weit davon finden auf der **Kamelrennbahn** in den Wintermonaten immer donnerstags und freitags Wettrennen der langbeinigen Wüstenschiffe statt. Und schließlich lädt im Süden von

Dubai City der *Emirates Golf Club* mit zwei 18-Loch-Plätzen zum Abschlag ein. Überhaupt finden Golfer in den gesamten Emiraten, ob in *Ras al-Khaimah* oder *Al Ain*, heute gepflegte **Rasengolfplätze**, die selbst höchsten Ansprüchen gerecht werden.

Die meisten Outdoor-Aktivitäten finden während der **Wintermonate** Oktober bis März statt, wenn sich die Temperaturen auf angenehme 28–30 °C einpendeln. Dann sind die Bedingungen ideal für **Wassersport**. Entlang der Küsten wird er in jeder Form reichlich angeboten: Jet Ski, Surfen, Schwimmen im Westen, Schnorcheln und Tauchen im Osten, Kanu fahren und Paddeln in den Mangroven von Kalba. Viel Spaß versprechen auch die großen **Wasserparks** wie der *Wild Wadi Water Park* in Jumeirah oder der *Dreamland Aquapark* vor den Toren von Umm al-Qaiwain City.

Auch für **Tierfreunde** lohnen sich Ausflüge ins ländliche Hinterland. Im *Sharjah Desert Park* etwa lassen sich Oryx-Antilopen, Affen und sogar Geparde studieren, die Herzen von Vogelliebhabern schlagen beim Besuch der Sokotra-Kormoran-Kolonie auf der Vogelinsel *Jazirat al-Sinniya* bei Umm al-Qaiwain höher. Auch die Artenvielfalt in manchen Wadis der *Hajar-Berge* erfüllt sie mit Begeisterung. Schnorchler und Taucher schwärmen von der abwechslungsreichen *Unterwasserwelt* besonders vor der Ostküste. Immer bekannter wird auch die Halbinsel

Links oben: *Kulinarischer Büfett-Streifzug*
Links unten: *Kamele ins Rennen schicken*
Rechts oben: *Zwei Einheimische genießen die milde Abendstimmung am Dubai Creek*
Rechts Mitte: *Beachvolleyball am Strand von Abu Dhabi, Hiltonia Beach Club*
Rechts unten: *Zwischen den schroffen, ausgedörrten Felsen des Jebel Akhadr im Oman tauchen grüne Gärten und Plantagen auf*

Musandam im äußersten Norden, in deren strömungsreichen Gewässern man sogar mit Delphinen und Walen schwimmen kann. Allerdings gehört die felsenreich-zerklüftete Region bereits zum Oman, dem geschichtsreichen Nachbarland der Emirate.

Tausend und eine Nacht im Oman

Nur drei Stunden fährt man mit dem Auto von Dubai City nach Musandam oder von Abu Dhabi City nach Maskat, der Hauptstadt des Oman. Und doch ist es, als besuche man eine **andere Welt**, als gelange man von den verspiegelten Hochhauspalästen am Arabischen Golf in eine Märchenwelt am Indischen Ozean.

Das Bild der omanischen Städte und Dörfer bestimmen schlanke Minarette und oft farbenprächtig gestaltete Moscheekuppeln über traditionellen Flachdächern kubischer Wohnhäuser. Am beeindruckendsten ist wohl die große *Sultan Qaboos Moschee* in **Maskat**, der geschäftigen Hauptstadt mit Parks, Museen und einladenden Souks. Schifffahrt und Handel machten den Oman bereits vor rund 2000 Jahren zu einer blühenden Wirtschaftsregion. In dem einst bedeutenden Hafenstädtchen **Sohar** am Meer soll sogar der legendäre Seefahrer Sindbad geboren worden sein. Historisch fundierter ist da schon die Geschichte der zahlreichen imposanten **Lehmforts** im Landesinneren, die von *Nizwa* und *Rustaq* bis *Nakhl* und *Jabrin* von der Ver-

teidigungsbereitschaft der omanischen Imame und Sultane vergangener Jahrhunderte zeugen.

Religion bestimmt das Leben

Sowohl im Oman als auch in den Emiraten ist der **Islam** Staatsreligion. Er bestimmt das öffentliche Leben, selbst wenn in den großen Städten die allgegenwärtigen Moscheen häufig im Schatten moderner Wolkenkratzer stehen. Am deutlichsten wird die Bedeutung des Islam wohl beim Ruf des **Muezzin**, der die Gläubigen fünfmal am Tag zum Gebet mahnt. Nicht-Muslimen legt die religiöse Überzeugung indes meist keine nennenswerten Einschränkungen auf. Es wird lediglich erwartet, dass sie sich in der Öffentlichkeit nicht allzu freizügig kleiden und sich zurückhaltend benehmen.

Auch die Frage des vom Koran verbotenen **Alkoholgenusses** ist tolerant gelöst, so gut wie alle großen Hotels in den Emiraten und im Oman schenken in ihren Restaurants oder Bars Bier, Wein und Cocktails aus. Eine Ausnahme bildet einzig das Emirat Sharjah, welches das islamische Recht anwendet und auf dessen Staatsgebiet keine berauschenden Getränke verkauft werden dürfen.

Bei westlichen Neuankömmlingen sorgt mitunter der Anblick der zahlreichen schwarz verhüllten **Frauen** für Irritation. Die zunächst ungewohnte Kleidung ist aber kein Grund, respektlos zu schauen oder gar ungefragt zu fotografieren. Hält man sich an solche einfachen Regeln der Höflichkeit, steht wunderbar unbeschwerten **Urlaubstagen** unter strahlender Sonne und meist blauem Himmel in den Emiraten und im Oman nichts im Wege.

Links oben: *Orientalische Pracht prägt die Lobby des Dubaier Edelhotels Burj al-Arab*
Links unten: *Traumschiffe vor dem luxuriösen Jumeirah Beach Hotel in Dubai City*
Rechts oben: *Aufstrebend – die beeindruckend schöne Grand Mosque von Maskat*
Rechts Mitte: *Der Al-Arsah Souk, ein originalgetreu rekonstruierter Markt in Sharjah*
Rechts unten: *Schnittig und hypermodern: Eine Station der neuen Dubai-Metro*

Geschichte, Kunst, Kultur im Überblick

Mit Perlen und Petrodollar vom Wüstenreich zum Wirtschaftszentrum

um 5000 v. Chr. Ausgrabungsfunde wie Steinwerkzeuge und Pfeilspitzen belegen eine Besiedlung der Ostküste der Arabischen Halbinsel sowie des Hajar-Gebirges bereits während der Steinzeit.

um 2300 v. Chr. In der Bronzezeit ist die Region um das heutige Sohar im Oman als Magan bekannt. Hier wird Kupfer gefördert und Weihrauch aus dem Harz von Bowellia-Bäumen gewonnen. Die intensiven Handelsbeziehungen u. a. zum Zweistromland lassen sich auch für Oasen wie Hili beim heutigen Al Ain nachweisen.

1000–300 v. Chr. Dank des Baus unterirdischer Bewässerungssysteme (Falaj) können mehr Lebensmittel in den tiefer liegende Oasen angebaut werden, die Zahl der Siedlungen steigt entsprechend.

6. Jh. n. Chr. An den Küsten im Osten der Arabischen Halbinsel etablieren sich einzelne Handelsniederlassungen wie Maskat am Indischen Ozean. In Jumeirah am Persischen Golf – nahe des heutigen Dubai Creek – ist eine Karawanenstation nachgewiesen. Das Innere der Arabischen Halbinsel bewohnen nomadisierende Beduinenstämme, die in erster Linie von Kamel- und Ziegenzucht leben.

ab 240 Die persische Dynastie der Sassaniden dehnt ihren Herrschaftsbereich auf den Osten der Arabischen Halbinsel aus.

622 Im Gebiet des heutigen Saudi-Arabien flieht der Religionsgründer Mohammed aus seiner Heimatstadt Mekka ins benachbarte Medina. Mit diesem Ereignis beginnt die islamische Zeitrechnung.

630 Der islamische Heerführer Amr bin al-As erobert die Arabische Halbinsel von den Persern und verbreitet die neue Religion auch hier.

633 Ein Jahr nach dem Tod des Propheten Mohammed wendet sich die omanische Hafenstadt Dibba wieder vom Islam ab. Die von Abu Bakr, dem Kalifen von Mekka, entsandte Armee besiegt die Abweichler in der ›Schlacht der Abtrünnigen‹. Danach gilt die Arabische Halbinsel als vollständig islamisiert.

637 Von Julfar in der Nähe des heutigen Ras al-Khaimah aus wird Persien von den islamischen Truppen erobert.

um 660 Omanische Kaufleute nehmen den Handel mit China auf und importieren insbesondere Porzellan. Arabische Exporte sind Perlen und Weihrauch.

8. Jh. Julfar entwickelt sich zu einer bedeutenden Hafenstadt, treffen sich hier doch die Karawanenwege aus dem Libanon und der als ›Weihrauchland‹ bekannten Provinz Dhofar im Süden des heutigen Oman mit den Seewegen nach Persien, Indien und China.

um 750 Im Oman erheben sich die Ibaditen erfolgreich gegen den Kalifen in Mekka. Ibaditen sind Angehörige einer islamischen Glaubensrichtung, die den Gläubigsten aus ihrer Mitte zum Imam wählt. Imamen sind somit im Oman gewählte geistliche Führer, die dort bis zum Ende des 18. Jh. herrschten.

Mohammed im Kreise seiner Gefährten (türkische Miniatur aus dem 17. Jh.)

1225 An der Ostküste der Arabischen Halbinsel etabliert sich Maskat als Handelszentrum. Wichtigste ›Ware‹ sind Sklaven aus Afrika, der Oman ist bis ins 19. Jh. einer der weltweit bedeutendsten Sklavenumschlagplätze.

1498 Der portugiesische Seefahrer Vasco da Gama gelangt bei seiner Entdeckung des Seewegs nach Indien auch nach Khor Fakkan und Dibba.

1506–08 Die Portugiesen erobern das Königreich von Hormuz, die Stadt Julfar am Arabischen Golf sowie die omanischen Küstenstädte Quriyat, Qalhat, Sohar und Maskat.

1640–49 Der omanische Widerstand gegen die Portugiesen formiert sich unter Imam Nasir bin Murshid, dem es gelingt, die europäischen Besatzer nach Maskat und Mutrah zurückzudrängen.

1650 Imam Sultan bin Saif aus der Ya'arubi-Dynastie vertreibt die Portugiesen endgültig aus dem Oman und beginnt mit dem Wiederaufbau einer omanischen Flotte.

1698 Der Oman erobert Mombasa an der ostafrikanischen Küste von den Portugiesen.

1718 Weitere Küstengebiete in Persien, Indien und Ostafrika geraten unter omanische Herrschaft. Auch die Insel Sansibar wird Teil des mächtigen Omanischen Reiches.

1719–44 Die Einwohner der persischen Besitzungen des Oman erheben sich gegen die Regierung. Der Krieg endet 1744 mit dem Sieg des omanischen Imam Ahmed bin Said. Er begründet die Al-Busaid-Dynastie, der auch der aktuelle Herrscher des Oman angehört.

Im 15. Jh. landet Vasco da Gama an der Küste des Oman

Mitte 18. Jh. Das Gebiet nördlich der Linie Sharjah-Kalba wird von der Beduinensippe der Qawassim beherrscht. Neben Perlenfischerei und Handel gehören Überfälle auf die Kauffahrer der Omani und Engländer zu ihren Einnahmequellen. Bald ist dieser Teil der Peninsula deswegen als ›Piratenküste‹ verrufen.

1761 Auf einer Halbinsel an der Küste des Arabischen Golfs entdeckt ein Angehöriger der Bani Yas-Beduinen eine Süßwasserquelle. Dort entwickelt sich ein kleiner Ort, der Abu Dhabi, ›Vater der Gazelle‹, genannt wird.

1793 Shakhbut, Sohn des Bani Yas-Scheichs Dhiyab bin Isa al-Nahyan, siedelt von der Liwa-Oase nach Abu Dhabi über und lässt dort ein Fort errichten. Die Familie der Al-Nahyan regiert noch heute in Abu Dhabi.

ab 1805 Die anhaltenden Überfälle von der Piratenküste aus auf englische Schiffe behindern die Handelswege nach Indien. Die Briten beginnen eine Militäraktion gegen die Qawassim.

1819 Die Briten zerstören die Festung der Qawassim im heutigen Ras al-Khaimah und versenken alle Schiffe, die für Angriffe genutzt werden können.

1820 Der ›General Treaty of Peace‹, ein Friedensvertrag zwischen den Briten und neun regionalen Herrschern, darunter den Scheichs von Ras al-Khaimah und Sharjah, Abu Dhabi, Bahrain, Ajman sowie Umm al-Qaiwain wird geschlossen. Er untersagt alle Freibeuteraktivitäten, belässt den Scheichtümern aber ihre innere Autonomie.

1822 Ein britischer Marineoffizier beschreibt die Siedlung Bur Dubai in seinem Tagebuch als »Ansammlung von Lehmhütten, umgeben von einer niedrigen Lehmmauer«.

1824 Der omanische Sultan Said bin Sultan verlegt seinen Regierungssitz von Maskat nach Sansibar.

1833 Maktoum bin Butti vom Al-Bu Falasah-Stamm der Bani Yas siedelt mit rund 800 Gefolgsleuten in Bur Dubai und erklärt sich zum von Abu Dhabi unabhängigen Herrscher. Er gründet die Dynastie der Al-Mak-

Eine detailfreudige Landkarte von 1618 zeigt ›Arabia Felix‹, das ›glückliche Arabien‹

toum, die das Emirat Dubai bis heute beherrscht.

1835 Der erste ›Maritime Truce‹ wird von den Scheichs von Sharjah, Dubai, Ajman und Abu Dhabi unterzeichnet und von Großbritannien garantiert. Er soll für die Dauer einer Perlentauch-Saison (Mai–November) alle Scharmützel auf See zwischen den Scheichtümern verhindern. Ähnliche Verträge werden in den Folgejahren geschlossen, 1843 sogar für die Dauer von zehn Jahren. Ihnen verdankt die Region auch den Beinamen ›Trucial Coast‹.

1838 Die Scheichs geben dem Drängen der Hegemonialmacht Großbritannien nach und erlauben ihr, des Sklavenhandels verdächtige Schiffe vor der Küste aufzubringen.

1853 Nach dem Auslaufen des Friedensvertrages von 1843 schließen die Scheichtümer den ›Perpetual Treaty of Peace‹. Er stabilisiert die bestehenden, weiterhin von den Briten garantierten Herrschaftsstrukturen und verhindert so die Eroberung kleiner Scheichtümer wie Ajman durch ein größeres wie Abu Dhabi.

1856 Nach dem Tod des omanischen Sultans Said bin Sultan endet der Erbstreit seiner zwei Söhne mit der Teilung des Landes in die beiden Sultanate Oman und Sansibar.

1869 In Ägypten wird der Suezkanal eröffnet, der eine direkte Schiffspassage zwischen Mittelmeer und Indischem Ozean ermöglicht. In der Folge verlieren die bislang so wichtigen omanischen Hafenstädte an Bedeutung.

1892 Großbritannien muss sich in der Golfregion und in Persien der Ansprüche Frankreichs und Russlands erwehren. Im ›Exclusive Agreement‹ sichert Großbritannien den unterzeichnenden Scheichtümern, darunter Abu Dhabi und Dubai, und dem Oman militärischen Schutz gegen Angriffe zu. Im Gegenzug versprechen diese, sich offizieller Kontakte zu Drittländern – also anderen imperialistischen Mächten – zu enthalten.

1894 Dubais Scheich Maktoum bin Hasher al-Maktoum fördert den Handel durch weitgehende Steuer- und Zollfreiheit.

1902 Persien führt hohe Zölle und Steuern auf Im- und Exporte ein. Darunter leidet der Hafen Lingah am Zugang zum Golf, während Dubai dank seiner niedrigen Zölle profitiert.

um 1920 Angesichts der günstigeren Bedingungen lassen sich viele persische Händler in Dubai nieder; das ihnen zugewiesene Stadtviertel nennen sie in Erinnerung an ihre Heimat Bastakiya.

1922 Im heutigen Iran und Irak wird Öl gefunden. Die Trucial States garantieren daraufhin der britischen Regierung, nur einer von ihr unterstützten Ölgesellschaft Bohrrechte zu erteilen. In den 1930er-Jahren schließt Petroleum Concessions Ltd. Prospektionsverträge mit Abu Dhabi und Dubai.

ab 1929 Weltwirtschaftskrise. Japanische Kulturperlen verdrängen im Arabischen Golf getauchte Perlen vom Markt.

1932 Im Emirat Sharjah eröffnet der erste Zivilflughafen der Region.

1945 Da es im Landesinneren nie präzise Grenzen gab, kommt es zwischen den Emiraten Abu Dhabi und Dubai angesichts der andauernden Suche der Briten nach Öl und der daraus entstehenden Frage nach Besitzrechten zum Konflikt um das Gebiet um Jebel Ali. Die Scharmützel dauern bis 1948, als die Briten einen Friedensschluss erzwingen und den Grenzverlauf diktieren.

1946 In Dubai eröffnet die erste Bankniederlassung, die British Bank of the Middle East.

1952 Weil Petroleum Concessions Ltd. auf dem Gebiet des Scheichtums Fujairah Öl fördern will und dazu einen Geschäftspartner braucht, erkennt Großbritannien auch dieses Emirat an.

1952–55 Der Konflikt zwischen Abu Dhabi, Oman und Saudi-Arabien, bei dem es um die Grenzziehung in der Oasenregion Buraimi geht, endet mit dem von Großbritannien unterstützten Einmarsch von Truppen aus dem Oman und Abu Dhabi in das umstrittene Gebiet.

1957 Im Oman kommt es zum Konflikt zwischen dem Sultanat in Maskat und den Stämmen im Landesinneren. Mit britischer Hilfe schlägt Sultan Said bin Taimur die Aufständischen bis 1959 im Jebel-Krieg.

Seit Mitte des 20. Jh. wird auf den Ölfeldern der VAE das Schwarze Gold gefördert

1958 Im Emirat Abu Dhabi fördern Probebohrungen erstmals Öl zutage. – Scheich Saeed bin Maktoum al-Maktoum, der Herrscher von Dubai, stirbt. Sein Sohn Rashid gilt heute als ›Vater des modernen Dubai‹.
1962 Beginn der Ölexporte Abu Dhabis; von nun an fließen die ›Petrodollars‹.
1966 Auch in Dubai sprudeln die ersten Ölquellen. – Scheich Zayed Bin Sultan al-Nahyan folgt seinem Bruder Scheich Shakhbut als Herrscher von Abu Dhabi.
1967 Auch der Oman exportiert nun Öl. Sultan Said steht dem damit einhergehenden westlichen Einfluss ablehnend gegenüber und schottet sein Land ab.
1968 Großbritannien kündigt den Rückzug aus allen Gebieten ›östlich des Suez‹ bis 1971 an. Daraufhin verhandeln die neun Scheichtümer der Arabischen Halbinsel über die Bildung einer Föderation. – Nach einer ersten Volkszählung leben in den Emirate der Trucial States 180 000 Menschen.
1969 Dubai beginnt mit dem Export von Öl. Nahe der Mündung des Dubai Creek entsteht der moderne Sheikh Rashid-Hafen.
1970 Im Oman putscht sich der in Großbritannien erzogene Sultan Qaboos bin Said an die Macht und verbannt seinen Vater ins Exil. Der Modernisierer Qaboos sichert die landesweite Versorgung mit Elektrizität und Trinkwasser, errichtet Schulen und lässt ausländische Firmen in den Oman.
1971 Die sechs Emirate Abu Dhabi, Dubai, Sharjah, Ajman, Fujairah und Umm al-Qaiwain schließen sich zu den Vereinigten Arabischen Emiraten (VAE) zusammen. Hauptstadt ist Abu Dhabi City, erster Präsident wird Scheich Zayed von Abu Dhabi, neben Scheich Rashid von Dubai die treibende Kraft des Föderationsprozesses.

Freunde: Scheich Zayed (li.) und Scheich Maktoum (re.)

1972 Das Emirat Ras al-Khaimah tritt den VAE bei. Bahrain und Qatar gründen jeweils einen eigenen Staat.
1979 Bei Jebel Ali, 40 km südlich des Dubai Creek, eröffnet der größte künstlich geschaffene Hafen der Welt.
1980 Mit dem Angriff des Irak auf den Iran beginnt der 1. Golfkrieg. Er endet 1989.
1981 Der Oman und die VAE gründen mit Saudi-Arabien, Bahrain, Qatar und Kuwait das Golf Cooperation Council (GCC).
1990 Scheich Rashid bin Maktoum al-Maktoum stirbt, sein Sohn Scheich Maktoum bin Rashid al-Maktoum folgt ihm als Herrscher von Dubai. – Oman und Saudi-Arabien einigen sich über den Verlauf ihrer lange umstrittenen Grenze. – Im August greift der irakische Diktator Saddam Hussein Kuwait an.
1990/91 Im 40 Tage dauernden Zweiten Golfkrieg erobern die Alliierten unter Führung der USA Kuwait zurück. Es schließen sich auch die VAE und der Oman an.
1995 Die VAE, Frankreich und Großbritannien schließen einen militärischen Beistandspakt.
1996 Der Dubai Strategic Plan sieht vor, als wirtschaftliche Vorsorge für die Zeit nach dem Ölboom Handel und Tourismus auszubauen.
1999 In Dubai eröffnet das Luxushotel Burj al-Arab, das Wahrzeichen des Emirats.
2003 Im von der UN nicht sanktionierten Dritten Golfkrieg besetzen die USA und verbündete Staaten den Irak. VAE und Oman bleiben offiziell neutral. In den Emiraten werden irakische Polizei- und Sicherheitskräfte von der deutschen Bundeswehr ausgebildet. – Im Oman dürfen erstmals alle Bürger über 21 Jahren an der Wahl des Madschlis al-Schura teilnehmen, eines den Sultan beratenden Organs.
2004 Im November stirbt Scheich Zayed bin Sultan al-Nahyan, Herrscher von Abu Dhabi, Mitbegründer und Präsident der VAE. Ihm folgt Khalifa bin Zayed al-Nahyan, der älteste seiner 19 Söhne.
2006 Am 4. Januar stirbt Scheich Maktoum bin Rashid al-Maktoum. Sein jüngerer Bruder Mohammed bin Rashid al-Maktoum wird neuer Herrscher von Dubai und Vizepräsident der VAE.
2009 Dubais Immobilienmarkt bricht in der Finanzkrise ein. Die halbstaatliche Holding Dubai World, deren Schulden auf ca. 80 Millarden US-$ geschätzt werden, bittet ihre Gläubigerbanken um Zahlungsaufschub.
2010 In Dubai City eröffnet der Burj Khalifa, das mit 828 m höchste Bauwerk der Erde. Der Turm trägt den Namen des Scheichs von Abu Dhabi, der Dubai unmittelbar zuvor aus seiner Finanzklemme befreit hatte.
2011 Die Oasenstadt Al Ain im Emirat Abu Dhabi wird UNESCO Welterbestätte.
2012 Mehrere Verhaftungen in den VAE wie im Oman wegen regierungskritischer Äußerungen, die von der Forderung nach freie Wahlen bis zum Ruf nach Einsetzen der Sharia reichen.
seit 2013 Unter dem Motto ›Dubai 2020‹ bewirbt sich Dubai um die Ausrichtung der Weltausstellung im Jahr 2020 und bringt sich auch als möglicher Austragungsort der Olympischen Spiele in diesem Jahr ins Gespräch.

Alltag am Dubai Creek – Helipads auf modernen Wolkenkratzern, kontrastiert von traditionellen Dhaus am Flussufer

Unterwegs

Abu Dhabi – Heimat von Wüstensöhnen und Bankern

Wenige Länder der Erde haben sich in den vergangenen 50 Jahren so verändert wie Abu Dhabi, das mit 67 340 km^2 größte der Vereinigten Arabischen Emirate. Seit 1958 unter dem Wüstensand Öl gefunden wurde, durchlief es eine rasante Entwicklung vom verschlafenen Wüstenstaat zum weltweit bedeutenden Rohölexporteur. Lebten im Jahr 1962 auf dem heutigen Staatsgebiet etwa 15 000 Menschen, so wuchs die Einwohnerzahl bis heute auf rund 630 000 an. Davon sind freilich lediglich 20 % Einheimische. Die restlichen 80 % kommen aus aller Herren Länder, aus Pakistan und den Philippinen, aus Europa oder Australien. **Abu Dhabi City**, die Hauptstadt des Emirats, entwickelte sich quasi im Zeitraffer von einer bescheidenen Siedlung aus Lehmziegelbauten zu einer hochmodernen Metropole.

Der enorme Reichtum, den das ›Schwarze Gold‹ an den Arabischen Golf spülte, macht scheinbar Unmögliches möglich: Entsalzungsanlagen und Wasserpumpen versorgen noch das letzte Dorf mit fließendem Wasser, lassen Parks in sattem Grün erstrahlen und Sportplätze wie den **Abu Dhabi Golf Club** oder den **Formel 1 Yas-Marina-Circuit** aus dem Wüstensand entstehen. Auch in den zahlreichen klimatisierten Shopping-Malls und Hotels kann man der Sonnenglut mühelos entgehen. Ein Bummel am **Meer**, die Silhouette der Stadt im Blick, rundet einen Tag in Abu Dhabi City wunderbar ab.

Im Vergleich zur Emiratshauptstadt geht es in den Oasen geruhsam zu. Das gilt selbst für Abu Dhabis zweitgrößte Stadt **Al Ain**, die sich um eine Oase im Südosten des Landes, wenige Kilometer vor den Ausläufern des Hajar-Gebirges, erstreckt und seit 2011 zum UNESCO Welterbe gehört. Sie verdankt ihren Beinamen *Garden City* den etwa 200 Quellen, deren Wasser für Dattelbäume, Gemüse und sogar Blumen reicht. Die Stadt zählt neben aufwendig restaurierten **Lehmforts** aus der kriegerischen Vergangenheit des Emirats einen bekannten **Kamelmarkt** zu ihren Attraktionen. In der Umgebung lockt der 1180 m hohe **Jebel Hafeet**, der höchste Berg der Emirate, mit einem Ausblick auf die weite Wüste. Ihre angewehten **Sanddünen** lassen sich in ungewohnt schaukelnder Gangart vom Rücken eines Kamels aus bestaunen. ›Wüstenschiffe‹ und mächtige Sandberge bietet auch die Wüste um die **Liwa-Oasen**, die abenteuerlustige Besucher in **Geländewagen** erkunden. Hier finden sich auch die kristallinen **Sandrosen**, und bei Nacht verzaubert der funkelnde Sternenhimmel.

1 Abu Dhabi City

Die boomende Emirats- und Landeshauptstadt beeindruckt mit kühn aufragenden Hochhäusern, grünen Parks und ihrer stimmungsvollen Corniche.

Die Hauptstadt (630 000 Einw.) des Emirats Abu Dhabi ist zugleich wirtschaftliches Zentrum und **Verwaltungssitz** der Regierung der Vereinigten Arabischen Emirate und beherbergt zahlreiche Behörden und Unternehmen.

Mehrspurig rollt der Verkehr durch die breiten Hauptverkehrsstraßen Abu Dhabis. Downtown ragen glas- und stahlblitzende Hochhäuser in den strahlend blauen Himmel, in den Straßen und auf den Märkten herrscht geschäftiges Treiben. Beschaulicher geht es am Abend zu, wenn vom Meer eine sanfte Brise weht, die Touristen wie Einheimische zur einladend gestalteten Corniche lockt.

Abu Dhabis Corniche lädt zum Flanieren ein – besonders beliebt im lauen Abendwind

Abu Dhabi City liegt auf einer etwa 60 km² großen Halbinsel, die nordwestlich in den Persischen Golf ragt. Drei Brücken erschließen die Stadt vom Festland. Die **Mussafah/Al Ain Bridge**, die **Al-Maqtaa Bridge** sowie die Ende 2010 eröffnete **Sheikh Zayed Bridge**. Stararchitektin *Zaha Hadid* designte diese futuristische Brücke, deren S-förmige Bögen an die Sanddünen des Wüstenlandes erinnern. Sie ist die kürzeste Verbindung zwischen Innenstadt und Flughafen und damit zur Autobahn Richtung Dubai und in die nördlichen Emirate.

Von der als Museums- und Kulturstandort geplanten Insel **Saadiyat** (www.saadiyatculturaldistrict.ae) im Nordosten der City aus erreicht man das Festland am schnellsten über die neue Sheikh Khalifa Road.

Geschichte Das Emirat Abu Dhabi entspricht weitgehend dem Gebiet, das die *Bani Yas-Beduinen* seit Beginn des 17. Jh. beherrschten. Wie alle Stämme der heutigen VAE lebten auch die Bani Yas im Winter mit ihren Herden in der Wüste, den Sommer verbrachten sie in ihrer Heimatoase Liwa oder als Fischer oder Perlentaucher an der Golfküste. Weil aber hier Trinkwasser knapp war, waren diese Siedlungen nie von Dauer.

Dies änderte sich, als 1761 auf der Halbinsel, auf der sich heute die Hochhäuser Abu Dhabis ausbreiten, eine Süßwasserquelle entdeckt wurde. Der Legende nach fand man sie auf der Jagd nach einer flüchtenden Gazelle. Scheich Dhiyab bin Isa al-Nahyan, Anführer der Bani Yas, nannte die Stelle **Abu Dhabi** (Abu Zhabi), ›Vater der Gazelle‹, schließlich verdankte das Tier der Quelle sein Leben. Da sich in der Nähe ein guter Ankerplatz befand, bildete sich hier innerhalb der nächsten Jahre eine Siedlung aus etwa 400 Häusern. Handel und Perlentaucherei sorgten für ein gesichertes Einkommen. Der Sohn und Nachfolger Scheich Dhiyabs, Shakhbut bin Dhiyab al-Nahyan, verlegte nach dem Tod seines Vaters im Jahr 1793 seinen Hauptsitz von den Liwa-Oasen nach Abu Dhabi. Die Familie Al-Nahyan regiert das Emirat noch heute.

Scheich Shakhbut veranlasste sogleich den Bau des *Al-Hosn-Forts*, das bis zum heutigen Tag das historische Zentrum von Abu Dhabi markiert. In den folgenden Jahren intensivierten sich die Handelsbeziehungen zu den Oasen. Aus Konflikten in den 1830er-Jahren mit den

Herrschern von Sharjah und Ajman ging Abu Dhabi siegreich hervor. Das verdankte es auch der Unterstützung der Briten, die seit dem frühen 19. Jh. ihren Einfluss auf der Arabischen Halbinsel ausgeweitet hatten. Scheich Zayed bin Mohammed (reg. 1855–1909) dehnte den Einfluss Abu Dhabis auf die Oasen von Buraimi (das heutige Al Ain), indem er Land und Wasserrechte kaufte, aber auch mit kriegerischen Mitteln: 1891 besiegte er den dortigen Stamm mit 330 Kämpfern zu Pferd und auf Kamelen.

Ende der 1920er-Jahre brach der Weltmarktpreise für Salzwasserperlen wegen der Weltwirtschaftskrise und des Siegeszugs japanischer Zuchtperlen ein, was in Abu Dhabi zu Armut führte. Die Wende läutete Scheich Shakhbut bin Sultan al-Nahyan ein, als er 1939 einer britischen Ölfirma gestattete, auf seinem Land nach Öl zu bohren. 1958 wurden die Briten fündig und ab 1962 exportierte ein britisch-französisches Konsortium Öl aus Abu Dhabi in den Westen. Täglich spült der Rohstoff nun viele Millionen US-Dollar in die Kassen des Wüstenstaates, dessen Einwohner mit einem durchschnittlichen **Pro-Kopf-Jahreseinkommen** von 40 000 US-Dollar zu den wohlhabendsten der Welt gehören.

Scheich Zayed bin Sultan al-Nahyan (1918–2004), der 1966 seinen Bruder als Staatsoberhaupt ablöste, förderte in Abu Dhabi City den Ausbau des Hafens, setzte den Bau der ersten Hochhäuser durch und ließ Ende der 1960er-Jahre einen Flughafen nahe der Stadt anlegen. Er war es auch, der nach Abzug der Engländer aus der Golfregion die Allianz schmiedete, aus der 1971 die Vereinigten Arabischen Emirate hervorgingen. Bis zu seinem Tod im November 2004 leitete er als Präsident die Geschicke dieser bislang einzigen Föderation der arabischen Welt.

Sein Sohn und Nachfolger Scheich Khalifa bin Zayed al-Nahyan erklärte, an der Politik seines Vaters nichts ändern zu wollen. Anfang 2007 gab er die Pläne für ein weiteres spektakuläres Bauprojekt in Abu Dhabi bekannt. Bis 2018 soll auf dem der Küste vorgelagerten natürlichen Eiland **Jazirat as-Saadiyat**, der ›Insel des Glücks‹, ein neues Kulturareal entstehen. Im Bau sind Dependancen des Guggenheim Museums und des Louvre nach Plänen von Frank Gehry bzw. Jean Nouvel sowie eine von Zaha Hadid entworfene Konzert- und Theaterhalle.

Zweifel an der Nachhaltigkeit dieses Baubooms wischt man in Abu Dhabi beiseite, schließlich herrscht dank des Öls finanzieller Überfluss. So konnte man im Jahr 2010 auch das Nachbaremirat Dubai mit einer 10 Millarden Dollar-Finanzspritze vor der Pleite bewahren.

Stadt am Wasser

Der rasante Ausbau von Abu Dhabi ist seit Jahren in vollem Gange und greift mittlerweile mit Vorortkomplexen des Capital District Projekt auch ins Umland

Bis heute geliebt und unvergessen – Scheich Zayed als Standfigur an Abu Dhabis Corniche

Urlaubsspaß: Beachvolleyball-Spielen im Hiltonia Beach Club am Strand von Abu Dhabi

aus. Den Anfang hatte die im Nordwesten der City künstlich angelegte Halbinsel **Breakwater** ❶ mit dem *Abu Dhabi International Marines Sports Club* und dem beliebten, 2001 eröffneten Einkaufszentrum **Marina Mall** ❷ (Tel. 02/6812310, www.marinamall.ae, Sa–Mi 10–22, Do 10–23, Fr 14–23 Uhr) gemacht. Hier findet man Ikea und Carrefour ebenso wie Design- und Luxusläden, ein Multiplex-Kino und eine Eislaufbahn. Einige hundert Meter weiter ermöglicht das **Heritage Village** ❸ (Tel. 02/6814455, Sa–Do 9–17, Fr 15.30–21 Uhr) einen Einblick in lokales Brauchtum vor dem Ölboom. Die Anlage an dem Meeresarm, der Breakwater von der City trennt, ist einem traditionellen Beduinendorf nachempfunden. Hier stehen einfache Palmblatthütten (*Barasti*) mit einem einzigen Wohn- und Schlafraum neben komfortableren Unterkünften mit abgetrennten Küchen- und Empfangsbereichen. Eine traditionelle Schmiede ist nachgebaut und auf einem ›Bauernmarkt‹ werden Palmblattmatten, Kamelhaardecken und großschnablige Kaffeekannen feilgeboten. Manchmal finden hier auch Falkenschauen oder Folkloretänze statt. Schön und interessant ist es, sich in einen der Windtürme, sog. *Barjeels*, zu setzen und die angenehme Kühle zu genießen, die diese ebenso einfache wie geniale ›Air Condition‹ schafft. Im oberen Teil des meist mit Palmblattmatten umhüllten Turmgerüstes befindet sich eine Vier-Segel-Konstruktion, die wie ein liegendes, aber unbewegtes Windrad wirkt. Darin fängt sich jeder noch so geringe Lufthauch und wird zur Sitzfläche ins offene Untergeschoss geleitet. Ein kleiner Gemüsegarten mit traditioneller Bewässerungsanlage schließt den Rundgang ab.

Abends und nachts ist es auf dieser der Stadt zugewandten Seite der Breakwater-Halbinsel sehr lauschig. Man kann am dunklen, leise glucksenden Wasser flanieren, gegenüber funkelt die beeindruckende Skyline der Stadt.

Westlich der Zufahrtsstraße zur Breakwater-Halbinsel erhebt sich der märchenhaft anmutende, kuppel- und turmreiche Komplex des **Emirates Palace Hotel** ❹ [s. S. 28]. Aus der Ferne wirkt es mit seinen 800 m Länge und den 114 Kuppeln wie eine Mischung aus Hagia Sophia und Tadsch Mahal, gleichermaßen großartig wie entrückt. In dem riesigen, von der Regierung Abu Dhabis finanzierten Luxusbau ist neben dem Kem-

Persischer Golf
Jazirat as-Saadiyat
Lulu Island
Jazirat Fahid
Yas Island 26
Ferrari World
Abu Dhabi International Airport
Khor Laffan
Khor al-Baghal
As-Sammaliyyah
Airport
Abu Dhabi Island
UMM AL-NAR
AL-QURAYYAH
Road
Abu Dhabi Golf Club 25
24 Sheikh Zayed Grand Mosque
KHALIFA CITY
Hodariyat Island
Khor Qirqishan
MUSSAFAH
Jazirat al-Fitesi
0 5km
Al Wathba Camel Racetrack 27
Persischer Golf
Itti Sq
Marina Mall 2
3 Heritage Village
1 BREAKWATER
5 Corniche
Corniche Road
Al-Nasr St.
The First Street (Khali
King Khalid Bin Abdel Street
Sheikh Zayed
AL-KHALIDIYA
Khalifa
5 Corniche
Corniche Road
4 Emirates Palace Hotel
Al-Khaleeg Al-Arabi Stre
AL-RAS AL-AKHDAR
AL-KHUDEIRAH
Sultan Bin Zayed Street
AL-BATEEN
Bainunah Street
BATIN VILLAGE
Khor al-Batin
Hodariyat Island

Abu Dhabi City
0 500m
Fort
Moschee
Internationaler Flughafen
PORT ZAYED 18
Iranian Souk
Fish Market 19
Dhow Harbour 20
Lulu Island
6
Khor Laffan
Al-Meena Street
Abu Dhabi Tourist Club 17
Abu Dhabi Marina & Yacht Club 16
Abu Dhabi Mall 14
Airport City Terminal 15
Mushayarib Island
5 Corniche
Corniche Road
Sheikh Khalifa Bin Zayed Street
Sheikh Hamdan Bin Mohammad St.
AL-MARKAZIYAH
Sheikh Zayed The Second Street (Electra St.)
Al-Salam Street
13 Central Market
Gold Souk
Cannon Square
Bani Yas Street
Cultural Foundation
East Road
11 Grand Mosque
Al-Falah Street (Passport St.)
Sadiyat Road
QASR
EL BAHR
MADINAT ZAYED
AL-DHAFRAH
(Fourth St.)
Al-Manhal Palace
12
Al-Manhal Street
Hazaa Bin Zayed Street
Sea Palace Road
AL MANHAL
Eastern Ring Road
Sheikh Rashid Bin Saeed Al-Maktoum Street (Airport Rd.)
Street
Sudan Street
AL-KARAMAH
Defence Street
East Road
AL-ROWAH
Al-Karaamah Street
Al-Nahayan Street
MUSSALA EL EID
Shakhbut Street
Dalma Street
Al-Khaleeg Al-Arabi Street
Mohammed Bin Khalifa Street
Sheikh Zayed Street
Al-Saada
Abu Dhabi Equestrian Club 21
Saeed Bin Tahnoon Street
22 Heritage Bedouin Village
23 Sheikh Zayed Sports City

pinski-Hotel das moderne **International Conference Center Abu Dhabi** untergebracht. Daneben gibt es noch zahlreiche Restaurants, Bars und Cafés.

Die **Corniche** 5, die Meerespromenade entlang der etwa 6 km langen Corniche Road, wird zur Küstenseite hin von schönen Parkanlagen mit Grünflächen, Bootsanlegern, Pavillons, Spiel- und Picknickplätzen gesäumt. Zudem passiert der breite Fußgängerweg einen 2 km langen öffentlichen Sandstrand. Dieser wird zurzeit künstlich verlängert, ist aber in diesem Bereich von der Corniche durch einen unansehnlichen Bauzaun getrennt.

Teil der Küstengestaltung und der damit einhergehenden Neulandgewinnungen ist auch **Lulu Island** 6. Die künstliche Insel war Ende des 20. Jh. als Naherholungsgebiet im Meer 600 m vor der Corniche aufgeschüttet worden. Zurzeit wird aber über die Zukunft der einst beliebten Freizeitinsel verhandelt, sodass ihre Marinas und feinsandigen Strände bis auf Weiteres nicht genutzt werden.

Geschäftige Innenstadt

Doch zurück zur Corniche: etwa in ihrer Mitte, beim blauen, 165 m hohen Baynunah Hilton Tower, grenzt stadteinwärts der rechteckige begrünte **Ittihad Square** 7 an einen großen Kreisverkehr (dem früheren Clock Tower Roundabout). Ein weiteres mehrspuriges Rondell trennt diesen *Platz der Nationalen Einheit* vom **Cannon Square** 8, einem der auffälligsten Orientierungspunkte der Stadt. Unverwechselbar wird dieser verkehrsumtoste Platz durch die überdimensionalen Skulpturen auf seinem erhöhten Mittelstreifen. In strahlendem Weiß sind hier die Symbole der Emirate zu sehen: eine Schnabelkanne, umgeben von henkellosen Kaffeetassen, ein Gefäß zum Verbrennen von Weihrauch und eine Luntenkanone.

Südlich des Cannon Square, jenseits der Al-Nasr Street, sind auf der rechten Straßenseite in dem modernen Gebäude der **Cultural Foundation** 9 (Zayed 1st Street/Old Airport Road, Programmhinweise unter Tel. 02/6215300, So–Do 8–14.30, Fr 17–22, Sa 9–21 Uhr) Nationalarchiv und Nationalbibliothek untergebracht. Zudem finden in den hohen Hallen Ausstellungen, Filmvorführungen oder folkloristische Veranstaltungen statt.

Das benachbarte Fort **Qasr al-Hosn** 10, das seit Langem nicht mehr militärisch genutzt wird, ist das älteste Gebäude in Abu Dhabi. Es wird auch *Weißes Fort* genannt und soll nach seiner umfassenden Restaurierung öffentlich zugänglich sein. Die etwa 20 x 25 m große, aus Lehm

Orientierung in Abu Dhabi City

Wundern Sie sich nicht, wenn Sie entlang der *New Airport Road* fahren, die Straßenschilder aber *4th Street* anzeigen und der Taxifahrer versichert, Sie würden sich in der *Muroor Street* befinden. Denn in Abu Dhabi tragen die großen Verkehrsadern nach US-amerikanischem Vorbild sowohl **Straßennamen** als auch **Nummern**. Die ungeraden bezeichnen die Straßen parallel zur Corniche, die als Nr. 1 zählt. Es folgen Khalifa bin Zayed Street als Nr. 3, Sheikh Hamdan bin Mohammed Street als Nr. 5 usw. Die längs der Halbinsel verlaufenden Straßen sind mit geraden Zahlen nummeriert, als Anhaltspunkt dient die Muroor oder New Airport Road mit der Nr. 4.

Für Verwirrung sorgt mitunter die Gewohnheit, große Straßen mit **Zweitnamen** zu benennen, die den Einheimischen oft geläufiger sind. So ist beispielsweise die Sheikh Zayed 2nd Street East, im Nummernsystem die Nr. 7, auch als Electra Street bekannt, die 3rd oder Khalifa bin Zayed Street kennt man gegebenenfalls besser unter dem Namen Al Istiklal Street. Und schließlich wird die Schnellstraße im Osten, die vom Flughafen her kommende Eastern Ring Road, auch New Corniche genannt – nicht zu verwechseln mit der ›alten‹, wenn auch zeitgemäß gestalteten Corniche am Golf.

Sobald man jedoch die breiten, hervorragend ausgebauten Hauptstraßen verlässt, ist eine Orientierung dem Namen nach sowieso nur noch eingeschränkt möglich. Selbst Taxifahrer steuern ihr Ziel nach markanten Gebäuden oder Orten an und man tut gut daran, die Lage des Zielortes mit Beschreibungen wie »gegenüber dem Al-Noor Hospital« oder »neben der Abu Dhabi Mall« möglichst genau bestimmen zu können.

Die weiße Kanone scheint die Gebäude um den Cannon Square zu beschützen

erbaute Festung um einen runden Wachturm hatte Scheich Shakhbut bin Dhiyab 1793 zur Sicherung seiner gerade gegründeten Siedlung errichten und später als Wohnsitz ausbauen lassen. Die weißen zinnenbekrönten Mauern umschließen zwei kleine, mit schattenspendenen Bäumen geschmückte Innenhöfe.

Südöstlich vom Fort ragen die beiden schlanken Türme der **Grand Mosque** 11 je 54 m in den Himmel. Das Gotteshaus entstand 1978 in ägyptischem Stil. Wie die meisten Moscheen der VAE ist auch sie nur für Moslems geöffnet. Sie nutzt das Areal der abgerissenen *Old Main Mosque*, die 75 Jahre zuvor von dem wohlhabenden Perlenhändler Khalaf al-Otaiba erbaut worden war. Grand Mosque heißt übrigens auch die am östlichen Ende der Abu-Dhabi-Halbinsel gelegene Sheikh Zayed Moschee [Nr. 24].

Hinter der Moschee liegt, eingebettet in dichtes Gartengrün und nicht öffentlich zugänglich, der Regierungssitz **Al-Manhal Palace** 12. Zurückhaltung ist hier auch beim Fotografieren geboten, denn Regierungsgebäude und militärische Anlagen dürfen in den Emiraten nicht aufgenommen werden.

Auf der östlichen Seite des Cannon Square beginnt das vor allem von Einheimischen frequentierte Einkaufsviertel *Al-Markaziyah*. Dessen Zentrum ist der luxuriöse, auch New Souk genannte **Central Market** 13 (www.centralmarket.ae). Optisch orientieren sich die nach einem Brand im alten Marktviertel zu Beginn des 21. Jh. entstandenen Neubauten an der traditionellen Architektur, sind aber umgeben von teils spektakulären Hochhäusern. Der britische Architekt Sir Norman Foster entwarf gleich drei, deren höchster immerhin 374 m aufragt. 2014 soll als architektonischer Abschluss des Marktkomplexes das *World Trade Center Abu Dhabi* (www.wtcad.ae) seine Pforten öffnen. An der Rückseite des Central Market säumen Juweliergeschäfte des hiesigen **Gold Souk** die Hamdan Street, in deren Auslagen es von Geschmeiden, Armreifen, Halsketten und Haarschmuck nur so funkelt und glitzer.

Will man im westlichen Ambiente eines Einkaufszentrums einkaufen, lohnt es sich, von hier aus ein Taxi zur **Abu Dhabi Mall** 14 (Tel. 02/645 48 58, www.abudhabi-mall.com, Sa–Mi 10–22, Do 10–23, Fr 15.30–23 Uhr) zu nehmen, die sich im äußersten Osten, am gegenüberliegenden Rand der Innenstadt, in der *Tourist Club Area* befindet. Hier präsentieren auf drei weitläufigen Etagen internationale Mo-

Who is who in den Emiraten

Jedes der sieben Vereinigten Arabischen Emirate wird von einer Familie beherrscht, deren männliche Mitglieder Scheich genannt werden.
In Abu Dhabi sind es die **Al-Nahyan**, in Dubai die **Al-Maktoum**. Sharjah und Ras al-Khaimah werden von zwei Häusern der **Al-Qasimi** regiert, Ajman von den **Al-Nuami**, Umm al-Qaiwain von den **Al-Mualla** und Fujairah von den **Al-Sharqi**. Gemäß der patriarchalischen Gesellschaftsordnung regiert das männliche Oberhaupt jeder dieser Familien stets auch das Emirat, Verwandte bekleiden weitere Staatsämter.

Diese feudale Struktur wurde auch nach Gründung der VAE beibehalten, deren föderale Ordnung das tradierte Gefüge integriert. Die Staatsgewalt der VAE liegt in Händen des Obersten Rates. Diesem **Federal Supreme Council** gehören alle regierenden Scheichs der Mitgliedsemirate an. Jeder übernimmt eine oder mehrere föderale Aufgaben wie Verteidigung oder Bildung. Die Staatsangelegenheiten werden gemeinsam besprochen und entschieden, wobei die Emirate innerhalb des Verbundes stark auf ihre individuelle Eigenständigkeit achten.

Der Präsident des Obersten Rates ist in Personalunion stets auch **Staatspräsident**. Seit der Gründung der VAE am 2. Dezember 1971 hatte Abu Dhabis Scheich Zayed bin Sultan al-Nahyan als maßgeblicher Gestalter der Föderation und als Vertreter des größten und reichsten Emirats diese Ämter inne. Alle fünf Jahre bestätigt der Oberste Rat den Präsidenten in seinem Amt oder wählt einen neuen. Zum bislang ersten Mal wurde diese Neuwahl nach dem Tod Scheich Zayeds am 2. November 2004 nötig. Damals bestimmte der Oberste Rat den ältesten Sohn des Verstorbenen, Scheich Khalifa bin Zayed al-Nahyan, zu dessen Nachfolger. **Vizepräsident** und **Premierminister** ist der Herrscher von Dubai, seit dem Tod Scheich Maktoums im Jahr 2006 dessen jüngerer Bruder Mohammed bin Rashid al-Maktoum.

Die weiteren Mitglieder des Obersten Rates sind Dr. Scheich Sultan bin Mohammed al-Qasimi (Sharjah), Scheich Saqr bin Mohammed al-Qasimi (Ras al-Khaimah), Scheich Saud ibn Raschid al-Mualla (Umm al-Qaiwain), Scheich Humaid bin Rashid al-Nuaimi (Ajman) und Scheich Hamad bin Mohammed al-Sharqi (Fujairah).

defirmen ihre Produkte, es gibt Gold-, Silber- und Korallenschmuck, ein Multiplex-Kino und die bunte *Foton World* lädt Kinder zu elektronischen Spielen ein. Nur wenige Meter südlich der Abu Dhabi Mall können Flugreisende im **Airport City Terminal** 15 (Tel. 02/644 84 34, www.abudhabiairport.ae) neben dem zentralen Busbahnhof 24–4 Stunden vor ihrem Abflug bequem in der Innenstadt einchecken und ihr Gepäck aufgeben.

Wendet man sich von der Abu Dhabi Mall nach Norden, erreicht man, vorbei an der Deutschen Botschaft, nach wenigen hundert Metern das ausgedehnte Gelände des **Abu Dhabi Marina & Yacht Club** 16 (Tel. 02/644 03 00). Konkurrenz erhält dieser traditionsreiche innerstädtische Jachthafen mit mehr als 150 Liegeplätzen von der neueren, doch auch kleineren *Yas Marina* im Südosten beim Formel 1-Gelände auf Yas Island. Folgt man vom Abu Dhabi Yacht Club der breiten 5th Street stadteinwärts, lockt bald das weitläufige Areal des **Abu Dhabi Tourist Club** 17, nach dem das ganze umliegende Viertel benannt wurde. Der bei arabischen Familien außerordentlich beliebte Club mit gepflegten Gärten, Restaurants, Tennisplätzen, Fitnessstudio, Tauchcenter, einem kleinen Strand und mehreren Swimmingpools steht auch Nicht-Mitgliedern offen, für die Gäste einiger benachbarter Hotels ist der Eintritt frei. Vor allem die Gokart-Bahn und das Bowling Center sind abends gut besucht.

Einen Eindruck vom Wirtschaftsalltag Abu Dhabis kann man im ausgedehnten **Port Zayed** 18 (Al-Meena) gewinnen, der die nordöstliche Spitze Abu Dhabis einnimmt. Hier ist zwischen all den Industriebauten und Lagerhäusern ein Blick auf die verschiedenen Großmärkte wie den **Fish Market** 19 interessant, auf denen vornehmlich morgens und in den späten Nachmittagsstunden frische Ware umgeschlagen wird. Marktromantik wird man hier freilich vergebens suchen, auch der oft erwähnte *Iranian Souk* lässt sie vermissen. Hier bieten die Händler Elektro-

und Haushaltswaren, Kunstfaserteppiche und Asienimporte feil. Stimmungsvoller ist das Ambiente für Besucher am **Dhow Harbour** 20, an dessen Kai bei Hochbetrieb bis zu 200 der bauchigen traditionellen Lastschiffe oft in mehreren Reihen be- und entladen werden.

Abu Dhabis Süden

Reichlich Gelegenheit für weitere, vornehmlich sportliche Aktivitäten bieten die Vorortviertel Abu Dhabis zwischen Zentrum und Flughafen. In *Al-Mushrif* etwa finden in den Wintermonaten auf der Rennbahn des **Abu Dhabi Equestrian Club** 21 (Tel. 02/4455500, www.adec-web.com) östlich der 28. Straße Pferderennen statt. Das Clubangebot umfasst Reitstunden, Tennisplätze, Sportstudio und Pool und steht nach Absprache auch Nicht-Mitgliedern offen. Etwas weiter südlich lädt im Viertel *Al-Safarat* hinter dem *Abu Dhabi International Exhibition Centre* das **Heritage Bedouin Village** 22 (Mussafah Road, tgl. 8.30–17 Uhr) zu einem Besuch ein. Im Schatten der Häuser und Hütten des nachgebauten Beduinendorfes zeigen Palmseildreher und Gerber überlieferte Handwerkstechniken. Interessant sind die unregelmäßig stattfindenden *Falcon Shows*, bei denen die alte, in Arabien hoch geschätzte Kunst der Falknerei demonstriert wird.

Nicht weit davon befindet sich inmitten der **Sheikh Zayed Sports City** 23 die Eislaufhalle von Abu Dhabi City. Im kühlen *Ice Rink* (Tel. 02/4034333, Publikumslauf Mo–Do 10–22, Sa 10–19, So 10–22 Uhr nur für Frauen und Kinder) drehen Einheimische wie Touristen ihre Runden auf dem künstlichen Eis.

Die neue Sheikh Zayed Moschee beeindruckt mit prachtvoller Ausstattung

Eine halbe Autostunde vom Zentrum entfernt, erhebt sich in *Al-Maqtaa* nahe der gleichnamigen Brücke die weithin sichtbare **Sheikh Zayed Grand Mosque** 24 (Sa–Do 9–12, Führungen So–Do 10

Reiche Auswahl bietet dieser traditionelle Stoffhändler im geschäftigen Al-Markaziyah-Viertel

Auf Yas Island liegt die Formel-Eins-Grand Prix-Strecke des neuen Yas Marina Circuit

Uhr). Das in Weiß und Gold strahlende, 2007 eröffnete Gotteshaus wird auch als Grand Mosque bezeichnet – wie die Moschee am Qasr al-Hosn [Nr. 11]. Doch diese hier bietet Platz für rund 40 000 Gläubige und gehört damit zu den größten Moscheen der Welt. Der beeindruckende Dreikuppelbau mit vier je 115 m hohen Minaretten ist aufwendig und wertvoll mit persischen Teppichen, italienischem Marmor und Blattgold ausgestattet.

Über die Al-Maqtaa Bridge erreicht man nun *Umm al-Nar* und den an der Straße nach Dubai gelegenen **Abu Dhabi Golf Club** 25 (Tel. 02/558 89 90, www.adgolfclub.com). Sein 27-Loch-Par-72-Platz erstreckt sich über 163 ha, dazu kommen Übungsbunker, Putting und Chipping Greens. Wem tagsüber die Hitze zu groß ist, dem stehen nachts neun Löcher bei Flutlicht zur Verfügung.

Fährt man vom Golfplatz weiter gen Dubai, passiert man den Strand von **Al Raha**. Hier verwöhnen Hotels wie das *Al Raha Beach* (www.preferredhotels.com) ihre Gäste, während nebenan weitere Luxusunterkünfte entstehen.

Auf **Yas Island** 26, unweit westlich des Flughafens, ist der neue *Yas Marina Circuit* (www.yasmarinacircuit.com) seit 2009 Schauplatz eines jährlichen Formel-1-Rennens. 2010 eröffnete auf der Insel zudem der Themenpark *Ferrari World Abu Dhabi* (www.ferrariworldabudhabi.com), unter dessen ferrarirotem Dach eine der schnellsten Achterbahnen der Welt für Nervenkitzel sorgt. Weitere Attraktionen sind ein Rally-Parcours und eine Gokart-Bahn.

Nicht Formel-1-Boliden sondern Kamele drehen ihre Runden auf dem 30 km östlich des Stadtzentrums an der Straße nach Al Ain gelegenen **Al Wathba Camel Racetrack** 27 (Tel. 02/583 92 00). In den Wintermonaten zwischen November und April werden auf dem mehr als 10 km langen Rundkurs jeden Donnerstag und Freitag ab 6/7 Uhr früh Kamelrennen ausgetragen. Wer später oder an einem anderen Tag kommt, kann meist zumindest Trainingsläufe beobachten.

i Praktische Hinweise

Information

Abu Dhabi National Hotels (ADNH), ADNH Building, Al-Safarat (nahe Airport Road), Abu Dhabi City, Tel. 02/444 72 28, www.adnh.com

Flughafen

Abu Dhabi International Airport (AUH), Tel. 02/575 75 00, www.abudhabiairport.ae, 37 km östlich der Innenstadt. Für die

Fahrt in die City stehen vor dem Flughafengebäude Taxis (z. B. von Al-Ghazal; Festpreise) oder die grün-weißen Busse der Linie 901 bereit. Die Fahrt dauert jeweils 40–45 Min., an Feiertagen und bei Großveranstaltungen evtl. auch länger.

Der *Airport City Terminal Check-In* (nahe Abu Dhabi Mall) bietet für Reisende bestimmter Airlines (u.a. Etihad Airways, Gulf Air) Gepäckabgabe und Boarding Card 24–4 Std. vor Abflug.

Sport und Freizeit

Big Bus Tour of Abu Dhabi, Tel. 800/ 24 42 87, www.bigbustours.com. Stadtrundfahrt im Doppeldeckerbus, hop on, hop off an elf Stationen, vom Emirates Palace Hotel bis zur Sheikh Zayed Grand Mosque. Dubai-Kombi-Ticket möglich.

Sunshine Tours, Tel. 02/444 99 14, oder über Abu Dhabi National Hotels (s.o.): Wüsten- und Allradwagen-Touren, Angelausflüge sowie abendliche Dhau-Fahrten entlang der Corniche.

Safari Holidays, Bin Salama Tower (nahe Fish Market), Abu Dhabi City, Tel. 02/639 13 00. Kompetenter Touranbieter, z. B. Stadtrundfahrt, Hatta Wadi-Trek, Wüstentouren.

Nachtleben

Brauhaus, Beach Rotana Hotel, Abu Dhabi City, Tel. 02/697 90 11, www.rotana.com. Abends kommen in dem deutschen Spezialitätenrestaurant nicht mehr ›Sauerkraut and mash‹ auf die mit rotweiß-karierten Tischtüchern zünftig gedeckten Biertische, sondern Keramikhumpen voll Gerstensaft. Prost!

Ungewöhnliche Perspektiven bietet ein Kamelritt durch die Wüste im Hinterland Abu Dhabis

Captain's Arms, Le Méridien, Abu Dhabi City, Tel. 06/644 66 66, www.captains arms-abudhabi.com. Gemütliche britische Pub-Atmosphäre. Wem es innen zu voll wird, kann auf die Terrasse zum Garten hin ausweichen (tgl. 12–24 Uhr).

Heroes Diner, Crowne Plaza Hotel, Abu Dhabi City, Tel. 02/621 61 32, www.crowne plaza.com. Sportsbar mit großen Bildschirmen für Fußball-, Cricket- und Rugbyfans, dazu gute Imbisse und Themenabende und Dance Night (tgl. 12–2 Uhr).

Illusions, Le Royal Méridien, Abu Dhabi City, Tel. 02/674 20 20, www.leroyalmeri dienabudhabi.com. Beliebte Disco und Nachtclub; Mottopartys (tgl. 22–3 Uhr).

Hotels

*****__Beach Rotana Hotel & Towers__, Tourist Club Area, neben Abu Dhabi Mall, Abu Dhabi City, Tel. 02/697 90 00, www. rotana.com. Zentral gelegenes Urlaubshotel am hellen Sandstrand, im Garten zwei Swimmingpools. 400 gepflegte Gästezimmer und elf Suiten, allesamt mit herrlichem Meerblick.

*****__Emirates Palace Hotel__, Corniche, Abu Dhabi City, Tel. 02/690 90 00, www. emiratespalace.com. Blattgold, Ballsaal, Badestrand – die luxuriöse Kempinski-Perle gehört der Herrscherfamilie von Abu Dhabi.

*****__InterContinental Abu Dhabi__, Bainunah Street, Al-Bateen (Ministeriumsviertel im Nordwesten), Abu Dhabi City, Tel. 02/666 68 88, www.interconti nental.com. Großes Hotel in parkartigem Garten, der bis zum Strand und zur Marina des Hauses reicht.

*****__Le Méridien Abu Dhabi__, Tourist Club Area, Abu Dhabi City, Tel. 02/ 644 66 66, www.lemeridien-abudhabi. com. Das halbkreisförmig gebaute Luxushotel mit mehreren Restaurants und Bars liegt ausgehgünstig am Rande der belebten Tourist Club Area.

*****__Millennium Hotel__, Sheikh Khalifa bin Zayed Street, Abu Dhabi City, Tel. 02/614 60 00, www.millenniumhotels. ae. Schlanker Hotelblock zwischen der Parkanlage der Capital Gardens und den türkisgrünen Wassern an der Corniche.

*****__Yas Viceroy__, Yas Island, Abu Dhabi City, Tel. 02/656 00 00, www.viceroyhotels andresorts.com/abudhabi. 499 Gästezimmer und Suiten in Luxushotel auf der Formel-1-Insel nahe dem Flughafen. Nach außen hin zeigt es auffällige, metallisch geschwungene Architektur.

TOP TIPP ****__Al Diar Dana Hotel__, Tourist Club Area (am östl. Ende der Elektra/Sheikh Zayed 2nd Street), Abu Dhabi City, Tel. 02/645 60 00, www.aldiar hotels.com. Zentral im Einkaufsviertel gelegenes Komforthotel der staatlichen Hotelkette mit 112 Zimmern. Abends bietet das Steakhaus *49er's Gold Rush* im obersten Stockwerk einen herrlichen Ausblick über die illuminierte Stadt.

****__Mercure Centre Hotel__, Sheikh Hamdan bin Mohammed Street (neben dem Hamdan Centre), Abu Dhabi City, Tel. 02/633 35 55, www.accorhotels.com. Das 15-stöckige Geschäftshotel im lebhaften Al-Markaziyah-Viertel bietet 201 sehr gut ausgestattete Zimmer und sieben Suiten zum vergleichsweise günstigen Preis. Vier Bars und drei Restaurants im Haus, u. a. mit französischer Küche.

Restaurants

TOP TIPP **Al-Arish**, am Zayed-Hafen im Al-Dhafra Tourism Village, Abu Dhabi City, Tel. 02/673 22 66, www.aldhaf ra.net. Was für eine wundervolle Gelegenheit, das lokale kulinarische Angebot zu erkunden, mit Grillgerichten, Gemüse und Meeresfrüchten. Ganz nach Lust und Hunger bestellt man hier Biryanis, Gisheed, Ouzi und Majboos.

Bam Bu, Abu Dhabi Marina & Yacht Club, Tourist Club Area, Abu Dhabi City, Tel. 02/645 63 73. Die chinesischen Speisen schmecken hier ebenso vorzüglich wie die orientalischen Reisgerichte, der hübsche Blick auf die Marina ergänzt das delikate Essen hervorragend. Hummer und Pekingente zählen zu den Hausspezialitäten (tgl. 12–15 und 19–23 Uhr).

Le Beaujolais, Mercure Hotel (s.o.), Abu Dhabi City, Tel. 02/633 35 55. Voilà – runde Bistrotischchen mit weißer Marmorplatte und dezente Akkordeonmusik versetzen die Gäste nach Frankreich. Hier genießt man Café au lait, Baguettes, bei größerem Appetit vielleicht Escargots – und zum Abschluss eine Käseplatte.

Lebanese Flower, King Khalid bin Abdel Aziz Saeed Street, Khalidiya Centre, Abu Dhabi City, Tel. 02/665 87 00. Libanesische Spezialitäten in volkstümlichem Ambiente: Auf den Tisch kommen Fleisch und Fisch vom Grill, Mezze, Curries, selbstgebackenes Brot, immer frisch und in unglaublichen Mengen.

Vorbild Beduinentreff – Al Majlis heißt der Empfangsraum im Emirates Palace Hotel

Shamyat, Al-Salam St. 8, gegenüber vom Sheraton Abu Dhabi Resort and Towers, Abu Dhabi City, Tel. 02/671 26 00. Erstklassige und preiswerte arabisch-libanesische Köstlichkeiten, dazu ofenfrisches Fladenbrot. Zur Dekoration gehören übrigens Obstbäume und Wasserfälle.

Shuja Yacht, Anlegestelle beim Le Royal Méridien, Sheikh Khalifa bin Zayed Street, Abu Dhabi City, Tel. 02/674 20 20, www.leroyalmeridien-abudhabi.com. Abendliche Kreuzfahrt entlang der illuminierten KüsteAbu Dhabis, dazu genießt der Gast geräucherten Fisch, Sushi-Häppchen oder Salat mit Krustentieren.

2 Liwa

Die beschaulichen Oasen am Rand der großen Sandwüste sind die Heimat der Bani Yas-Beduinen.

Rund 250 km südöstlich von Abu Dhabi City liegen etwa 50 kleine Oasen am Rande der großen innerarabischen Sandwüste. Diese **grünen Inseln** inmitten abweisender Umgebung werden unter dem Sammelbegriff Liwa-Oasen zusammengefasst. Sie erstrecken sich in weitem Bogen über 127 km von der Oase *Arcada* im Westen bis *Hmeen* im Osten. Seit Menschengedenken siedeln hier Manasir-Ur-Beduinen, spätestens seit dem 16. Jh. auch verbündete Bani Yas-Beduinen. Damals wie heute leben die Menschen von Gemüse- und Dattelanbau, von Kamel- und Ziegenzucht. Auch die Herrscherfamilie von Abu Dhabi stammt hierher.

Heute verbindet eine sehr gut ausgebaute, vierspurige und durchgehend beleuchtete Straße die Emiratshauptstadt mit den Oasen. Zunächst führt die Strecke von Abu Dhabi etwa 110 km entlang des Meeres, dann zweigt die ebenso gut ausgebaute Route 85 bei Tarif nach Liwa ab. Die etwas weiter westlich gelegene alte Zufahrtsstraße ab Al-Mirfa führt größtenteils einspurig durch das Erdöl- und Erdgasfördergebiet von Mussafah. Zwar begleiten in weiten Teilen Sperrzäune diese Straße, doch hat die Fahrt entlang der zahllosen Fördertürme und des unübersehbaren Gewirrs der Pipelines einen geradezu surrealen Reiz. Fotografieren ist aber streng verboten.

Nach etwa 70 km trifft diese Straße bei der ansprechenden kleinen Oasenstadt Medinat Zayed wieder auf die Route 85. Futterfarmen und landwirtschaftliche Versuchsareale säumen das schnurgerade verlaufende Asphaltband, dazwischen

Einst ermöglichte nur das Wüstenschiff Kamel die Durchquerung der Rub al-Khali

erstrecken sich immer wieder weite Sandflächen. Sie geben einen Vorgeschmack auf die **Rub al-Khali**, die Sandwüste, wegen derer die meisten Besucher die Reise nach Liwa antreten. Westlich und südlich der Oasen breiten sich bis weit nach Saudi-Arabien hinein die Sandhügel dieses ›Empty Quarter‹, des Leeren Viertels aus. Ungehindert treibt dort der Wind mit leise sirrenden Sandkörnchen sein immergleiches Spiel, häuft sie auf zu sich schlangengleich windenden Höhenkämmen oder gestaltet auf ebener Fläche fantastische geriffelte Muster und Zeichnungen. Ist man weit genug von den Lichtern der Oasen entfernt, erleuchtet nachts ein unglaubliches Sternenfunkeln den Himmel. Schlaf scheint angesichts der Glitzerpracht wie Verschwendung. Tagsüber verwandelt die Sonne die Wüste in einen Brutkasten, dann sind zwischen den rötlich schimmernden Sandbergen Temperaturen von über 45 °C keine Seltenheit.

Als erster westlicher Besucher erhielt der Brite *Wilfred Thesiger* (1910–2003) in den 1940er-Jahren die Erlaubnis, Liwa zu besuchen. Mit einheimischen Begleitern durchquerte er mehrmals die Rub al-Khali, seine Erlebnisse schilderte er in dem Buch ›Arabian Sands‹.

Anders als zu Thesigers Zeiten sind die nördlichen Einzeloasen Liwas heute durch eine asphaltierte Straße miteinander verbunden, die an ihrem westlichen und östlichen Ende in eine Sandpiste übergeht. Ein geländegängiges Fahrzeug ist allerdings nicht nötig, um den ab dem Liwa Hotel bei Mezaiyah ausgeschilderten **Moreeb Hill** (Tal Mireb) zu erreichen. Moreeb heißt ›schrecklich, Furcht einflößend‹. Hinter diesem Namen verbirgt sich die mit 287 m (nach der von Al Ain) zweithöchste Düne der Emirate.

Der rötlich schimmernde Sandriese ist jedes Jahr im März Schauplatz des **Abu Dhabi Desert Challenge** (www.abudhabidesertchallenge.com). Dann versuchen ca. 100 geländegängige Autos, Motorräder, Trucks und Quads, möglichst schnell den Kamm der Düne zu erklimmen. Die Erfolgreichsten werden von den bis zu 33 000 Besuchern enthusiastisch gefeiert, die das motorenröhrende Spektakel von der Ebene am Fuß der Düne bzw. von der beschatteten und klimatisierten Tribüne aus beobachten. Wer Sinn für großartige Natur hat, wird einen Besuch von Moreeb Hill jedoch das ganze Jahr über genießen. Die Anfahrt bietet zudem Gelegenheit, eine Kamelfarm besichtigen oder farbenprächtige Sonnenuntergänge in der Wüste zu fotografieren.

Nur mit einem erfahrenen Führer findet man jene Stellen in der Wüste, an denen sich **Sandrosen** gebildet haben. Das sind feine ›zusammengebackene‹ Kristallrosetten aus Gips, die durch Mineralien weiß, gelb oder rötlich gefärbt sein können. Sie entstehen unterirdisch, wenn Tau in den gipshaltigen Wüstensand einsickert und sich mit aufsteigendem sulfatreichem Grundwasser mischt. Weht der Wind den umliegenden lockeren Sand fort, treten ganze Felder von Wüstenrosen zutage, die inmitten der kargen Weite geradezu unwirklich funkeln.

Wer mehr von Liwa und der Umgebung sehen möchte, kann auf dem Rückweg nach Abu Dhabi die Strecke über Hmeen nehmen. Zunächst führt sie über mehrere Oasen, von denen **Shah** und **Tharwaniyah** die malerischsten sind. Auch das sorgfältig restaurierte weiße **Attab Fort** bei der gleichnamigen Siedlung mit seinen runden Wachtürmen und

den markanten Ziegelmustern auf den Dreieckszinnen lohnt einen Fotostopp. Ab Hmeen führt das Asphaltband der E65 durch die unwirklich anmutenden Erdöl- und Gasförderfelder der östlichen Ad-Dhafrah-Region schnurgerade nach Norden. Unterwegs hat mit etwas Glück das **Emirates National Auto Museum** (www.enam.ae) geöffnet. Es zeigt in einem markanten pyramidenförmigen Gebäude die sehenswerte Oldtimer- und erstaunliche Autosammlung von ›Regenbogen-Scheich‹ Hamad bin Hamdan al-Nahyan.

i Praktische Hinweise

Sport und Freizeit

Abu Dhabi Adventure Tours, Tel. 055/3570011, www.abudhabiadventure.com. Off-Road-Touren duch die Rub al-Khali in Liwa oder durch die Berge von Hatta, einige Stunden oder über Nacht, Selbstfahrer oder mit Chauffeur. Auch Sky Diving und Wassersport sind im Angebot.

Hotels

****Liwa Hotel**, Mezaiyah (erste Oase am Ende der Route 85), Liwa Oasis, Tel. 02/8822000, www.almarfapearlhotels.com. Das Hotel im Stil eines historischen Forts bietet überraschenden Luxus in der Wüste. Der gepflegte Garten umfasst Pool, Tennis- und Volleyballcourt, zudem gibt es einen Fitnessraum im Rundturm mit prächtiger Aussicht. Die 66 Gästezimmer und Suiten sind groß, daneben bieten drei Villen Platz für Familien. Ayurvedabehandlungen im Spa.

Liwa Rest House, Mezaiyah (erste Oase am Ende der Route 85), Liwa Oasis, Tel. 02/8822075. Einfacheres, aber sehr schön gelegenes Gästehaus. Das ausgedehnte Anwesen wird gern von Jugendgruppen besucht, der Speisesaal und der ausgedehnte Garten sind darauf ausgerichtet.

3 Al Ain

Die grüne Oasenstadt war die Heimat des Staatsgründers Scheich Zayed.

148 km östlich von Abu Dhabi liegt Al Ain inmitten der sandigen Ebene am Westrand des Hajar-Gebirges. Ain bedeutet im Arabischen *Quelle* oder einfach *Wasser*. Die Siedlung verfügt über beträchtliche Grundwasserreserven und trägt ihren Beinamen *Gartenstadt* völlig zu Recht.

Zum verhältnismäßigen Wasserreichtum kommt die für den Handel so wichtige Nähe zum Oman. Ein Zaun markiert die Landesgrenze quer durch die Stadt, deren östlicher, omanischer Teil wie die gesamte Region **Buraimi** heißt. Touristen können am nördlichen Übergang ›Hili‹ von einer zur anderen Seite wechseln. Wer als Selbstfahrer in das benachbarte Sultanat weiterreisen möchte, benötigt eine gültige Autoversicherung und einen Ausreisestempel der Emirate.

Geschichte Jahrhundertelang war die Herrschaft über die Buraimi-Oasen umstritten. Bereits in vorislamischer Zeit hatten die wahrscheinlich jemenitischen Beduinenstämme der Dhahirah und Na'im die Oasen besiedelt, abwechselnd beanspruchten die Wahhabiten aus dem heutigen Saudi-Arabien und der Oman die Oberherrschaft.

Mit dem Aufstieg Abu Dhabis zur bedeutenden Handelsstadt im 19. Jh. begann auch dieses Scheichtum, Einfluss auf die Oase auszuüben. 1844 meldete der britische Vertreter in Sharjah, Abu Dhabi habe die Kontrolle über die örtlichen Stämme errungen. Diese wurde in den folgenden Jahrzehnten durch Landkäufe und Militäraktionen weiter ausgebaut. Letztmals in Gefahr geriet die Herrschaft Abu Dhabis 1952, als Saudi-Arabien einen Teil von Buraimi okkupierte. 1955 vertrieben Truppen aus dem Oman und Abu Dhabi die Saudis wieder, 1972 erkannte Saudi-Arabien die aktuellen Grenzen an. Der Grenzverlauf zwischen Abu Dhabi und Oman wurde bereits 1966 vertraglich geregelt.

In den gesamten Emiraten ist Al Ain als Geburtsort von **Scheich Zayed bin Sultan al-Nahyan** (1918–2004) bekannt, der die Oasenstadt 1946–66 regierte. Er erneuerte das traditionelle *Falaj* Bewässerungssystem, wodurch Al Ains Landwirtschaft nachhaltig erblühte. 1966 übernahm er die Regierung des gesamten Emirats und zog in die Hauptstadt.

Heute ist Al Ain eine propere **Universitätsstadt** mit rund 374 000 Einwohnern – und großen Zielen. Bis zum Jahr 2015 will Al Ain sich zum größten inländischen Touristenziel der Emirate entwickeln. Da-

Palmenhaine und Grünflächen bestimmen das Bild der Oasen- und Universitätsstadt Al Ain

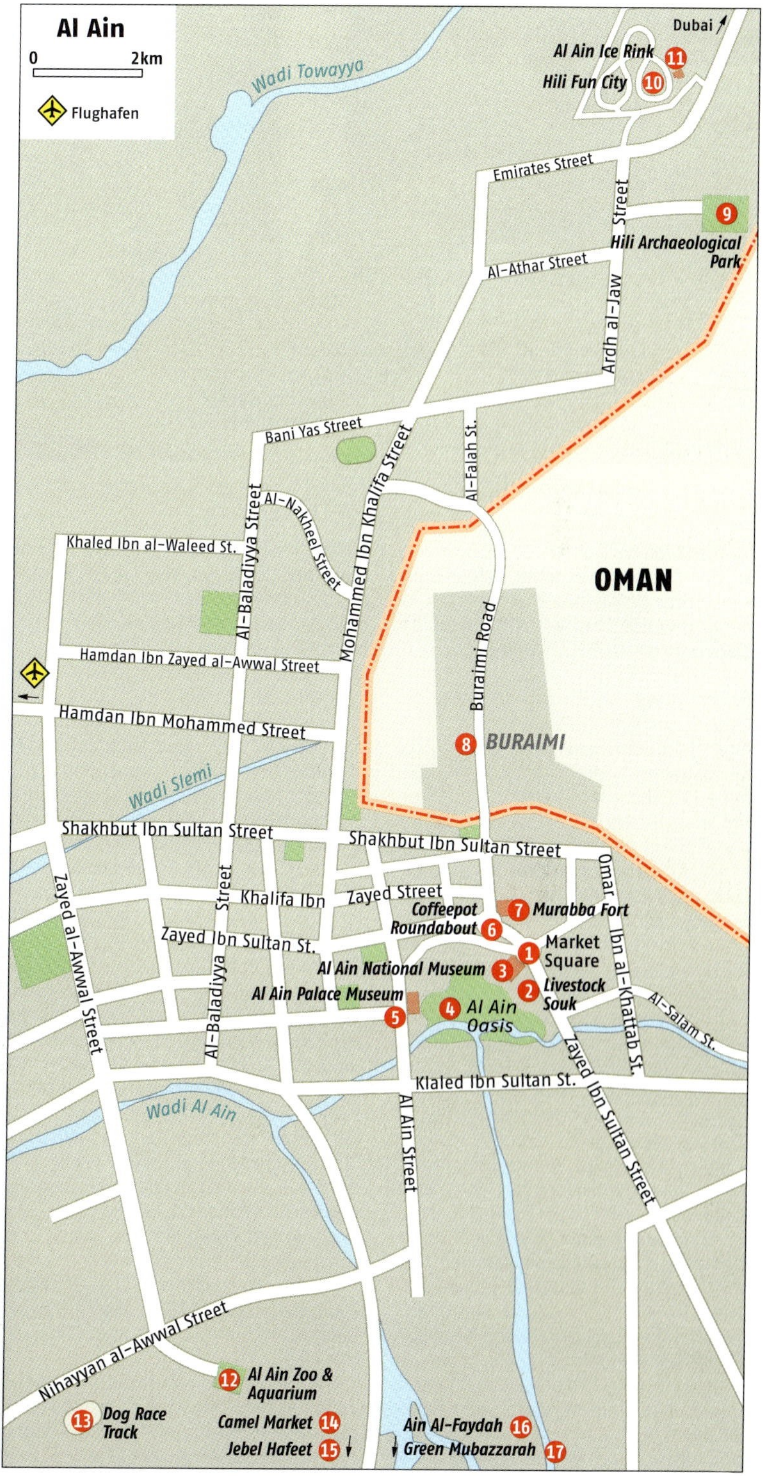
Al Ain
0 2km
Flughafen
Wadi Towayya
Dubai
Al Ain Ice Rink 11
Hili Fun City 10
Emirates Street
9
Ardh al-Jaw Street
Hili Archaeological Park
Al-Athar Street
Bani Yas Street
Al-Falah St.
Mohammed Ibn Khalifa Street
Al-Baladiyya Street
Al-Nakheel Street
Khaled Ibn al-Waleed St.
OMAN
Buraimi Road
Hamdan Ibn Zayed al-Awwal Street
Hamdan Ibn Mohammed Street
8 BURAIMI
Wadi Slemi
Shakhbut Ibn Sultan Street
Shakhbut Ibn Sultan Street
Omar Ibn al-Khattab St.
Zayed al-Awwal Street
Khalifa Ibn Zayed Street
Coffeepot Roundabout 6
7 Murabba Fort
Zayed Ibn Sultan St.
1 Market Square
Al Ain National Museum 3
2 Livestock Souk
Al Ain Palace Museum 5
4 Al Ain Oasis
Al-Salam St.
Zayed Ibn Sultan Street
Klaled Ibn Sultan St.
Wadi Al Ain
Al Ain Street
Nihayyan al-Awwal Street
12 Al Ain Zoo & Aquarium
13 Dog Race Track
Camel Market 14
Jebel Hafeet 15
Ain Al-Faydah 16
Green Mubazzarah 17

Traditionelle Gerätschaften und Waffen werden im Al Ain National Museum gezeigt

für wird rege gebaut, so z. B. im Süden, wo an der Zufahrt zum Jebel Hafeet dank künstlicher Bewässerung ein ganzes Tal begrünt wurde. Und seit 2011 gehört die Stadt gar zum UNESCO Welterbe.

Besichtigung Al Ain ist eine Autofahrerstadt, selbst wenn viele verkehrsberuhigende Bodenwellen die breiten Zufahrtsstraßen ›zieren‹. Man kann aber ohne Probleme ins Ortszentrum fahren, um die hiesigen Sehenswürdigkeiten dann zu Fuß zu erkunden.

Als Ausgangspunkt bietet sich der zentrale **Market Square** ❶ an, dessen Südseite ein großes zinnenbekröntes und lehmverputztes Tor mit einer breiten Mitteldurchfahrt für den Verkehr begrenzt. Morgens findet hier ein lebhafter Gemüse- und Haushaltswarenmarkt statt, nachmittags dient die große leere Fläche als Parkplatz. Seitlich des Tores werden auf dem **Livestock Souk** ❷ in der Zayed bin Sultan Street vor allem an Wochenenden von morgens bis abends unzählige Ziegen und einige wenige Rinder verkauft, teilweise direkt von den offenen Ladeflächen der Pickup-Trucks herab.

Nach diesem Einblick in das Alltagsleben der Landbevölkerung kann man sich im nahen **Al Ain National Museum** ❸ (Tel. 03/764 15 95, Sa/So und Di–Do 8.30–19.30, Fr 15–19.30 Uhr, zeitweise eingeschränkter Zugang wegen baulicher Erweiterung) einen Eindruck vom Oasenleben früherer Jahrhunderte verschaffen. Die Sammlung umfasst Kleidung, Dolche (*Khandjars*) und Schusswaffen, Silberschmuck der Beduinen und getriebene Metallgefäße, zeigt aber auch Koranhandschriften aus dem 17. Jh. und hölzerne Gewandtruhen (*Manadis*). Besondere Beachtung verdient die Sammlung prähistorischer Keramik, die bis zu 4400 Jahre alte Stücke aus der Ausgrabungsstätte bei Hili vor den Toren des modernen Al Ain aufweist. Der Rundgang durch die ebenerdigen Museumsräume führt auch an mehreren Vitrinen vorbei, in denen Staatsgeschenke ausgestellt sind, die Scheich Zayed im Laufe seiner Amtszeit erhielt. U. a. ist da der *Collar de la Order de Isabel la Catolica* zu sehen, den der spanische König Juan Carlos I. 1981 ›Su Alteza Sheikh Zayed‹ überreichte.

Zum Museumsareal gehört ferner das nur wenige Meter entfernte **Fort Al Ain**, auch *Eastern Fort* genannt. Scheich Sultan bin Zayed hatte die quadratische Festung 1910 aus Lehmziegeln erbauen lassen. Einer der drei Rundtürme diente bis zur Umwidmung des Gebäudes 1971 als Gefängnis, der Brunnen in dem ca. 12 x 12 m großen Innenhof ist versiegt. In die dicken Umfassungsmauern integriert sind die ehemalige Küche und drei weitere Kammern, deren Wänden historische Schwarzweiß-Fotos schmücken. Hier sieht man z. B. Wilfred Thesiger (1910–2003), der Mitte des 20. Jh. als erster Europäer die Erlaubnis erhielt, Liwa [Nr. 2] zu besuchen.

Von den heute nicht mehr öffentlich zugänglichen Zinnen des Forts blickten die Wachen weiland weit über die Wipfel der benachbarten **Al Ain Oasis** ❹ (tgl.

Auf Al Ains Market Square bieten die Bauern der Oase morgens ihre frischen Produkte feil

6.30–Sonnenuntergang). Dieser größte von mehreren Palmenhainen bildete den eigentlichen Kern der Stadt.

Durch ein breites, tagsüber einladend geöffnetes Holztor betritt man auf sauber gepflasterten Wegen die Oase. Wohltuende Kühle umfängt den Besucher, die Gärten rechts und links des sich vielfach windenden Weges sind von akkuraten Steinmauern begrenzt. Dicht stehen hier schlanke Palmen, mitunter deutet leises Plätschern auf einen Bewässerungskanal und im Halbschatten der Baumkronen lehnt hie und da das Fahrrad eines Parzellenbesitzers an einem der geriffelten Stämme. Wie Astwerk zweigt von der gut 4 m breiten Hauptzufahrtsstraße ein labyrinthartiges Wegenetz ab. Das bescheidene *Al Ain Oasis Restaurant* in seiner Mitte ist noch verhältnismäßig leicht zu finden. Doch schon die Suche nach dem mehrfach ausgeschilderten *Sheikh Zayed Old Palace* wird zu einer langwierigen Schnitzeljagd und kann seine Zeit dau-

Das Al Ain Fort, heute Teil des Al Ain National Museum, gehört der Herrscherfamilie Al-Nahyan

Die Falaj-Kanäle dienen der Bewässerung der Gärten und Kindern zur Erfrischung

ern. Tritt man dann aus der Oase wieder auf die offene Straße, entpuppt sich der ›Alte Palast‹ als der prächtige, sorgfältig restaurierte Lehmbau des **Al Ain Palace Museum** 5 (Tel. 03/764 15 59, Sa/So und Di–Do 8–19.30, Fr 15–19.30 Uhr). Mächtige runde Ecktürme ragen in vier, sich konzentrisch nach oben verjüngenden Etagen auf, Dreieckszinnen krönen die rötlichen Außenmauern der ausgedehnten rechteckigen Anlage. Sie wurde 1937 als Wohn- und Regierungspalast erbaut, den auch Scheich Zayed während seiner Zeit als Regent von Al Ain nutzte. Nach dem Umzug des Herrschers in die Hauptstadt stand das Fort eine Zeit lang leer, bevor es umfassend wieder hergerichtet wurde. Ein imposanter Tordurchgang führt in den recht großen ersten Innenhof. Links steht unter einer ausladenden Schirmakazie ein alter Jeep, einer von Scheich Zayeds zwei Dienstwagen aus der Zeit vor dem Ölboom.

Gegenüber öffnet sich ein weiterer Torbogen auf den zweiten Innenhof, einst das Kernstück des Regierungsbereiches. Diesen erreicht man auch, wenn man im ersten Hof zunächst nach rechts durch den bildergeschmückten Arkadengang in die ehemaligen *Privat- und Familiengemächer* geht. Hier befindet sich ein kleines Informations- und Verwaltungsbüro, von dem aus man die zweistöckigen Gebäudekomplexe mit Schlaf-, Empfangs- und Gästezimmer im Garten erkunden kann. Sehr schön ist der Blick von einem der Flachdächer über Oase und moderne Stadt.

Vorbei an der einstigen Palastküche gelangt man in den offiziellen Amtsbereich. Hier empfing Scheich Zayed Besucher und Bittsteller in den *Majlis*. Der größte dieser traditionellen Empfangssalons umfasst etwa 7 x 12 m und ist mit einem edlen Teppich ausgelegt, in der Mitte steht das Kohlebecken für die Zubereitung frischen Kaffees. Entlang der Wände ziehen sich komfortable Sitz- und Rückenkissen, über dem etwas erhöhten Ehrenplatz gegenüber dem Eingang hängt ein Bild des Herrschers, dargestellt als kühner Falkner. Ein kleines Nebengelass nutzte Zayed als Arbeitszimmer – die karge Ausstattung lässt vermuten, dass

An den zur Kreuzung umgebauten Coffeepot Roundabout erinnert heute nur noch der Name

der Regent so wenig Zeit wie möglich mit schnöder Schreibtischarbeit verbringen wollte.

Hält man sich nach dem Verlassen des Museums rechts, kann man dort ein Taxi nehmen oder entlang zahlreicher kleiner Läden und dem *Old Souk* durch die moderne Innenstadt Richtung **Coffeepot Roundabout** 6 schlendern. Das Rondell verdankt seinen Namen einer mehrere Meter hohen, von Tassen umgebenen Schnabelkanne in seiner Mitte. Hier befindet sich linkerhand das **Murabba Fort** 7, dessen hohes lehmverputztes Mauergeviert einen weiten Innenhof umschließt. Das Gebäude im Zentrum diente lange Zeit als Gefängnis von Al Ain.

Nordwärts liegt **Buraimi** 8. Dass dieser Teil der Stadt zum Oman gehört, sieht man vor allem an der Kleidung der Männer, die hier im Gegensatz zu den meist weiß gewandeten Emiratis oft farbige Dishdashas und bunt bestickte Kappen tragen. Wer selbst mit einem Mietwagen hinüber fährt, muss eine Versicherung für den Oman abschließen. In Buraimi ist vor allem das schön restaurierte *Al-Khandaq Fort* gegenüber dem *Fruit und Vegetable Market* sehenswert. Außerdem gibt es einen kleinen *Camel Market* an der Al-Masoudi Street.

Am nördlichen Stadtrand von Al Ain, Richtung Dubai, befindet sich der **Hili Archaeological Park** 9 (Tel. 03/784 55 42, Sa–Do 16.30–21.30, Fr 20–22 Uhr), auf dessen Gelände bedeutende Grabfunde aus dem 3. Jt. v. Chr. entdeckt wurden. Hier wurde ein Familienpark angelegt, in dem zwischen Grünflächen und Kinderspielplätzen drei Fundstätten eingezäunt sind: Gleich rechts sieht man die Grundmauern einer bronzezeitlichen Siedlung (2500–2000 v. Chr.), etwas weiter ein nachgebautes Steingrab, dessen einzige sichtbare Besonderheit ein Relief über der dunklen Eingangsöffnung ist. Und schließlich im dritten und mit etwa 50 x 50 m größten umzäunten Areal weitere, wenngleich stark verwitterte vorgeschichtliche Mauerreste.

Nur wenige Autominuten nördlich in Richtung Dubai zieht der Vergnügungspark **Hili Fun City** 10 (Tel. 03/784 55 42, www.hilifuncity.ae, Okt.–Mai Mo–Do 16–22, Fr/Sa 12–22, Juni–Sept. Mo–Do 17–22, Fr/Sa 16–22 Uhr, Mi nur für Frauen und Kinder, im Ramadan geschl.) mit Rutschen, Karussells und zahlreichen Elektrospielen große und kleine Besucher an. Verglichen mit den großen Parks in Abu

Erinnerung an Scheich Zayed am festlich beleuchtete Murabba Fort von Al Ain

Dhabi City und Dubai City ist hier allerdings alles eine Nummer kleiner. Am Ende derselben Straße befindet sich das ebenfalls zur Hili Fun City gehörende Eislaufzentrum **Al Ain Ice Rink** 11 (Öffnungszeiten wie Hili Fun City, zzt. wg. Renovierung geschl.). Diese älteste Eislaufbahn (seit 1987) der Emirate ist sogar Heimat eines regen Eishockeyteams, der *Al Ain Vipers*.

An der entgegengesetzten, südlichen Stadtgrenze umfasst **Al Ain Zoo & Aquarium** 12 (Tel 03/782 81 88, www.awpr.ae, Okt.–April tgl. 9–20, Mai–Sept. 16–22, im Ramadan 18–24 Uhr) mehr als 400 ha. Besonders stolz ist man auf das Zuchtprogramm für bedrohte Arten. Beim Pu-

In einem solchen Steingrab bestattete man vor 4500 Jahren vermutlich vornehme Tote

blikum stehen die Großkatzen und Flusspferde hoch in der Gunst. Im großen Aquarium sind Seelöwen, Pinguine und viele heimische Fischarten zu sehen. Vor allem seinen Bereich zur lokalen Fauna baut der Tierpark als *Al Ain Wildlife Park* beständig aus. Mittelpunkt der weitgehend naturbelassenen Areale für Arabische Oryx, Houbara Kragentrappe und weitere einheimische Tierarten ist das *Sheikh Zayed Desert Learning Centre*.

In direkter Nachbarschaft zum Zoo finden auf dem **Dog Race Track** 13 vornehmlich an Winterwochenenden Hunderennen statt. Hier treten in erster Linie Sprösslinge aus der berühmten Zucht von Al Ain antreten. Die langbeinigen Tiere ähneln großen Windhunden, sind jedoch massiger und kräftiger gebaut als diese. Aktuelle Renntermine erfragt man am besten im Hotel.

Auf dem Weg zum Jebel Hafeet sollte man etwa 5 km südlich vom Stadtzentrum den berühmten **Camel Market** 14 besuchen, der täglich stattfindet und auch nach seinem Umzug in eine moderne Anlage an der Mezyad Road fasziniert. Interessenten und Verkäufer kommen teils von weit her, um ihre Dromedare feilzubieten oder selbst ein Tier zu erstehen. Die Lärmkulisse ist nichts für zarte Gemüter, ebensowenig der von den Tieren ausgehende Geruch. Zudem spucken die Kamele auch auf Besucher.

TOP TIPP Den krönenden Abschluss bildet eine Fahrt auf den **Jebel Hafeet** 15 im Süden der Stadt. Der Berg steigt abrupt aus der Ebene auf und ist mit 1180 m der höchste der Vereinigten Emirate. Am Fuß des mächtigen Gebirgsstocks tritt bei **Ain Al-Faydah** 16 Quellwasser zutage und bildet gar einen kleinen See, umgeben von Grünanlagen, Restaurants und Bootsverleih. So lauschig die Anlage ist, steht sie doch im Schatten des nahen, ungleich größeren Ferienresorts **Green Mubazzarah** 17 (mubazzarah.150m.com) unmittelbar neben der Zufahrt zum Gipfel. Das künstlich bewässerte Grüne Tal lädt zum Picknick in schattige Gärten und bietet in der Pool & Spa-Landschaft sogar vier Schwimmbäder (für Männer und Frauen getrennt).

Eine vielfach gewundene, 13 km lange Serpentinenstraße führt von hier aus auf den kahlen **Gipfel** des Jebel Hafeet. Unterwegs geben aussichtsreiche Parkbuchten mehrfach Gelegenheit zum Anhalten. Ganz oben öffnet sich dann ein umzäunter Parkplatz, von dem aus man eine schier unbegrenzte Fernsicht über die rot- und beigefarbene Wüste und die rund 700 m tiefer gelegene Stadt genießt. Nebenan bietet das einfache *Top of Hafeet Mountain Restaurant* Erfrischungen an. Der weiße Palast knapp unterhalb des Gipfels gehört Scheich Khalifa bin Zayed al-Nahyan, dem Präsidenten der VAE.

Mitfahrgelegenheit – Dromedar auf dem Weg zum Kamelmarkt im Süden von Al Ain

Die zerklüfteten Felsformationen des Jebel Hafeet schlagen jeden Besucher in den Bann

Praktische Hinweise

Information

Al Ain Municipality, Al Baladiyya Street, Tel. 03/763 51 11, http://am.abudhabi.ae

Flughafen

Al Ain International Airport (AAN), Al Kaleej al-Arabi Street (rund 18 km nordwestlich von Al Ain), Tel. 03/785 55 55, www.adac.ae. Int. Flugverbindungen nach Indien, Pakistan, Oman und in Europa nach Paris. Shuttle-Busse verkehren tagsüber und abends (nicht nachts) alle 45 Min. von/zum zentralen Busbahnhof.

Sport und Freizeit

Golden Sands Desert Safari, im Hilton Hotel, Khalid Ibn Sultan Street, Al Hanyah, Al Ain, Tel. 03/768 80 06. Mit dem Allradwagen oder auf dem Kamelrücken in die Wüste: Dünenfahrten, Sonnenuntergangstouren und Übernachtungen im Beduinenzelt.

Hotels

*****__Al Ain Rotana__, Sheikh Zayed Ibn Sultan Road, Al Ain, Tel. 03/754 51 11, www.rotana.com. Beliebtes Hotel der arabischen Rotana-Kette mit Swimmingpool, Massage- und Fitnessräumen, Squashcourt u.v.m. Mehrere Bars und Restaurants, u. a. mit libanesischer und französisch-polynesischer Küche im Haus.

*****__Danat Al Ain Resort__, Khalid Ibn Sultan Street, Al Ain, Tel. 03/704 60 00, www.danathotels.com. 200 mit jeglichem Komfort ausgestattete Zimmer in einem architektonisch wenig ansprechenden Gebäude etwa 3 km vom Zentrum entfernt. 22 Villen im ausgedehnten Garten, dazu Planschbecken, Pool und Wasserfall sowie ein 33 m langes Sportbecken. Die vier Restaurants im Haus genießen einen guten Ruf.

*****__Mercure Grand Jebel Hafeet__, Zufahrtsstraße zum Jebel Hafeet, Al Ain, Tel. 03/783 88 88, www.mercure.com. Prächtiges Hotel, 124 Luxuszimmer in 915 m Höhe locken mit grandioser Aussicht. Dazu Restaurants, Bars, Fitnesscenter, Pool und Tennisplatz.

Restaurants

Min Zaman, im Al Ain Rotana Hotel (s.o.). Gute libanesische Küche. In arabischer Dekoration mit historischen Waffen an den Wänden und sanftem Licht aus bunten Lampen speist man heiße und kalte Mezzas, Grillspieße oder Fischgerichte. Von allen Tischen hat man einen guten Blick auf die Bühne, wo oft Bauchtanz vorgeführt wird (Sa–Do 19–2 Uhr).

Al-Diwan, Khalifa bin Zayed Road (nördlich des Emirates Commercial Complex), Al Ain, Tel. 03/764 44 45. Mittelklasse-Restaurant, in dem man ganz hervorragend libanesische Speisen, sowie auch iranische und italienische Gerichte essen kann (tgl. 9–1 Uhr).

Traders Vic's, im Al Ain Rotana Hotel (s. o.). Es lockt französisch-polynesische Küche – zum Essen gibt Wein in großer Auswahl und raffinierte Cocktails, abends mit Entertainment (tgl. 12–0.30 Uhr).

Dubai – Goldglitzerndes Einkaufsparadies des Mittleren Ostens

Dubai City lockt mit einer einzigartigen Mischung aus Strandurlaub mit Sonnengarantie und schier grenzenlosen Shopping-Freuden. In keiner anderen Stadt sind proportional so viele Luxushotels versammelt, sie säumen den Internationalen Flughafen am Rand des quirligen Einzelhandelsviertels **Deira** und der Altstadt **Bur Dubai**, recken ihre Hochhausfassaden entlang des silberglänzenden Bandes des Dubai Creek in den blauen Himmel, ballen sich im Süden an der **Sheikh Zayed Road** und entlang des feinsandigen Küstensaums von **Jumeirah**. Dort locken der *Wild Wadi* Vergnügungspark, und die stets warmen Wasser des Persischen Golfs laden ein zum Schwimmen, Surfen, Segeln und jeder anderen Form von **Wassersport**. Bis ins industriereiche Viertel **Jebel Ali** mit seinem Frachthafen reicht die Reihe der Strandhotels. Mittlerweile ist der Platz am Wasser knapp geworden – Abhilfe schaffen sollten gigantische Neulandgewinnungen, etwa die **Palm Islands**, drei künstlich aufgeschüttete Inseln mit Umrissen in Form von stilisierten Palmen. Bewohnt ist bisher allerdings nur *The Palm Jumeirah*, die Arbeiten an *The Palm Jebel Ali* sind bedingt durch die Finanzkrise nach abgeschlossener Landgewinnung vorläufig eingestellt worden, die an *The Palm Deira* sogar noch während der Landgewinnungsphase. Aber auch wenn die weltweite Krise ihre Schatten auf Dubai wirft: Mit dem 828 m aufragenden **Burj Khalifa**, dem höchsten Bauwerk der Welt, haben sich die Scheichs ein atemberaubendes Denkmal gesetzt.

Dank weitgehender Zoll- und Steuerfreiheit verfügt Dubai City über eine unübersehbare Vielzahl von **Märkten** und **Malls**, vom viel besuchten *Gold Souk* oder dem benachbarten *Spice Souk* in Deira bis zu klimatisierten Einkaufspalästen wie *Dubai Mall, Mall of the Emirates* oder *Wafi City*. Als Abwechslung zu Shopping und Badefreuden bietet sich ein Besuch des ambitionierten **Dubai Museum** im ältesten Gebäude der Stadt an, den man sehr gut mit einer **Abra-Fahrt** verbinden kann. Beim Übersetzen mit einer dieser traditionellen Barkassen über den Dubai Creek genießt man sowohl den frischen Fahrtwind als auch das großartige Hochhaus-Panorama an den Ufern. Als bei Weitem ›westlichste‹ Stadt der Emirate erfreut sich Dubai City außerdem zahlreicher Ausgehmöglichkeiten und eines abwechslungsreichen **Nachtlebens**.

Bei all dem Rummel um Dubai City sollte man nicht vergessen, dass das 3885 km² große Emirat noch mehr zu bieten hat als seine aufregende Hauptstadt. Beliebtestes Ausflugsziel ist **Hatta**, ein Dorf im Hajar-Gebirge. Hier kommen *Wanderer* und *Vogelfreunde* auf ihre Kosten, ebenso *Offroad-Fahrer*, die gern die wild-bizarre Bergwelt erkunden. Lohnende Ziele sind die *Hatta Pools*, natürliche Felsbecken, in denen sich das Wasser kühler Bergbäche sammelt. Sportlicher geht es westlich von Hatta zu, wo die höchsten Sanddünen Dubais zu **Sandskiing** oder rasanten Fahrten mit dem **Dune-Mobil**, einer Art Buggy, durch die rote Wüstenlandschaft einladen. Wer die Wüste etwas ruhiger erleben will, findet sicher an den **Desert Safaris** Gefallen, die in der Regel Aufenthalt und Abendessen in einem Beduinenlager beinhalten. Auf Wunsch können Besucher hier übernachten oder an einem *Kamelritt* durch die Dünen teilnehmen.

Dubai, Stadt der Superlative: Der Burj Khalifa sprengt mit 828 m Höhe jedes menschliche Maß

4 Dubai City

Glitzerwelt im Shopping-Paradies am Dubai Creek, berühmte Luxushotels am Persischen Golf.

Wer von Dubai spricht, meint meist die **Hauptstadt** Dubai City, in der mit gut 1,8 Mio. Menschen mehr als 90 % der Gesamtbevölkerung des Emirats leben. Mittlerweile hat die **Handelsmetropole** am Dubai Creek Abu Dhabi City als größte arabische Stadt am Golf abgelöst. Doch trotz der hohen Einwohnerzahl und des enormen **Flächenwachstums** der letzten 30 Jahre ist Dubai City eine überschaubare Stadt geblieben. Das mag sich jedoch in den nächsten Jahren ändern, denn zurzeit sind zahlreiche städtebauliche **Großprojekte** im Gange, mit deren Hilfe sich Dubai City als ›Radnabe des Mittleren Ostens‹ profilieren und das Emirat sich für die Zeit nach dem Öl rüsten will. Außer an den *Neulandgewinnungen* The World sowie The Palm Islands vor der Küste, die weltweit Interesse hervorrufen, wird vor allem im Südwesten Richtung Jebel Ali großflächig gebaut. Das Land gleicht einer einzigen riesigen Baustelle. Gleichzeitig entstehen an der Küste *Hotels* mit mehreren Tausend Betten und entlang der Autobahnverbindung nach Abu Dhabi, die innerstädtisch **Sheikh Zayed Road** heißt, mehrere *Industrieparks*, *Wohn-* und *Geschäftsviertel* wie Knowledge Village oder Dubai Marina. Und im Schatten des Burj Khalifa erfindet sich Dubai gerade neu und baut ein hypermodernes **Stadtzentrum** mit beeindruckenden Wolkenkratzern und moderner Infrastruktur. Das *Dubai Downtown* genannte Viertel geht im Süden in das gigantische **Dubailand** (www.dubailand.ae) über, das mit Shoppingmalls, Entertainmentparks und Sportstadien bis zum Jahr 2018 fertiggestellt sein und dann täglich 200 000 Menschen anziehen soll.

Geschichte Doch auch Dubai City fing einmal klein an. 1820, als die Briten mit neun Scheichtümern an der Golfküste den ›General Treaty of Peace‹ schlossen, war der Ort an der Mündung des Dubai Creek in den Persischen Golf lediglich ein

kleiner **Hafen** der Bani Yas-Beduinen, in dem Perlentaucher, Fischer und Bauern lebten. Nahebei bestand im westlichen Küstendorf *Jumeirah* bereits seit dem 5./6. Jh. eine kleine **Karawanenstation**. 1833 siedelte sich der Bani Yas-Scheich Maktoum bin Butti al-Maktoum mit etwa 800 Getreuen in Dubai an und löste sich von Abu Dhabi. Scheich Maktoum förderte durch günstige Zölle den Perlenhandel und den Warenumschlag, sodass die kleine Siedlung am Dubai Creek rasch aufblühte. Als 1902 die bedeutende persische Hafenstadt Lingah (das heutige Bandah Langeh) die Zölle erhöhte, wanderten viele Händler nach Dubai aus, wo Scheich Maktoum bin Hasher (reg. 1894–1906) Zölle und Gewerbesteuern inzwischen gänzlich abgeschafft hatte. In den folgenden zwei Jahrzehnten entstand der Stadtteil **Bastakiya**, den persische Zuwanderer nach ihrer Heimatregion Basta benannten. Als Ende der 1920er-Jahre angesichts der Weltwirtschaftskrise und des Aufkommens japanischer Zuchtperlen die Preise für Meeresperlen einbrachen, erlitt auch Dubai Einbußen. Doch als Warenumschlagplatz vor allem für **Re-Exporte** blieb der Hafen weiterhin attraktiv.

Bereits 1937 erlaubte Scheich Saeed bin Maktoum al-Maktoum (reg. 1912–58) einem britischen Konsortium, in seinem Emirat nach Öl zu bohren. Allerdings blieben die Bemühungen beinahe 30 Jahre lang ohne Erfolg. Das erste Geldinstitut in Dubai, die **British Bank of the Middle East** eröffnete erst 1946, der Bau des **Flughafens** von Dubai begann 1959. Entscheidend für die Sicherung der Position als Handelshafen war der Bau des Containerhafens **Port Rashid** 1967–72.

Seit der Gründung des **Trucial States Council** im Jahr 1951, dem die Führer aller neun Scheichtümer entlang der Trucial Coast angehörten, war Dubai dessen Mitglied. Als die Briten 1968 ankündigten, sich aus allen Gebieten ›East of Suez‹ zurückzuziehen, begannen in diesem Gremium intensive Beratungen, wie die Zu-

Große Architektur und kleine Abras bestimmen das Bild auf und am Dubai Creek auf Höhe der Viertel Deira und Bur Dubai

kunft der Region politisch gestaltet werden sollte. Als Führer der beiden größten Emirate trieben Scheich Zayed al-Nahyan von Abu Dhabi und der 1958 in Dubai an die Macht gekommene **Scheich Rashid bin Saeed al-Maktoum** (reg. bis 1990) den Zusammenschluss zu den Vereinigten Arabischen Emiraten voran. Zwar blieben Qatar und Bahrain sowie zunächst Ras al-Khaimah außen vor, doch die restlichen sechs vormaligen Trucial States gründeten 1971 die **VAE**. Dabei gab es zwischen den beiden großen Emiraten zunächst immer wieder Reibereien um die Vorherrschaft im Föderationsrat, zumal beide über beträchtliche Staatseinnahmen verfügten. Im Falle Dubai speisen sich diese seit 1969 auch aus dem Verkauf von **Öl**, auf das man 1966 vor der Küste gestoßen war. Gleichzeitig vernachlässigten weder Scheich Rashid noch seine Söhne und Nachfolger Maktoum und Mohammed, letzterer der heutige Scheich des Emirats, den für Dubai so wichtigen Handel. Dem 1976–79 erbauten **Containerhafen Jebel Ali**, dem größten künstlich angelegten Hafen der Welt mit seiner gleichnamigen Freihandelszone etwa 40 km südlich der Hauptstadt kam dabei besondere Bedeutung zu. Seit seiner Fertigstellung wuchs die Einwohnerzahl beständig. Aus ganz Asien strömen seither Arbeitssuchende nach Dubai City, sodass hier heute 1,8 Mio Menschen leben.

Neben dem Handel soll der **Tourismus** zum wichtigsten und vor allem ölunabhängigen Wirtschaftsfaktor ausgebaut werden. Immer mehr Luxushotels und Resorts entstehen entlang der feinen Sandstrände des Golfs, zahlreiche **Sportveranstaltungen** wie das *Dubai World Cup*-Pferderennen oder das Golfturnier *Dubai Desert Classics* ziehen die Sportbegeisterten an. Vor allem aber locken **Einkaufszentren** jeder Größe und Preisklasse Schnäppchenjäger aus aller Welt in die Stadt am Dubai Creek. In traditionellen Souks und modernsten Konsumtempeln findet sich alles, was die Warenwelt zu bieten hat.

Besichtigung Der 11 km lange **Dubai Creek**, auf arabisch Khor Dubai, ist die Lebensader der Stadt. Reger Dhau-Verkehr signalisiert das blühende Wirtschaftsleben, an den Flussufern reihen sich imposante Hotel- und Verwaltungsbauten aneinander, aufgelockert durch einladend grüne Parks und zeitgemäße Freizeiteinrichtungen.

Auf der **östlichen Seite** des Creek liegt nahe der Mündung das historische Viertel *Deira* mit seiner überwiegend indischen bzw. pakistanischen Bevölkerung und den farbenprächtigen Souks und Märkten inmitten enger, meist niedriger Bebauung. Südlich davon erstreckt sich der **Internationale Flughafen**. Auf Fotografien aus der Mitte des 20. Jh. liegt das Rollfeld noch inmitten der Wüste, heute hat die Stadt den Flughafen längst umschlossen.

Schöne neue Glitzerwelt in den Einkaufstempeln von Dubai, hier die Mall of the Emirates

In Dubai ist tatsächlich (fast) alles, was glänzt reines, hochkarätiges Gold

Gold-Stücke

Gold wird in Dubai meist nach Gewicht verkauft, sehr aufwendig von Hand gearbeitete Schmuckstücke kosten aber auch hier etwas mehr. Der **Reinheitsgrad** von Gold wird in Karat (K) angegeben, eine Bezeichnung, die sich von dem Samen der Karob-Frucht ableitet, mit dem Gold früher im Orient aufgewogen wurde. 9 K entsprechen einem Goldanteil von 37,5 %. Entsprechend stehen 10 K für 41,67 %, 14 K für 58,33 % und 18 K für 75 %. In 22 K sind 91,67 % Gold enthalten und 100 % Fine Gold entspricht 24 K. Letzteres ist allerdings ein theoretischer Wert, denn pures Gold wäre für die Verarbeitung viel zu weich. Die nötige Härte erreicht man durch Beigeben geringster Mengen von Titanium, Nickel oder Zink.

Beimengungen sind es auch, die Gold unterschiedliche **Farben** verleihen können. Neben dem bekannten tiefgelben Goldschimmer gibt es auch blassgelbe, grünliche und sogar purpurrote Farbnuancen. Das **Weißgold** ist eine Gold-Palladium- oder Gold-Nickel-Legierung, die auch etwas Kupfer oder Zink enthält. Es wurde ursprünglich in den 1920er-Jahren als Ersatz für Platin entwickelt und ist bis zu einem Reinheitsgrad von 21 K erhältlich.

Vier **Brücken**, die *Al-Maktoum Bridge* und die *Floating Bridge* im Norden sowie die flughafennahe *Al-Garhoud Bridge* und die *Business Bay Crossing Bridge* im Süden führen über den Creek. Zukünftig soll der enorme Verkehr auch zwölfspurig über die in spektakulären fließenden Formen gestalteten *Rashid bin Saeed Crossing Bridge* fließen. Sie wird auch *Arch Bridge* genannt und verbindet das Viertel Al Jadaff im Westen über Creek Island, die Insel im Fluss, mit dem Wohn- und Shoppingareal der Dubai Festival City am Ostufer. Außerdem entlasten zwei Metrolinien die Straßen, die Red Line und die Green Line. Denn ansonsten führt für den motorisierten Verkehr nur noch der *Sindagha Tunnel* an der Mündung des Creek von der Ost- auf die Westseite des Wasserlaufs. Hier befinden sich mit *Bur Dubai* und *Bastakiya* die eigentlichen Altstadtviertel, die mit dicht gedrängten Wohnhäusern und malerischen Windtürmen zu einem Bummel einladen. Touristische Sehenswürdigkeiten wie Dubai Museum, Old Souk und die Heritage Area sind hier bequem zu Fuß zu erkunden.

Vollkommen anders geben sich die jüngeren Stadtteile weiter im Osten, wo entlang der **Sheikh Zayed Road** ein

Ruhig gleiten die Abras über das Wasser des Dubai Creek an den Wolkenkratzern vorbei

neues hypermodernes Stadtzentrum entsteht. Dem bei Touristen so beliebten Dolce far niente am weißen Sandstrand eines türkisblauen Meers kann man an der Küste von **Jumeirah** frönen.

Deira

Einkaufen ist in Dubai eine der Lieblingsbeschäftigungen von Einheimischen wie Touristen. Einen guten Einstieg bieten dafür die traditionellen Märkte, die *Souks*, von denen es in Deira gleich mehrere gibt. Inmitten des Viertels locken beiderseits der Sikhat al-Khail Street die überdachten Gassen des **Deira Gold Souk** 1 mit fantastisch funkelnden Auslagen. Alles, was hier glänzt, ist Gold: die Armreifen, Ohrringe, Halsketten, die Banknotenhalter und Krawattennadeln ebenso wie die Colliers und Diademe in den Auslagen der ungefähr 400 Schmuckgeschäfte und Juweliere. Auf die Angaben der Händler zum Reinheitsgrad eines Schmuckstücks und dem Goldtagespreis ist Verlass – nicht jedoch auf die Beteuerungen, bei dem gerade gebotenen Preis verdiene er nichts, sondern zahle im Gegenteil noch drauf. Handeln gehört eben auch hier zum Geschäft!

Im Westen und Süden zum Creek hin schließt sich an den Gold Souk der auch *Deira Old Souk* genannte **Spice Souk** 2 an. Zu spitzen Kegeln aufgetürmt, stehen hier die exotischsten Gewürze zur Auswahl, darunter feinfädriger, fast oranger Safran, gemahlener Kardamon, getrocknete Limonen, feuerrote Chilischoten, Pfeffer, Paprika, Curry, Koriander. Selbst wer hier kein kleines Mitbringsel für die Daheimgebliebenen ersteht, wird sich an

Dubais Dhau-Kapitäne nutzen virtuos auch uferferne Ankerplätze in siebter oder achter Reihe

Strahlend weiß glänzen die Dachsegel des Dubai Creek Golf & Yacht Club in der Sonne

dem bunten Anblick und dem anregenden Geruch dieses Marktes erfreuen.

Steuert man nun die gegenüberliegende Seite des Creek an, empfiehlt sich dafür die Fahrt auf einer **Abra** 3, einem der Wassertaxis, die jeweils 20 Passagiere zwischen Deira und Bur Dubai befördern. Es gibt auf jeder Seite zwei Haltestellen, eine Linie führt von der *Deira Old Souk Abra Station* (nahe dem Spice Souk am Ende der Old Baladiya Street) zur *Bur Dubai Abra Station*. Etwas weiter flussabwärts legen die Schiffe von der *Al-Sabkha Abra Station* in Deira zur *Dubai Old Souk Abra Station* ab. Am nördlichen Ende von Deira führt von der Baniyas Road aus neben dem Sindagha Autotunnel übrigens auch ein *Fußgängertunnel* auf die westliche Seite des Flusses.

TOP TIPP

Dubai Creek

Doch vor dem Besuch der anderen Stadtteile könnte man die Gelegenheit zu einer *Sightseeingfahrt* auf dem **Dubai Creek** 4 nutzen, sei es mit einer privat gecharterten *Abra*, deren Mietpreis man vorher aushandelt, oder mit einer der zu diesem Zweck umgebauten *Dhaus*, die am Ostufer zwischen InterContinental und Sheraton Hotel liegen. Flussaufwärts beeindrucken zunächst linkerhand die zahlreichen traditionellen *Last-Dhaus*, die hier wie schon vor 150 Jahren festmachen. In reizvollem Kontrast dazu erhebt sich dahinter eine Reihe von architektonisch ansprechenden, modernen Gebäuden, die dunklen *Twin Towers* etwa oder der kugelbekrönte *Etisalat Tower*. Prominent ragt neben dem beigen puebloartigen Sheraton der schlanke Bau der **National Bank of Dubai** 5 auf, deren vorgehängte Glasfassade einem windgeblähten Segel gleicht. Während im Erdgeschoss des Wolkenkratzers die Schalterhalle der Bank eingerichtet ist, hat in den Büroetagen darüber das Dubai Department of Tourism and Commerce eine repräsentative Heimat gefunden. Weiter geht die Fahrt unter der Al-Maktoum Bridge hindurch am **Dubai Creek Golf & Yacht Club** 6 (Tel. 04/295 60 00, www.dubaigolf.com) vorbei. Die Architektur des 1993 eingeweihten weißen Clubhauses inmitten eines hügeligen Parks greift die markante, schräg stehende Dreiecksform eines Dhau-Segels auf. In der *Marina* des Yacht Club (Tel. 04/205 46 46) nebenan liegen etliche bis zu 40 m lange Luxusjachten.

TOP TIPP

Nicht alle Ausflugsboote berühren während ihrer Tour auch das **Khor Dubai**

Wildlife Sanctuary 7 (www.wildlife.ae) weit jenseits der Al-Garhoud Bridge. Wer einen Blick auf die Lagune am Ende des Creek mit mal schilfbestandenen, mal morastigen Ufern werfen will, sollte dies vor Abfahrt ausdrücklich erwähnen. Das 6,2 ha große Naturschutzgebiet ist berühmt für seine Wasservögel. Vor allem Flamingos, aber auch Enten, Sumpfläufer, Weihen und sogar Fischadler kann man hier durch das Fernglas beobachten.

Creekabwärts, am Westufer, passiert man die im Jaddaf-Viertel gelegenen Docks des **Dhow Building Yard** 8. Hier werden wie seit Hunderten von Jahren die traditionellen Dhaus aus importiertem Teak- und Shesham-Holz gebaut. Noch heute geschieht das in Handarbeit, mit Säge, Hammer, Meißel und Bohrer – und nach wie vor ohne einen einzigen Eisennagel. Von der Al-Garhoud Bridge bis zur Al-Maktoum Bridge begleitet dann auf 2,5 km Länge der grüne **Creekside Park** 9 (Tel. 04/3367633, tgl. 8–23 Uhr, Mi nur für Frauen), Dubais größte öffentliche Parkanlage, den Creek. Schwimmen ist hier zwar untersagt, aber man kann Minigolf spielen oder mit einer kleinen Schmalspurbahn seine Runden drehen. Den Nachbau eines typischen Wochenendhäuschens in den Hajar-Bergen mitsamt umliegendem, auf traditionelle Art bewässertem Garten im Al-Aflaj-Bereich des Parks erkundet man jedoch besser zu Fuß. Eine Erholungspause kann man im Süden der Grünanlage bei einem Imbiss oder einer Shisha in einer der Palmblatthütten des *Al-Boum Tourist Village* einlegen. Nicht weit davon lädt der **Wonderland Water & Theme Park** (Tel. 04/3241222, www.wonderlanduae.com, Mo–Sa 10–22 Uhr, Mi nur für Frauen, Do Familientag) auf 18 ha zu Achterbahnfahrten und Gokart-Rennen ein, dazwischen sorgen Wasserspiele und eine Nebelshow am Abend für Unterhaltung.

Doch zurück zur Bootsfahrt, während der solche Unterbrechungen nicht vorgesehen sind. Schon kurz nach der Al-Maktoum Bridge dominiert ein zwar nur zwei Stockwerke hohes, aber raumgreifendes Gebäude mit markanten Windtürmen an den Enden und langen Fensterfronten das linke Flussufer. Es ist der **Diwan** 10, von dem aus Dubai regiert wird. Scheich Mohammed hat hier seine Büroräume, weshalb der Diwan den Beinamen *Ruler's Office* trägt.

Das Holzdach des Dubai Old Souk schützt Händler und Käufer vor der Hitze des Tages

Bur Dubai

Sowohl die kurze Fahrt mit der Abra von Deira als auch die Sightseeing Tour auf dem Creek enden im Bereich der Bur Dubai Abra Station. Sie liegt am Rande des malerischen **Dubai Old Souk** 11, dessen schmale, segeltuch- und holzdachüberspannte Einkaufsgassen sich von hier aus durch das Bastakiya-Viertel winden. Es werden Kleidung, Stoffe, Gewürze und Haushaltsgerätschaften angeboten, wenngleich in unmittelbarer Nähe der Abra Station die Stände mit Dubai-T-Shirts, Pashminaschals, Stoffkamelen und allerlei Nippes überwiegen. Es macht Spaß, sich durch das bunte Angebot und die malerischen Altstadtgassen seinen Weg nach Südosten zum TOP TIPP **Dubai Museum** 12 (Tel. 04/3531862, Sa–Do 8.30–20.30, Fr 14.30–20.30 Uhr) zu suchen. Als Anhaltspunkt kann das Minarett und die vielkuppelige Dachlandschaft der *Grand Mosque* dienen. Auf dem Platz ihr gegenüber erhebt sich neben dem Standbild einer *Dhau* das 1787 erbaute *Al-Fahidi Fort*, bis in die 1960er-Jahre Sitz der Regierung und des Scheichs von Dubai. Nach umfassender Renovierung öffnete hier 1971 das heimatkundliche Dubai Museum seine Pforten. Historische Fotografien im Inneren des Museums belegen eindrucksvoll, dass das Lehmfort noch bis in die zweite Hälfte des 19. Jh. allein am sandigen Ufer des Dubai Creek stand und über das kleine Fischer- und Perlentaucherdorf an der nahen Flussmündung wachte. Zwei Kanonen vor dem geschwungenen Toreingang und die täuschend echte Figur eines flintenbewehrten Wachpostens auf dem Rundturm erinnern daran, dass das Fort einst der Verteidigung diente.

Den Innenhof zieren einige traditionelle Schiffe, in den umliegenden Räumen kann man sich über Waffen (sehr schöne Khandjars, Krummdolche) sowie traditionelle Musikinstrumente und Tänze kundig machen. Der größte Teil der Ausstellungsräume liegt unter der Erde. Hier erfährt man Interessantes über die Geschichte Dubais, über archäologische Funde etwa in Jumeirah, über Handelsbeziehungen mit Persien und Ostafrika und die Perlentaucherei, aber auch Falkenjagd, Kamelzucht und das Leben in der Wüste werden gebührend berücksichtigt. Im Museum hat man öfter Gelegenheit, die gut gelungenen Dioramen zu bewundern, die mit realitätsnah gestalteten Puppen z. B. Marktszenen, eine Koranschule, traditionelles Handwerk oder das Leben in einem Beduinenlager detailfreudig vor Augen führen. In einem kleinen Anbau außerhalb der Lehmmauern des Forts steigt man wieder an die Oberfläche, nachdem man zuvor den gut sortierten Museumsshop kaum ignorieren kann.

Der Duft verschiedenster Gewürze zieht durch die Hallen des Dubai Old Souk

Weitere Gelegenheit zum Einkaufen bietet anschließend ein Bummel durch das umliegende Altstadtviertel **Bastakiya** 13. Es lockt mit zahlreichen kleinen Läden, die von Lebensmitteln über Textilien bis zu Weihrauchbehältern und Buchstützen alles anbieten, was man in einem gut sortierten arabischen Haushalt brauchen könnte. Von womöglich größerem Interesse ist die *Architektur* des Viertels, in dem hinter hohen Mauern noch zahlreiche der markanten vierecki-

Im historischen Al-Fahidi Forts erinnert das Dubai Museum an Dubais Vergangenheit

Perser brachten die Idee der Windtürme, der Klimaanlagen ohne Strombedarf, nach Dubai

gen Windtürme (*Barjeel*) aufragen, in deren Erdgeschoss man im Sommer so wunderbar kühl sitzt.

Durch die Altstadt oder nicht minder stimmungsvoll ab der Abra Station auf dem Fußweg entlang des Creek erreicht man bald das ebenfalls historische **Sindagha-Viertel** nahe der Flussmündung.

Ein Blick genügt den Perlenhändlern Dubais, um die Qualität der Preziosen zu erkennen

Hier stehen repräsentativere Gebäude wie das zweistöckige **Sheikh Saeed al-Maktoum House** ⓮ (Tel. 04/3937139, Sa–Do 8.30–20.30, Fr 15–20.30 Uhr), das 1896 erbaut wurde. Um einen großen sandigen Innenhof gruppieren sich die einstigen Regierungsbüros und Wohnräume von Scheich Saeed al-Maktoum (reg. 1912–58), dem Großvater des heute regierenden Scheichs von Dubai. Beim Rundgang wirft man einen Blick in traditionelle Empfangs- und Besprechungszimmer (*Majlis*) sowie in Lagerräume und Küche. In den Räumen ist eine kleine Sammlung früher Dokumente, Münzen und Briefmarken Dubais untergebracht. Es lohnt sich, über die Außentreppen auf das Flachdach zu steigen, von dem man einen schönen Blick über den Creek und auf das gegenüberliegende Deira-Ufer hat.

Nebenan erinnert das **Heritage & Diving Village** ⓯ (Tel. 04/3937151, Sa–Do 8.30–21.30, Fr 8.30–11.30 und 16.30–21.30 Uhr, mit kunsthandwerklichen Vorführungen) an die für Dubai und die arabische Golfküste früher so bedeutende Perlentaucherei. Interessant ist die Galerie historischer Fotografien, die das harte Leben der Perlentaucher vorstellen. Diese gingen ihrer Arbeit in Tauchanzügen aus weißer Baumwolle nach, die Schutz vor der unbarmherzig brennenden Sonne boten. Zudem sind Bilder des Old Souk vor rund 100 Jahren zu sehen.

Sheikh Zayed Road

Sechs- bis zehnspurig führt die **Sheikh Zayed Road** ⓰ vom Zentrum Dubais in südwestlicher Richtung nach Abu Dhabi. Die von Wolkenkratzern gesäumte Straße ist ein einziges Superlativ, umso mehr, seit sich hier mit dem Burj Khalifa das höchste Gebäude der Welt erhebt.

Aber schon den beiden markanten, über dreieckigem Grundriss errichteten Türmen der **Emirates Towers** ⓱ sollte man einen Besuch abstatten. Der höhere Turm reckt sich 355 m hoch in den tiefblauen arabischen Himmel und beherbergt Büros, im etwas kleineren Nachbarturm betreibt die Jumeirah-Gruppe ein Luxushotel. In Erdgeschoss und erstem Stock sind die beiden Wolkenkratzer durch den vornehmen Emirates Towers Shopping Boulevard verbunden.

Größter Anziehungspunkt aber ist der **Burj Khalifa** ⓲ (www.burjkhalifa.ae), das höchste Bauwerk der Welt. Mit seinen 828 m und 189 Stockwerken dürfte es

Allnächtliches Lichtermeer der Sheikh Zayed Road, Hauptverkehrsachse von Dubai City

diesen Rekord für einige Jahre behalten. Der Wolkenkratzer erhebt sich inmitten der jüngst neu erbauten Dubai Downtown, eines glitzernden Shopping- und Entertainment-Bezirks.

Die Architekten des Büros *Skidmore, Owings und Merrill* ließen sich beim Bau des 1,5 Millarden US-Dollar teuren Burj Khalifa von der Geometrie einer Wüstenblume inspirieren. Gleichzeitig erinnern die unterschiedlich hohen, röhrenförmigen Baukörper, die in einer Spitze auslaufen, an eine überdimensionale Rakete. Zeitweilig arbeiteten über 12 000 Menschen auf der Baustelle und verbrauchten dabei 31 400 Tonnen Stahlbeton. Die 189 Stockwerken bergen neben einem Armani-Hotel (www.armanihotels.com) Wohnungen, Büros und eine *Aussichtsplattform* (So–Mi 10–22, Do–Sa 10–12 Uhr) in 452 m Höhe. Sie ermöglicht einen weiten Blick über Dubai, sofern nicht Dunst oder Sandstürme die Sicht behindern.

Am Fuß des Burj Khalifa erstreckt sich ein künstlicher See, der abends mit der **Dubai Fountain** beeindruckt. Nach Einbruch der Dunkelheit schießen hier etwa im Stundentakt unzählige Wasserfontänen 21–150 m hoch empor, farblich und musikalisch stimmungsvoll unterlegt.

Und weiter geht es mit den Superlativen: Ganz in der Nähe lockt die 2008 eröffnete **Dubai Mall** 19 (www.thedubaimall.com, So–Mi 10–22, Do–Sa 10–24 Uhr), vom Burj Khalifa aus über eine klimatisierte Gangway zu erreichen. Mit einer Verkaufsfläche von 500 000 m² und etwa 1200 Geschäften ist die Mall das größte Einkaufszentrum der Welt. Zu den Attraktionen zählen das riesige, 100 Mio. Liter Wasser fassende *Dubai Aquarium* mit 33 000 Meerestieren, die Eisbahn *Dubai Ice Rink* sowie ein ausgedehnter *Gold-Souk* (tgl. 10–22 Uhr).

Jumeirah

Der Stadtteil Jumeirah gilt als Strandmeile Dubais. Parallel zur Küste verläuft die ca. 20 km lange Jumeirah Beach Road, die in ihrem Anfangsbereich im Osten noch Al-Jumeirah Road heißt. An ihrem ersten Rondell erhebt sich die 1975–78 im Fatimidenstil erbaute **Jumeirah Grand Mosque** 20 (Führungen Di, Do, Sa/So 10 Uhr, Anmeldung unter Tel. 04/353 66 66, www.cultures.ae). Das Minarett und vier ebenfalls runde Ecktürme überragen den etwa 30 x 30 m umfassenden quadratischen Zentralkuppelbau, dessen schneeweiße Fassade ein Schmuckband und über den Triforienfenstern Ornamente aus vielfältig ineinander verschlungenen Arabesken zieren. Dank des von Sheikh Mohammed ins Leben gerufenen Programms ›*Open Doors, Open Minds*‹ steht sie im Gegensatz zu den meisten anderen Moscheen auch Nicht-Muslimen offen, allerdings nur im Rahmen einer Führung. Wer eintreten will, muss mit langer Hose oder Rock und langärmeligem Oberteil bekleidet sein. Frauen müssen ihre Haare vollständig bedecken. Der zentrale Gebetsraum im Inneren darf nur barfuß betreten werden. Vier große und je zwei kleinere Säulen stützen das hohe Gewölbe, in dessen Mitte sich die Kuppel weitet, der Boden ist mit einem feinen tiefblauen Teppich ausgelegt. Koransprüche an den Wänden sind die einzige Verzierung, ansonsten ist der große Raum leer. Nichts soll die Andacht der bis zu 1200 gläubigen Männer ablenken, die sich hier versammeln können. Die Gebetsrichtung nach Mekka zeigt der *Mihrab* an, die Nische an der dem Eingang gegenüberliegenden Wand. Linkerhand gehen zwei Wasch- und Aufbewahrungsräume ab. Interessierte Besucher erhalten eine kurze Einführung in den Islam und haben anschließend die Gelegenheit, Fragen zum Leben in den Emiraten, zu Sitten und Gebräuchen und vor allem zur Religion zu stellen.

Arbeiten, wo andere Urlaub machen: die Rettungsschwimmer von Jumeirah Beach

Wenige hundert Meter weiter kann man im **Dubai Zoo** 21 (Tel. 04/349 64 44, Mi–Mo 10–18 Uhr) neben Giraffen, Löwen und Tigern auch Gazellen, Strauße, heimische Vögel und Reptilien sehen. Angesichts der viel zu kleinen Käfige und Gehege lässt sich Tierfreunden ein Besuch jedoch nicht uneingeschränkt empfehlen.

Unbeschwertere Vergnügen bietet etwas weiter südwestlich der **Jumeirah Beach Park** 22 (Tel. 04/349 25 55, tgl. 8–23 Uhr, Mo nur für Frauen und Kinder), der sich zwischen Jumeirah Beach Road und Strand erstreckt. Besucher zahlen ein geringes Entgelt, bevor sie durch das schmiedeeiserne Gitter zunächst das rechteckige Parkareal mit Grillplätzen und baumbeschatteten Liegewiesen betreten, durch das es zum Strand geht. Auf mindestens 20 m Breite und ca. 200 m Länge lockt er mit feinem goldgelben Sand. Palmen und Jacarandas säumen den Strand, in ihrem Schatten stehen Duschen, Sitzecken, Volleyballfelder und ein Heilbad zur Verfügung.

Schräg gegenüber des Parks weist ein unscheinbares Schild in Richtung des baumgrünen Rechtecks des Safa Park zur **Jumeirah Archaeological Site** 23. (Tel. 04/349 68 74, Zugang mit schriftlicher Er-

Die Jumeirah Grand Mosque ist an manchen Tagen auch für Nicht-Muslime zugänglich

laubnis des Dubai Museum So–Do 9–14 Uhr). An dieser Stelle befand sich bis zum 6. Jh. eine Karawanserei. In den 1990er-Jahren brachten Ausgrabungen zahlreiche Keramik-, Münz- und Schmuckfunde zutage, die wertvollsten Stücke sind heute im Dubai Museum [Nr. 12], ausgestellt. Vor Ort sieht man noch steinerne Fundamente und Mauerreste, die von einem Souk, Wohnhäusern und einem palastähnlichen Gebäude stammen.

Folgt man nach diesem Abstecher der Jumeirah Beach Road weiter nach Westen, taucht nach einigen Kilometern auf der Golfseite die markante Wellenform des in blauem Glas verspiegelten **Jumeirah Beach Hotel** 24 auf. An ihrem höchsten Punkt ragt die Luxusherberge 26 Stockwerke empor, Bauherr war übrigens kein Geringerer als Dubais Herrscher Scheich Mohammed bin Rashid al-Maktoum. Er zeichnet auch für das benachbarte Hotel verantwortlich, einen Traum in Weiß, das bauliche Zitat eines geblähten Dhausegels und seit seiner Fertigstellung im Jahr 1999 Dubais Wahrzeichen, das **Burj al-Arab** 25. 280 m von der Küste entfernt und mit dieser über eine Privatbrücke verbunden, erhebt es sich 321 m hoch über Dubai City. Obgleich die internationale Klassifizierung nur bis fünf Sterne reicht, wird der ›Arabische Turm‹ häufig als das einzige 7-Sterne-Hotel der Welt apostrophiert. 43 000 m² Glas und 9000 t Stahl, 13 000 m² Carraramarmor, 12 000 m² brasilianischer

TOP TIPP

Markante Hotels: Burj Al Arab (li.) und Jumeirah Beach Hotel (re.) am Strand von Jumeirah

Granit und 1500 m² 24-karätiges Blattgold wurden verbaut. Jede der 202 Gästesuiten erstreckt sich über zwei Stockwerke, Privatbutler, Parfüm und eine grandiose Aussicht sind im regulären Übernachtungspreis inbegriffen.

Wer nicht ganz so tief in die Tasche greifen möchte, sollte in einem der acht **Restaurants** (Tel. 04/3017600, www.jumeirah.com, Reservierung und Kreditkarte erforderlich) des Hotels speisen. Es muss ja nicht gerade das berühmte, selbst für hiesige Verhältnisse sehr teure, aquarienumgebene ›Unterwasserrestaurant‹ *Al Mahara* sein. Ein Dinner im vergleichsweise legeren Restaurant *Bab Al Yam* am Strand oder ein Nachmittagstee in der aussichtsreichen *Sky View Bar* – mit Blick auf The Palm Jumeirah – sind mindestens ebenso empfehlenswert. Welches Lokal man auch besucht, man kommt immer durch die eindrucksvolle Lobby, die über die gesamte, sich verjüngende Gebäudehöhe hin offen ist und auf der vorderen ihrer drei Seiten aus Glas besteht. Zu beiden Seiten des zentralen Wasserspiels führen Rolltreppen ins erste Obergeschoss, in dem etliche Nobelgeschäfte versammelt sind.

Die Fahrzeugschlange, die sich oft am Rondell vor dem Burj al-Arab bildet, ist nicht allein auf den Ansturm auf das Luxushotel zurückzuführen. Vielmehr bringt diese Abfahrt vom Kreisverkehr auch Vergnügungssuchende zum benachbartem **Wild Wadi Water Park** 26 (Tel. 04/348 44 44, www.wildwadi.com, Juni–Aug. 11–21 Uhr, Sept.–Mai 11–18 Uhr). Der beinahe 5 ha große Vergnügungspark bietet in einer künstlichen Abenteuerwelt aus Felsen, Höhlen, Tunnels, Wadis, Wasserfällen, Seen und Flüssen nicht weniger als 30 Wasser- und Fahrattraktionen. Beim *Wadi Wash* wird beispielsweise jede Stunde ein Sturm mit Flutwelle und heftigem Regen simuliert. In der *Breakers Bay* stellen sich Badegäste bis zu 1,5 m hohen Brechern, während sie sich auf dem *Lazy River* auf dicken Gummireifen langsam und gemütlich mit der Strömung treiben lassen. In der Lagune neben der Children's Area kann man *Juha's Dhow* besuchen.

Nicht weit entfernt, an der Sheikh Zayed Road, gibt es ein weiteres Einkaufszentrum der Superlative, die **Mall of the Emirates** 27 (Tel. 04/409 90 00, www.malloftheemirates.com, So–Mi 10–22, Do–Sa 10–24 Uhr). Mit etwa 500 Geschäften, Restaurants und Cafés sowie einem Kino mit 14 Sälen gehört sie weltweit zu den größten Malls. Besondere Attraktion jedoch ist die angrenzende Indoor-Skihalle **Ski Dubai**. Die Halle bietet fünf Abfahrten diverser Schwierigkeitsgrade sowie eine Halfpipe für Snowboarder.

Auf Sand gebaut – Riesenpalmen, die Welt und das All

Das achte Weltwunder sollten **The Palms** (www.thepalm.ae) nach den Vorstellungen des Auftraggebers, Scheich Mohammed bin Rashid al-Maktoum, werden. Geplant waren die drei künstlichen Inselgebilde vor der Küste von Dubai Citys Stadtteilen Jumeirah, Jebel Ali und Deira, aufgeschüttet in Form einer stilisierten Palme mit einem Stamm und 17 Palmwedeln – was Dubais Küstenlänge jeweils über 100 km feinen Sandstrand hinzufügt. Ein ebenfalls künstliches, beinahe kreisförmiges, 150 m breites Riff aus verdichtetem Sand und Steinen soll die Inseln vor der zerstörerischen Brandung des Meeres schützen und darüber hinaus abwechslungsreiche Tauchgründe für künftige Besucher bieten. In diesem **Dive Experience** sollen Sportler die Artenvielfalt des Golfs bewundern können, angereichert durch Schiffswracks und Korallenriffe.

The Palm Jumeirah, im Meer vor dem Luxushotel Burj al-Arab, wurde im November 2008 offiziell eröffnet. Als erstes von etlichen Luxushotels eröffnete Ende 2008 das *Atlantis Hotel* (www.atlantisthepalm.com). Der angeschlossene Wasservergnügungspark *Aquaventure* (tgl. 10–19 Uhr), einer der größten der Region, bietet zahlreiche Pools und erfreut sich dank der Riesenrutschen großer Beliebtheit. Erkunden kann man die Palmeninsel mit der im Mai 2009 eingeweihten *The Palm Monorail*, einer 5,4 km langen Bahnstrecke vom Stamm zu den Palmwedeln.

Die anfangs enorme Immobiliennachfrage auf den Palmen gab den Planern zunächst Recht. Noch vor Baubeginn waren die ersten 2000 Villen auf The Palm Jumeirah verkauft. Aber die Finanzkrise ab 2007 sowie Berichte über Bau- und Umweltprobleme ließen das bereits in Angriff genommene Nachfolgeprojekt **The Palm Jebel Ali** stocken. Die Landgewinnung dafür ist zwar abgeschlossen, doch nun ruhen die Bauarbeiten. Gleiches gilt für **The Palm Deira,** das vermutlich völlig eingestellt wird.

In reduziertem Umfang wird das Landgewinnungsprojekt **The World** (www.theworld.ae) fortgeführt. Es gestaltet vor der Küste von Jumeirah die Kontinente unserer Welt in Form von 270 Inseln nach. Zurzeit können Tagesgäste von The Palm Jumeirah aus auf den Royal Island Beach Club auf der Musterinsel Libanon übersetzen.

Völlig gestoppt wurde das Bauvorhaben **The Universe**, das Sonne, Mond und Sterne ins Meer setzen wollte.

Hotel Atlantis an der Spitze von The Palm Jumeirah, der künstlichen Palmeninsel Dubais

Dörfliche Anmutung – Windtürme, Flachdächer und Gassen im Luxushotel Madinat Jumeirah

Nur wenig weiter südlich erheben sich die fast weißen Türme und Zinnen von Al Qasr, einem von drei Gästebereichen des **Madinat Jumeirah** 28, daneben überragen die Dachterrassen der zugehörigen Villen nur knapp die Wipfel eines Palmengartens. Auch wer nicht in dem Spitzenhotel logiert, wird einen Bummel durch den **Madinat Jumeirah Souk** (www.jumeirah.com) im öffentlich zugänglichen Teil des Hotels genießen. Ganz im Stil eines traditionellen Marktes bieten hier entlang eines raffiniert angelegten Gassengewirrs zahlreiche Händler ihre Waren feil: Dishdashas ebenso wie westliche Markenkleidung, Schmuck, Gewürze, Teppiche und vieles mehr. Dazwischen laden immer wieder Cafés und Restaurants zu einer Rast ein, geben brunnengeschmückte Terrassen bezaubernde Ausblicke frei, etwa auf die Wasserläufe der Anlage oder das benachbarte Burj al-Arab.

TOP TIPP

Weitere Hotelbauten reihen sich südwärts entlang der Küste, luxuriöse **Resorthotels** wie Metropolitan Beach, Royal Mirage, Le Meridien oder Sheraton Beach. Und jedes Jahr kommen mehrere neue Hotels hinzu.

i Praktische Hinweise

Information

Dubai Department of Tourism and Commerce Marketing (DTCM), Al Maktoum Road/Baniyas Road (im National Bank of Dubai Building), Deira, Dubai City, Tel. 04/2821111, www.dubaitourism.ae

Visitor Information Bureau, Dubai Airport, Tel. 04/2245252 (24-h-Service); sowie in den Einkaufszentren Bur Juman, Deira City Centre, Hamarain, Ibn Battuta, Mercato, Wafi City (10–22 Uhr)

Tourist Security Department, Dubai, Tel. 04/2975554 oder 8004438 (gebührenfrei im Emirat). 24-h-Hilfe für den ›Fall der Fälle‹.

Flughafen

Dubai International Airport (DXB), 4 km nordöstlich vom Zentrum, am Rand von Deira, Tel. 04/2245555, www.dubaiairport.com. Metro (rot), Taxis und die Airport Busse 401 und 402 verbinden den Flughafen mit jedem Ziel in der City. Mit einem Passagieraufkommen von 58 Mio./Jahr (2012) ist DXB übrigens der drittgrößte Airport weltweit.

Zurzeit entsteht bei Jebel Ali im Süden der Stadt ein zweiter Flughafen, der Dubai *World Central Al Maktoum International Airport* (DWC), den nach seiner für das Jahr 2030 geplanten Fertigstellung bis zu 120 Mio. Passagiere jährlich nutzen sollen. Ein erstes Terminal für Billigfluglinien befindet sich bereits im Bau.

Öffentliche Verkehrsmittel

In Dubai City stellen **Busse**, **Fähren** und die **Metro** der Roads & Transport Authority (RTA) den öffentlichen Nahverkehr sicher. Verbundfahrkarten wie das praktische 24-Std.-Ticket kauft man vor Fahrtantritt an Automaten, RTA-Schaltern oder autorisierten Verkaufsständen. Fahrplanauskunft und Ticketinfos unter Tel. 04/800 90 90 und www.rta.ae

Modernste Technik kennzeichnet die **Metro** von Dubai City, die völlig fahrerlos verkehrt. Bislang gibt es zwei Linien, zwei weitere sind geplant. Die **Rote Linie** (2009 eröffnet, 52 km lang, 26 Stationen) verkehrt zwischen Rashidiya, dem Flughafen und Jebel Ali, die **Grüne Linie** (eröffnet Herbst 2011, 23 km lang, bisher 18 Stationen) zwischen Etisalat und Creek. Ansagen in Arabisch und Englisch. Betrieb: Sa–Mi 6–24, Do 6–1, Fr 13–1 Uhr.

Sightseeing

Arabia Horizons Tours, Airport Road 807, Golden Business Center, Deira, Dubai City, Tel.04/294 60 60, www.arabiahorizons.com. Dubai-Touren, auch im Helikopter und mit Amphibienbus, Special Interest Aktivitäten wie Krabbenfischen, Desert Safaris, Dhow Cruises, ein- oder mehrtägige Fahrten nach Musandam u.v.m.

Big Bus Company Dubai, Double Decker Bus Tours LLC, Dubai City, Tel. 04/340 77 09, www.bigbustours.com. Hop on, hop off auf zwei Routen (24- oder 48-Std.-Ticket): City Tour beidseits des Creek, Beach Tour entlang Jumeirah/ Strand. Eintritt ins Dubai Museum und Sheikh Saeed al-Maktoum House sowie eine Dhau-Fahrt inklusive.

Desert Adventures Tourism, Al Barsha Boutique Building (3. St.), Dubai City, Tel. 04/224 28 00, www.desertadventures.com. Rundum-Service für den Urlaub: Stadtbesichtigungen, Autovermietung, Wüstensafaris, Tauch- und Wassersportangebote, Dhau-Touren, Omantripps ...

Einkaufen

An Einkaufsmöglichkeiten mangelt es in Dubai City wahrlich nicht: Neben den traditionellen **Souks** in der Innenstadt, dem Deira Gold Souk [Nr. 1], dem Spice Souk [Nr. 2] und dem Dubai Old Souk [Nr. 11], verfügt jeder Stadtteil über mehrere große **Shopping Malls** – und jedes Jahr kommen neue, noch größere hinzu. Im Folgenden eine kleine Auswahl.

Al-Ghurair Centre, Ecke Al-Rigga Road/ Omar ibn al-Khattab Road, Deira, Dubai City, Tel. 04/222 52 22, www.alghuraircentre.com, Sa–Mi 10–22, Do 10–12, Fr 14–22 Uhr. Eine der ersten großen Shopping Malls Dubais, Kunden schätzen vor allem die große Auswahl an hochwertiger, traditioneller und westlicher Kleidung.

Bur Jurman, Ecke Khalid bin al-Waleed Road/Trade Centre Road, Bur Dubai, Dubai City, Tel. 04/352 02 22, www.burjuman.com, Sa–Do 10–22, Fr 14–22 Uhr. Reichlich Auswahl an internationalen Designermarken, Kosmetik, Schmuck.

Deira City Centre, Al-Garhoud Road, Deira, Dubai City, Tel. 04/295 10 10, www.deiracitycentre.com, So–Mi 10–22, Do–Sa 10–24 Uhr. Eines der beliebtesten Einkaufszentren der Stadt, hier gibt es viele Goldhändler und Juweliere, aber auch den großen Magrudy's Bookshop.

Dubai Marina Mall, Sheikh Zayed Road, Dubai City, Tel. 04/436 10 00, www.dubaimarinamall.com, Sa–Mi 10–22, Do–Fr 10–24 Uhr. Exklusives Shopping- und Enter-

Hypermodern: So sieht es in einer neuen Dubai Metro-Station aus

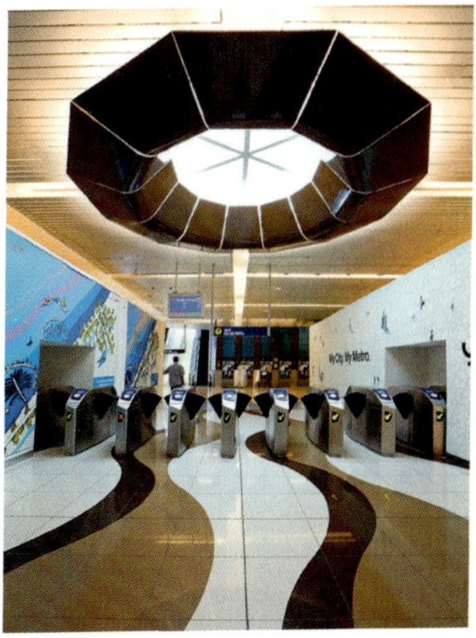

tainmentparadies im neuen Stadtviertel Dubai Marina. Attraktion ist die von Restaurants gesäumte Uferpromenade.

Dubai Outlet Mall, Emirates Road/Abzweig nach Al Ain, Dubailand, Dubai City, Tel. 04/367 96 00, Shuttle-Bus unter Tel. 04/423 46 66, www.dubaioutletmall.com, Sa–Mi 10–22, Do–Fr 10–24 Uhr. Über 240 Geschäfte locken mit Outlet-Schnäppchen im neuen Vergnügungsviertel.

Gift Land, Karama Shopping Centre, nahe Za'abeel Road, Bur Dubai, Dubai City, Tel. 04/353 88 49. Originelle Mitbringsel: Plüschkamele, Intarsien-Holzkästchen, Messing-Aschenbecher, Schnabelkannen, Wecker in Moscheeform – um sich vom Ruf des Muezzin wecken zu lassen.

Heritage for Henna, Madinat Jumeirah Souk, Shop 64, Dubai City, Tel. 04/368 65 16, www.heritageforhenna.com. Körperbemalung mit Henna.

Ibn Battuta Mall, Sheikh Zayed Road (zwischen 5. und 6. Interchange), Tel. 04/362 19 00, www.ibnbattutamall.com, So–Mi 10–22, Do–Sa 10–24 Uhr. Die Mall ist Ibn Battuta gewidmet, dem berühmten arabischen Weltreisenden des 14. Jh. Neben beeindruckenden Ausstellungsstücken verführen 275 Geschäfte zum Einkaufen. Für die besondere Atmosphäre sorgt das orientalische Dekor.

Mercato Mall, Jumeirah Beach Road, Dubai City, Tel. 04/344 41 61, www.mercatoshoppingmall.com, tgl. 10–22 Uhr. Unter dem tonnengewölbten Glasdach kaufen die Jungen, Reichen und Schönen hinter bonbonbunten pseudovenezianischen Fassaden Schmuck, Uhren, Wäsche und anderes Edles.

Wafi City Mall, Al-Qataiyat Road (nahe Al-Garhoud Bridge), Bur Dubai, Dubai City, Tel. 04/324 45 55, www.wafi.com, Sa–Mi 10–22, Do–Fr 10–24 Uhr. Den Einkaufs- und Vergnügungskomplex erkennt man am pyramidenartigen Hauptgebäude.

Sport und Freizeit

TOP TIPP **Dubai Camel Racing Club**, ab Interchange 2 an der Sheikh Zayed Road, Dubai City, Tel. 04/338 23 24. Die Kamelrennen finden Okt.–April Do–Sa ca. 7–9 Uhr statt, außerhalb dieser Zeiten kann man mitunter Tiere beim Training beobachten. Fotografieren streng verboten!

Emirates Golf Club, ab Interchange 5 an der Sheikh Zayed Road, Dubai City, Tel. 04/380 22 22, www.dubaigolf.com. Hier spielt die Crème de la Crème, sei es auf dem Majlis Course oder dem Wadi Course, beide 18 Loch. Der Club ist alljährlich Ausrichter der Dubai Desert Classics [s. S. 130], Männer müssen ein Handicap von unter 28 nachweisen, Frauen dürfen mit Platzreife spielen.

Sheikh Mohammed Center for Cultural Understanding (SMCCU), Programm ›Open Doors, Open Minds‹, Bur Dubai Creekside (nahe Majlis Gallery), Dubai City, Tel. 04/353 66 66, www.cultures.ae. Führungen für Kulturinteressierte durch die Jumeirah-Moschee und Bastakiya.

Nachtleben

Zahlreiche Restaurants, Bars und Diskotheken finden sich auch im Ausgehviertel **Al-Karama**, südlich von Bastakiya und dem Dubai Creek.

Fatafeet, Al-Seef Street/am Creek auf der Bur Dubai-Seite, Dubai City, Tel. 04/397 92 22. Ägyptisches Restaurant, das nach dem Mittagstisch erst wieder abends gegen 21 Uhr öffnet. Dann sind die lauschigen Tische unter freiem Himmel am Dubai Creek schnell mit Flaneuren und Spaziergängern besetzt, die die laue Nacht bei einer Shisha genießen, den glitzernden Flusslauf und das festlich erleuchtete Deira-Ufers inklusive.

Ginseng, Wafi City, Planet Hollywood Complex, Dubai City, Tel. 04/324 47 77, www.wafi.com. Angesagter Nachtclub mit asiatischem Ambiente in Rot und Orange, die Cocktailkarte ist umfangreich und international; die Caipirinhas und Daiqiris gehören zu den besten der Stadt. Friday Fizz lockt mit günstigen Champagnercocktails, Mi ist Martini-Abend. Einlass nur mit gepflegtem Äußeren (tgl. 19–2 Uhr).

Harry's Place, Renaissance Dubai Hotel, Salah al-Din Road, Dubai City, Tel. 04/262 55 55, www.marriott.de. Angenehme Bar im Stil eines britischen Pub, mit Nebenzimmern, Billard und Darts. Täglich (außer Di) spielt eine Live-Band, die für beschwingte Stimmung sorgt. Angeschlossen ist ein stilvolles ruhiges Zigarrenzimmer.

Oben links: *Feiern in der Disco Kasbar*
Oben rechts: *Teppichkauf beim Fachmann*
Mitte: *Kamele ins Rennen schicken*
Unten links: *Kulinarischer Büfett-Streifzug*
Unten rechts: *Einkaufen und Neues sehen*

Kasbar, One & Only Royal Mirage Resort, Jumeirah Beach, Dubai City, Tel. 04/ 399 99 99, www.oneandonlyresorts.com. Arabisch-marokkanischer Nachtclub. Drei Ebenen umgeben die große zentrale Tanzfläche, Separees bieten Privatsphäre; die Ausstattung ist orientalisch-opulent. Hier vergnügt sich Dubais Schickeria zu Techno-Klängen, beim Poolbillard und mit Champagnerbrunnen (Mo–Sa 21.30–3 Uhr).

Vu's Bar, Emirates Towers, Sheikh Zayed Road, Dubai City, Tel. 04/319 80 88, www.jumeirah.com. Kühles Understatement auf 220 m Höhe im 51. Stock des Jumeirah Emirates Tower. Das gilt allerdings nur für die Ausstattung, keinesfalls für die Cocktail- und Weinpreise. Andererseits ist der Ausblick auf die taghell erleuchtete Sheikh Zayed Road natürlich unbezahlbar (tgl. 18–3 Uhr).

Zinc, Crowne Plaza Hotel, Sheikh Zayed Road, Dubai City, Tel. 04/331 11 11, www.zinc.ae. Afrikanischer Rhythmus, Soul und Melodie? Die zwölfköpfige kongolesische Hausband ist unbedingt sehens- und hörenswert. Doch Livemusik kann man nur bis Mitternacht genießen, danach beginnt der reguläre Diskobetrieb mit Funk, House und R&B (tgl. 19–3 Uhr).

Hotels

*****__Al Maha Desert Resort & Spa__, Dubai City–Al Ain-Highway, Abfahrt ca. 65 km südöstlich von Dubai City, Tel. 04/832 99 00, www.al-maha.com. Luxus vom Feinsten inmitten der Wüste. Absolut ungestört übernachten die Gäste in einer von 37 Bedouin (75 m^2), zwei Royal (175 m^2) oder zwei Emirates Suiten (375 m^2) oder gleich in der 530 m^2 großen Presidential Suite. Jede dieser Villen verfügt über einen eigenen Pool. Man ist stolz auf persönlichen und perfekten Service. Extras: erstklassiges Restaurant, großer Pool, Bibliothek, 4 x 4-Mietwagen und Vollblutpferde.

*****__Atlantis__, The Palm Jumeirah, Dubai City, Tel. 04/426 20 00, www.atlantisthepalm.com. Seit 2008 verwöhnt das erstklassige Hotel mit über 1500 Zimmern, diversen Restaurants und riesigem Freizeitkomplex Gäste auf der Palmeninsel.

*****__Burj al-Arab__, Jumeirah Beach Road, Dubai City, Tel. 04/301 77 77, www.burj-al-arab.com. Keine Frage, den Aufenthalt in diesem weltberühmten Luxushotel muss man sich leisten können. Dafür reichen die Suiten über zwei Etagen, ein Butler lässt das Bad ein, die Armaturen sind aus Gold. Es gibt abwechslungsreiche Sportangebote am makellosen Hotelstrand und einen Rolls Royce-Fuhrpark. Acht Restaurants und Bars kümmern sich um das leibliche Wohl der Hausgäste und Besucher (nur mit Reservierung!).

*****__Fairmont__, Sheikh Zayed Road, Dubai City, Tel. 04/332 55 55, www.fairmont.com. Der markante Hotelturm beherbergt 394 Zimmer und 6 Penthouse-Suiten auf 34 Etagen. Zwei davon sind traditionell arabisch und sehr opulent ausgestattet, zwei andere gefallen mit gestalterischer Beschränkung im japanischen Stil.

*****__Hyatt Regency Dubai__, Al-Khaleej Road, Dubai City, Tel. 04/209 12 34, www.dubai.regency.hyatt.com. Schön ist der graue Betonmonolith an Deiras Küstenstraße ja nicht, aber unverwechselbar. Und außerdem beherbergt er 380 Zimmer, 350 Apartments und 26 Suiten vom Feinsten. Ebenfalls im Haus befinden sich der Fitness & Spa Club Olympus, eine Eislaufbahn (eines von vielen Sportangeboten), sechs Bars und fünf erstklassige Speiselokale, u.a. das Drehrestaurant Al Dawaar mit toller Aussicht über den Golf und die Stadt.

*****__Jumeirah Beach Hotel__, Jumeirah Road, Umm Suqeim, Dubai City, Tel. 04/ 406 85 00, www.jumeirahbeachhotel.com. Die auffällige wellenförmige Silhouette des erstklassigen Hotels steht etwas im Schatten des benachbarten Burj al-Arab, doch wohnt man bestens in einem der 600 großen, gut ausgestatteten Zimmer. Dazu kommt der beinahe 1 km lange hoteleigene Strand mit zahlreichen Wassersportmöglichkeiten und, für Familien besonders interessant, dem beliebten Sindbad's Kid Club. Unter den 17 (!) Restaurants und Bars im Hause serviert ›Der Keller‹ auch deutsche Küche.

*****__Madinat Jumeirah__, Al-Sufouh Road, Dubai City, Tel. 04/366 62 00, www.madinatjumeirah.com. Auf dem ausgedehnten Gelände sind drei Hotels vereint: Mina a'Salam (292 Zimmer) ist wie ein Dorf aufgebaut, verschachtelt und mit Windtürmen, das noch etwas luxuriösere Al Qasr beherbergt in fortartigen Mauern 300 Zimmer. Und die 29 Sommerhäuser (283 Suiten) von Dar al-Masyaf sind von Grünflächen umgeben.

*****__Shangri-La Hotel__, Sheikh Zayed Road, Dubai City, Tel. 04/343 88 88, www.shangri-la.com. 90 m hohe Zwillingstür-

Der Blick in das Aquarium (rechts) des Fischrestaurants Al Mahara im Burj al-Arab ist inklusive

me charakterisieren das Hotel von außen, die offene Lobby innen erreicht immerhin eine lichte Höhe von 21 m. 301 luxuriös ausgestattete Zimmer und 126 Suiten bieten jeglichen Komfort, dazu kommen im Haus Spa und Health Club, Ballsäle und Konferenzräume, fünf Restaurants sowie vier Cafés und Bars.

TOP TIPP ****Traders, Ecke Abu Baker al-Siddique Road/Salah al-Din Road, Dubai City, Tel. 04/265 98 88, www.shangri-la.com. Stilvoller Minimalismus und aufmerksamer Service zeichnen das Hotel in Flughafennähe aus. Erste Wahl für Geschäftsleute, aber auch Urlauber fühlen sich wohl, wenn sie in der Stadt wohnen wollen und mit einem kleinen Pool zufrieden sind.

***Millennium Airport Hotel**, Al-Garhoud Road, Dubai City, Tel. 04/702 88 88, www.millenniumhotels.com. 115 ansprechende Deluxe- und 72 gepflegte Chalet-Zimmer ca. 1 km vom Flughafen entfernt. Swimmingpool im Garten, verschiedene Restaurants im Haus. Gutes Preis-Leistungs-Verhältnis.

Ahmedia Heritage Guest House, Heritage Village (hinter Majlis Gallery), Deira, Dubai City, Tel. 04/225 00 85, www.ahmediaguesthouse.com/. Fünf schöne, teils mit Antiquitäten eingerichtete Zimmer in einem restaurierten historischen Perlenfischerhaus neben der Al-Ahmadjya-Schule. Keine Parkmöglichkeit.

Youth Hostel, Al-Nahda Road (Qusais Road), Dubai City, Tel. 04/298 81 51, www.uaeyha.com. Komfortable Einzel-, Doppel- und Familienzimmer im neuen Flügel des Hostels. Es liegt zwar etwas außerhalb, besticht aber mit günstigen Preisen. Wer keinen internationalen Jugendherbergsausweis hat (gibt es auch vor Ort), zahlt etwas mehr. Es gibt keine Altersbegrenzungen, männliche wie weibliche Reisende sind willkommen.

Restaurants

Blue Elephant, Al-Bustan Rotana Hotel, Casablanca Road, Dubai City, Tel. 04/282 00 00, www.blueelephant.com/dubai. Wer sich von dem etwas kitschigen Interieur mit Bambusvorhängen und Goldfischteich nicht abhalten lässt, kann vorzügliche Thai-Küche kosten. Das abendliche Buffet bietet kulinarische Leckereien zu günstigem Preis.

TOP TIPP **Creekside**, Sheraton Dubai Creek Hotel, Baniyas Street/Creek Road, Dubai City, Tel. 04/207 17 50, www.creeksidejapaneserestaurant.com. Der Gast genießt ausgezeichnete japanische Küche, ob er nun Sushi, Sashimi, Teppan-

Malerisch liegen die weißen Bauten der Oasenstadt Hatta im schroffen Hajar-Gebirge

yaki, Tempura, Donburi, Yakimono oder einfache Nudelgerichte wählt. Entsprechend groß ist der Andrang, am Abend sollte man daher reservieren.

Shabestan, Radisson Blue Hotel, Bani Yas Road, Dubai City, Tel. 04/205 70 33, www.radissonblu.com. Leckere iranische Küche in einer engen Seitengasse neben dem eigentlichen Hotelgebäude. Shrimp Kebab oder süßes Khorest-e-Gheimeh, eine Art Lammeintopf mit Tomaten und Rosinen, sind vom Feinsten.

Shang Palace, Shangri-La Hotel, Dubai City, Tel. 04/405 27 03, www.shangri-la.com. Preisgekröntes Chinarestaurant mit Schwerpunkt auf kantonesischer Küche. Bekannt für delikate Pekingente, nicht zu vergessen knusprige Enoki-Pilze, zarte Muscheln aus dem Wok oder der eisgekühlte Mangopudding.

5 Hatta

Wochenendausflügler, Offroad-Fahrer und Vogelbeobachter schätzen den kleinen Grenzort zum Oman.

Freitags und samstags ist das einzig nennenswerte Hotel im Dörfchen Hatta meist ausgebucht. Dann erholen sich Besucher aus den rund 100 km entfernten Metropolen Abu Dhabi City und Dubai City in den vergleichsweise kühlen **Höhenlagen** des Hajar-Gebirges. Der Ort selbst ist als **Grenzstation** zum Oman von Bedeutung, tatsächlich führt die Anreise von der Westküste bereits durch omanisches Territorium, Passkontrollen erfolgen aber erst am omanischen Grenzposten gut 20 km weiter westlich. Wer in das Nachbarland einreisen will, benötigt neben einer gültigen Autoversicherung auch einen Ausreisestempel der Emirate. Den erhält man in der emiratischen Grenzstation, die etwas versteckt am Rondell der Durchgangsstraße von Hatta gleich nach der Einfahrt auf das Gelände des Hatta Fort Hotels links liegt. Bereits im gepflegten Garten dieses Hotels kommen **Vogelbeobachter** auf ihre Kosten, können sie hier doch vor der Haustüre Bengalenracke, Smaragd- und Blauwangenspint sowie im Winter Gelbe und Weiße Bachstelze oder den auch Zilpzalp genannten Weidenlaubsänger bewundern. In den umliegenden Bergen ist zudem die kleine, optisch unauffällige Streifenprinie mit ihrer durchdringenden Stimme zu Hause, ebenso der Raubwürger, im Winter sogar die seltene Blaumerle und viele andere Arten.

Die Häuser und Gärten von Hatta liegen weit verstreut um das **Hatta Heritage Village** (Tel. 04/852 13 74, Sa–Do 8–20, Fr 14.30–20 Uhr) im Ortszentrum. Dieses nachgebaute Dorf umfasst Häuser und Hütten in unter-

TOP TIPP

schiedlichen Baustilen, errichtet aus Lehmziegeln oder Palmblättern. In den Innenräumen sind Ausstellungen über Bewässerung, Schulwesen, traditionelle Lieder und Tänze sowie ein Museumsshop untergebracht. Die Bauten gruppieren sich zu Füßen und am Hang eines steinigen Hügels, auf dem ein restaurierter *Wachturm* einen weiten Blick über den Ort und das von Bergen gerahmte Umland ermöglicht. Diesen Rundturm (*Burj*) ließ Scheich Hasher bin Maktoum bin Butti in den 1880er-Jahren errichten, zusammen mit dem ebenfalls restaurierten, aber nicht zu besichtigenden Pendant auf der Anhöhe gegenüber vom Eingang zum heutigen Heritage Village. Links von diesem steht das schön restaurierte **Al-Husen Fort**, das um 1790 entstand. Durch ein nur knapp 1 m breites Tor in den hoch aufragenden Lehmmauern betritt man den quadratischen Innenhof, um den zwei *Wali Majlis*, Büros früherer Gouverneure, und ein *Viereckturm* mehrere Ausstellungen beherbergen. Neben den bereits vielfach bekannten Waffen und Fotografien gibt es ein kurzweiliges Video zu sehen, das Informationen über die historischen Forts des Landes bietet.

Rund 15 km westlich von Hatta liegt an der Straße nach Dubai City der *Mazeira Roadside Market*. Actionfreunde halten hier gern an, wenn auch eher selten, um Keramik und Kunstfaserteppiche zu kaufen. Vielmehr ragen hinter dem Markt mehr als 100 m hoch die **Big Red Sand Dune** und ihre nur unwesentlich niedrigeren Begleiter auf. Sie laden ein zum *Dune Driving* mit Dünenbuggies und 4 x 4-Wagen oder *Sandboarding*. Entsprechende Ausrüstung wird neben der Straße am Beginn des Areals verliehen.

Empfehlenswert ist auch ein Abstecher in die Berge zu den **Hatta Pools** knapp 20 km südlich von Hatta über die Dörfer Jeema, Fay und Al-Bon. Ziel ist das *Wadi Qahfi*, durch dessen felsigen Grund sich mehrere Bergbäche gegraben haben. An einigen Stellen sammelt sich das erfrischende Wasser in natürlichen Felsbecken und verlockt zum Baden.

i Praktische Hinweise

Sport und Freizeit

Al Ramool, E 44 zwischen Hatta und Dubai (nach dem Ortausgang Hatta), Tel. 06/886 11 31, Mobil-Tel. 050/453 44 01. Verleih von Motorrädern und Quads für rasante Fahrten durch die Dünen.

Auch die Big Red Sand Dune lädt ein zu Dune Driving auf rasanten Quads

Hotel

******Hatta Fort Hotel**, Hatta, Tel. 04/ 809 93 33, www.jaresortshotels.com. 50 gepflegte Chalets in vogelreichem Garten vor der herrlichen Kulisse der Hajar Mountains. Vor allem im Sommer ist das etwas kühlere Bergklima eine Wohltat. Breites Sportangebot von Bogen- und Tontaubenschießen bis Tischtennis, Jogging- und Walkingtrails. Zwei Bars und zwei Restaurants (möglichst rechtzeitig reservieren) im Haus.

Mehrere Gebirgsbäche aus den Hajar-Bergen vereinen sich zu den Hatta Pools

Sharjah – Heimstatt arabischer Kunst und Kultur

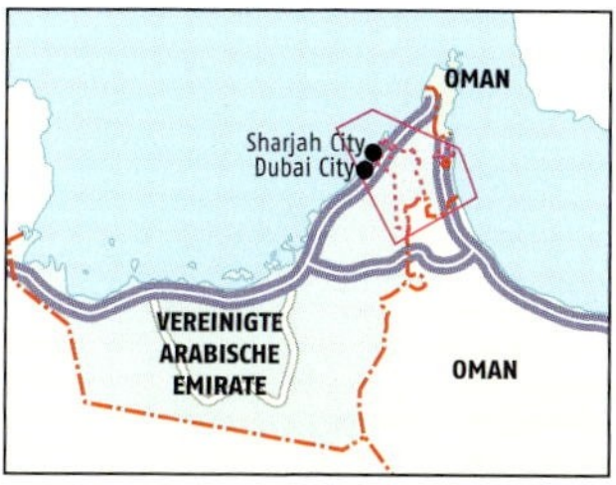

Sharjah ist das **drittgrößte** der Vereinigten Arabischen Emirate und das einzige, das Territorien sowohl an der **West-** als auch an der **Ostküste** besitzt. Denn dort, am Golf von Oman, befinden sich inmitten des Emirats Fujairah zwei kleine, zu Sharjah gehörende Exklaven. Da wäre zum einen der Fischerort **Kalba** an der Südgrenze der VAE zum Oman, der für seine *Mangrovensümpfe* und die dortige artenreiche *Vogelwelt* bekannt ist, zum anderen die Ferienidylle **Khor Fakkan** mit ihrem schönen *Sandstrand* sowie den korallenbunten und fischreichen *Tauchgründen*.

Heimische Wildtiere wie Arabische Oryxantilopen, Sandkatzen und Leoparden gibt es im **Sharjah Desert Park** in Sharjahs Stammland im Westen zu bestaunen. Die Emiratshauptstadt **Sharjah City** lockt mit zahlreichen Galerien und Museen. Nirgendwo sonst in den Vereinigten Arabischen Emiraten kann man sich auf so engem Raum über islamische Kultur, Kalligraphie, Bautradition, Schifffahrt oder Archäologie kundig machen, wie in den beiden hiesigen Altstadtvierteln **Heritage Area** und **Arts Area**. In letzterem steht traditionelle und moderne Kunst im Mittelpunkt, wie sie etwa im landesweit bekannten *Sharjah Art Museum* gezeigt wird, das alle zwei Jahre auch die internationale *Kunstbiennale* beherbergt. Große Popularität genießt auch der *Blue Souk* an der *Khalid Lagune*. Nach informationsreichem Kulturgenuss lädt er zum *Einkaufsbummel* durch Antiquitäten-, Teppich- und Schmuckgeschäfte ein. Und die modernen Shopping Malls locken wegen günstigerer Preise auch viele Kunden aus dem nahen Dubai an. Entspannung und Badefreuden bietet dann Sharjahs 16 km lange Westküste, die größtenteils von hellen **Sandstränden** gesäumt wird. Allerdings tut sich der Tourismus in Sharjah noch etwas schwer, denn in dem Emirat gilt die Scharia – die auch ein absolutes *Alkoholverbot* selbst in den internationalen Hotels bedingt. Weniger streng werden die *Kleidervorschriften* ausgelegt, auch wenn allzuviel nackte Haut in der Öffentlichkeit nicht gern gesehen wird. Wen diese Einschränkungen nicht schrecken, wird sicher angenehme Urlaubstage in dem ›etwas anderen Emirat‹ verbringen.

6 Sharjah City

Die Emiratshauptstadt lockt mit Kunstfreuden, Kulturgenuss und reichem Warenangebot.

Sharjah City (800 000 Einw.) besitzt wie Dubai City hochhausgesäumte Stadtautobahnen, Märkte, Malls und Souks – und steht doch ein wenig im Schatten der weltberühmten Nachbarstadt. Sharjah, so scheint es, bewegt sich nicht mit Überschallgeschwindigkeit in die Zukunft, hier werden keine megalomanen Hotel- und Geschäftsgebäude geplant. In Sharjah ist vieles eine Nummer kleiner – und dadurch auch etwas sympathischer – als in Dubai City.

Städtisches Idyll in einem Park an der Sharjah Moschee nahe dem Kasbah Canal

Geschichte Noch im 17. und 18. Jh. beherrschte der Beduinenstamm der **Qawassim** die gesamte Region vom heutigen Sharjah City bis hinauf nach Ras al-Khaimah. Zu dieser Zeit war der **Perlenhandel** ein einträgliches Geschäft und die Wüstensöhne erwiesen sich als geschickte Kaufleute, tüchtige Seefahrer und skrupellose Freibeuter. Bald war der von den Qawassim kontrollierte Teil der Arabischen Halbinsel als **Piratenküste** verrufen, was zu Beginn des 19. Jh. die

Handel auf dem Wasser – stets liegen einige Last-Dhaus in Sharjahs Flusshafen vor Anker

Engländer auf den Plan rief, die ihren Indienhandel in Gefahr sahen.

Im Jahr 1809 musste sich der seit 1804 regierende Scheich Sultan bin Saqr bin Rashid al-Qasimi der militärischen Überlegenheit der Briten beugen. Im Rahmen des 1819 unterzeichneten *General Treaty of Peace* bauten die Briten Sharjah ab 1823 zu ihrem Stützpunkt am südlichen Golf aus, was es bis 1953 blieb. 1932 errichteten sie bei Sharjah City sogar den ersten internationalen Flughafen auf dem Gebiet der heutigen VAE, die Flugzeuge der Imperial Airways legten hier einen Zwischenstopp auf ihrem Weg nach Indien ein. Mittlerweile ist aus dem bescheidenen Rollfeld im Osten der Stadt der **Sharjah International Airport** entstanden.

Um der Hauptstadt seines Emirats ein unverwechselbares Profil zu verleihen, setzt der heutige Regent von Sharjah, *Scheich Sultan bin Mohammed al-Qasimi*, in erster Linie auf **Kunst und Kultur**. So wurde in den Jahren 1993–97 ein Teil der Altstadt saniert und zur *Heritage Area* erklärt. Im nahen Viertel Al-Shuwaihiyeen wurde zudem die *Arts Area* mit Museen und Galerien eingerichtet. Weitere vorzüglich ausgestattete Museen, etwa zu Archäologie und Naturwissenschaften, befinden sich in den Außenbezirken. 1998 wurde Sharjah für dieses Engagement mit der Ernennung zur **Kulturhauptstadt der Arabischen Welt** belohnt. In den letzten Jahren hat man weitere historische Bauten restauriert und in Museen umgewandelt sowie Ausstellungen modernisiert und erweitert. Und am Al-Khan Beach entstanden Neubauten etwa für das Maritime Museum und ein Aquarium. Angst vor einem kulturellen Überangebot muss man nicht haben. Als Kontrastprogramm lockt im Frühjahr die **Sharjah Spring Promotion** einkaufswillige Besucher mit niedrigen Preisen und Angeboten in die Stadt.

Reizvolle Innenstadt

Einen stimmungsvollen Anblick bietet der *Sharjah Creek*, der von der Lagune Khor Khalid zum offenen Meer führt. Dort liegen zahlreich Dhaus vor Anker, die zügig be- und entladen werden. Über die das Ufer des Creek säumende **Al-Bouheira Corniche** ❶ gelangt man zu der in die Innenstadt abzweigenden Boorj Avenue, die sich gut als Ausgangspunkt für einen Stadtbummel eignet. Nach etwa 200 m teilt sie sich in zwei Straßenarme, die um das historische **Al-Hisn Fort** ❷ (Tel. 06/558 55 00, www.sharjahmuseums.ae, bis auf Weiteres wg. Restaurierung geschl.) herumführen. Die auch als Sharjah-Fort bekannte Festung ist ein Nachbau der 1820 errichteten Residenz von Scheich Mohammed bin Saqr al-Qasimi, die 1969 abgerissen wurde. Lediglich der steinerne Rundturm *Al-Kalbs* rechts vom Eingangsportal ist original erhalten. In seinem Inneren erinnern Hand- und Fußketten daran, dass er ursprünglich als Gefängnis diente. Der Turm ist Teil der weiß gekalkten Wehrmauer, die den etwa 30 x 30 m großen gepflasterten Innenhof rahmt. Die umliegenden Räume beherbergen Ausstellungsstücke zur Geschichte der Stadt und des Emirats: historische Fotografien ebenso wie der *Sharjah-Schatz* aus 93 Maria-Theresia-Taler, die im 18. Jh. in einem Krug versteckt und erst über 100 Jahre später bei Ausschachtarbeiten wieder gefunden wurden.

Im Nordosten schließt sich die Altstadt von Sharjah City mit dem **Old Souk** ❸, dem Alten Markt, an. Hinter seinen kleinen Textil- und Gemischtwarenläden beginnt die **Art Area**, in der sich einige Einrichtungen der traditionellen und modernen Kunst widmen. Den Auftakt macht das **Sharjah Art Museum** ❹ (Tel. 06/568 82 22, www.sharjahmuseums.ae, Sa, Mo–Do 8–20, Fr 16–20 Uhr). Das lang gestreckte quaderförmige Gebäude mit den auffälligen Windtürmen beherbergt Arbeiten zeitgenössischer arabischer Künstler wie *Ali Darwish* oder *Abdel Kader al-Rais*. In weiteren Räumen sind Fotos und Gemälde aus der Kunstsammlung Scheich al-Qasimis zu sehen. Die nächsten Kunstbiennalen werden in den Räumlichkeiten des Museums im Frühjahr 2015 und 2017 stattfinden. Einige der hier ausstellenden

Vergoldete Kuppel des früheren Al-Majarrah Souk, heute Museum of Islamic Civilization

Künstler haben ihre Ateliers gegenüber vom Museum. Im weißen Gebäudekomplex des *Bait Obeid al-Shamsi* sind die **Sharjah Art Galleries** 5 untergebracht. Die Räume im Haupthaus mit Blick auf den Creek sowie rings um den ausgedehnten Innenhof dienen einheimischen Künstlern als Werkstätten und Galerien. Zeitgenössische Holzarbeiten sind hier ebenso zu sehen und zu erwerben wie Gemälde, Keramik und Metallskulpturen.

Wenige Meter weiter beherbergt der ehem. *Al-Majarrah Souk*, ein Marktgebäude in traditionellem Stil, das exzellente **Museum of Islamic Civilization** 6 (Tel. 06/565 54 55, www.islamicmuseum.ae, Sa, Mo–Do 8–20, Fr 16–20 Uhr). Unter der auffälligen, 17 m hohen goldglänzenden Kuppel, die innen mit blauen Glassteinen besetzt ist, zwischen denen glitzernde Mosaikstückchen Sternbilder darstellen, ist eine wertvolle Sammlung von Koran-Handschriften zu bewundern. Aber auch die etwa 2500 ausgestellten Münzen aus allen Teilen der islamischen Welt lohnen eine nähere Betrachtung. Man kann sich über Astronomie, Medizin und Architektur ebenso informieren wie über Kunsthandwerk und Kunst. Ein Museumsshop und ein Café runden das Angebot ab.

Bummelt man nun durch das dicht bebaute Altstadtviertel Al-Shuwaihiyeen in südlicher Richtung zurück zur Boorj Avenue, erreicht man jenseits dieser Straße die **Heritage Area**. Dieses traditionelle Quartier mit seinen pittoresken Windtürmen und kubischen Bauten vermittelt einen Eindruck vom einstigen Leben in Sharjah. Einen Großteil der verschachtelten Anlage nimmt der **Al-Arsah Souk** 7 ein, in dessen mit Palmblättern überdachten Ladengassen von der Shishapfeife bis zum Krummdolch, vom Kashmirschal bis zum Teppich alles zu kaufen ist, was des Touristen Herz erfreut.

An den Souk grenzt das **Bait Al Naboodah** 8 (Tel. 06/568 17 38, www.sharjahmuseums.ae, Sa, Mo–Do 8–20, Fr 16–20 Uhr), ein traditionelles, 1845 aus Korallenstein errichtetes zweistöckiges Anwesen mit Innenhof. Dessen außergewöhnliche Größe von 510 m² lässt auf den Reichtum des Erbauers, den Perlenhändler Obaid

Atmosphäre im Al-Arsah Souk, einen rekonstruierten Markt in der Heritage Area von Sharjah

bin Issa bin Ali-Shamsi, genannt Al-Naboudah, schließen. Die Küche entspricht mit Erdofen, Kessel und Kannen dem Zustand des 19. Jh. Auch die anderen Wohn- und Arbeitsräume gewähren einen Einblick in den Alltag der wohlhabende Kaufmannsfamilie, die Geschäftskontakte nach Indien, Frankreich und Afrika pflegte. So stammt z.B. ein Teil der Ausstattung, wie die wertvollen Holzschnitzarbeiten, aus Sansibar.

Den lebendigen kulturellen Austausch in der islamischen Welt dokumentiert das **Calligraphy Museum** 9 (Tel. 06/569 45 61, www.sharjahmuseums.ae, Sa, Mo–Do 8–20, Fr 16–20 Uhr), das erlesene Stücke arabischer Schriftkunst präsentiert.

In der Nähe zeigt das kleine **Al Eslah School Museum** 10 (Tel. 06/568 41 14, www.sharjahmuseums.ae, Sa, Mo–Do 8–20, Fr 16–20 Uhr) die erste, 1935 eingerichtete öffentliche Schule des Emirats, die auch über einen Schlafsaal für Schüler von Auswärts verfügte.

Um Wissen zu vertiefen und über Literatur, Poesie und Politik zu diskutieren, stellte die **Majlis Al Midfa** 11 (Tel. 06/568 17 38, www.sharjahmuseums.ae, bis auf Weiteres geschl.) mit ihrer Bibliothek einen wichtigen Treffpunkt für die gebildeten Schichten der Stadt dar, darunter auch Schüler und Kaufleute. Das sorgfältig restaurierte, weiß leuchtende Bauwerk wird von einem seltenen runden Windturm überragt. Den großzügigen Innenhof umgeben schattige Arkaden, wo man dem geschäftigen Lärm der umliegenden Gassen entrückt ist.

Ein weiteres Highlight in Sharjahs Museumslandschaft ist das **Heritage Museum** 12 (Tel. 06/568 00 06, www.sharjahmuseums.ae, Sa, Mo–Do 8–20, Fr 16–20 Uhr) in Sharjahs Heritage Area. Hier lassen sich Traditionen und Bräuche des Emirats bis in die Zeiten zurückverfolgen, als die Bewohner noch von Perlen und Fischfang lebten. Neben musikalischen Überlieferungen und Folklore gilt die Aufmerksamkeit der sozialen Entwicklung, z.B. von Erziehung und Postwesen.

Skyline von Sharjah vom Al-Jazeira Park aus: vorne Blue Souk und King Faisal Moschee

Kein Geringerer als Sharjahs Scheich Sultan bin Mohammed al-Qasimi entwarf den Blue Souk

Auch das benachbarte **Bait Khalid bin Ibrahim** 13 (Tel. 06/568 06 06, www.sharjahmuseums.ae, Sa, Mo–Do 8–20, Fr 16–20 Uhr), das Mitte des 19. Jh. für einen bedeutenden Perlenhändler aus Bahrein erbaut wurde, lohnt eine Besichtigung. Zum kostbaren Hausstand gehören wertvolle Knüpfteppiche sowie hübsch verzierte Dolche und Schwerter.

Shops und Spaß in Sharjah

Die Besichtigungstour führt weiter nach Westen an die Khalid-Lagune bzw. an den Beginn des Sharjah Creek. Dort haben sich zu beiden Seiten der Corniche mehrere Souks etabliert, wie etwa der **Animal Souk** 14 mit Klein- und Haustieren sowie der **Plant & Pot Souk** 15 mit einer Vielfalt an Pflanzen und Töpferwaren. Ein wenig weiter südlich unterbreiten neben dem Minibus-Bahnhof für Fahrten nach Abu Dhabi die Obst- und Gemüsehändler auf dem **Fruit & Vegetable Souk** 16 (tgl. 7.30–10.30 Uhr) ihr farbenprächtiges Angebot. Auf der gegenüberliegenden Straßenseite hat am Ufer der Lagune der **Fish Souk** 17 (tgl. 6.30–12.30 und 17–22 Uhr) seinen Platz gefunden. Vor allem von Do–Sa herrscht hier reges Treiben, wenn die Kunden frischen Hamour (Barsch), Hamra (Red Snapper), Safi (Scholle) oder kleine Cigalee-Krebse einkaufen.

Nicht weit davon, aber auf der anderen Seite eines ausgedehnten Stadtautobahnkreuzes, weisen zwei prächtige blau-golden gekachelte Tonnendächer und daraus schornsteinartig empor wachsende Windtürme den Weg zum **Blue Souk** 18 (Al Majaz, Sa–Do 9–13 und 16–23, Fr 9–12 und 16–23 Uhr). Das moderne, auch Central Market oder Souk Markazi genannte Einkaufszentrum öffnete 1979 seine Pforten. Die prächtige neoislamische Architektur wurde von keinem Geringeren als dem Herrscher von Sharjah, Scheich Sultan bin Mohammed al-Qasimi, entworfen. In den beiden parallel zueinander angeordneten Gebäuden sind auf zwei Stockwerken mehr als 600 Geschäfte versammelt, die von Gold- und Silberschmuck über Teppiche, Elektroartikel und Textilien bis hin zu Backgammonspielen und Shishapfeifen eine reiche Auswahl an Waren und Mitbringseln bieten.

TOP TIPP

Für die weitere Erkundung der Stadt empfiehlt es sich nun, einem Taxi zu winken. Der Weg zurück oder auch zu den übrigen Sehenswürdigkeiten sollte über den zwar begrünten, aber beständig verkehrsumtosten *Union Square* führen. An dessen weit ausholendem Rund erhebt sich als markanter Blickfang die strahlend weiße **King Faisal Moschee** 19, die nach ihrem Stifter, dem König von Saudi-Arabien, benannt ist. Tatsächlich bestehen enge Beziehungen zwischen Saudi-Arabien und Sharjah, das als einziges Emirat die Scharia, das islamische Recht, auch im Alltag durchsetzt und etwa den Ausschank von Alkohol strikt verbietet.

Ein Abstecher zum innenstadtnahen Strand führt vom Union Square nach Südwesten über die Sharjah Bridge, die am Übergang der Khalid-Lagune in den Sharjah Creek eine Insel überquert. In ihrem Süden bietet der 13 000 m^2 große **Al-Jazeira-Park** 20 (zzt. wg. Renov. geschl., Tel. 06/569 12 02) reichlich Unterhaltung vor allem für Familien. Im Norden der Insel hat man zudem einen sehr schönen Ausblick auf eine Skyline imposanter Bürohäuser und palastartiger Ministeriumsbauten am gegenüberliegenden Ufer.

Diese werden bei der Weiterfahrt jedoch schnell von Wohn- und vergleichsweise dünn bebauten Geschäftsvierteln abgelöst, die im Westen am **Al-Khan Beach** 21 enden. Entlang des hellen feinen Sandstrandes haben sich einige Hotels angesiedelt. Touristisch gesehen leidet Sharjahs etwa 4 km langer, an sich sehr schöner Strand jedoch darunter,

dass seine Uferstraße auch Zufahrt zum geschäftigen Port Khaled, dem Hafen der Emiratshauptstadt, ist. Aufgewertet wurde das Viertel allerdings 2008 durch den geschwungenen Neubau des **Maritime Museum** 22 (Tel. 06/522 20 02, www.sharjahmuseums.ae, Sa, Mo–Do 8–20, Fr 16–20 Uhr). Am Ufer davor liegt fest vertäut eine Dhau. Wie ein solches Schiff gebaut wird, erfährt man im Inneren des Museums, ebenso allerlei Interessantes über Perlenfischerei, Navigation und Handelsrouten in arabischen Gewässern.

In aufregende Unterwasserwelten entführt das südlich im altstädtischen Bereich von Al Khan gelegene **Aquarium** 23 (Tel. 06/528 52 88, www.sharjahmuseums.ae, Sa, Mo–Do 8–20, Fr 16–20 Uhr). Es zeigt auf zwei Stockwerken in 20 Becken 250 verschiedene Spezies von possierlichen Clownfischen bis zu furchteinflößenden Haien.

Bunt präsentiert sich auch die angesagte Ausgehmeile im Osten am **Al-Qasba-Kanal** 24, der die Khalid und die Al Khan Lagoon verbindet. Hier finden sich erstklassige Restaurants, Galerien, Theater und Wasserspiele. Eine Hauptattraktion ist das 60 m hohe, weiße Riesenrad **Eye of the Emirates** (Tel. 06/556 07 77, www.alqasba.ae, Sa–Mi 16–24, Do/Fr 15–1 Uhr) mit 42 klimatisierten Kabinen. Von oben reicht der Blick mitunter bis nach Dubai, auf jeden Fall aber weit über Sharjah City.

Attraktive Außenviertel

Im Vorort *Halwan* befindet sich an der Ausfallstraße zum Flughafen zwischen Al-Sahaba Moschee und Cultural Square

TOP TIPP

das 1997 eröffnete **Sharjah Archaeology Museum** 25 (Tel. 06/566 54 66, www.sharjahmuseums.ae, Sa, Mo–Do 8–20, Fr 16–20 Uhr). Den Auftakt dieser Reise in die Vor- und Frühgeschichte Sharjahs bilden Werkzeuge aus Stein und Muscheln, gefolgt von formschöner Keramik der Al-Obaid-Periode (ca. 5000 v. Chr.), die aus Mesopotamien importiert wurde. Rund 3000 Jahre alt ist die knapp 20 cm hohe, mit roten und schwarzen Streifen verzierte Tonfigur eines Lastkamels aus Muwaileh. Das bemerkenswerte, archaisch schlichte Kunstwerk ist zugleich Wahrzeichen des Museums. Aus der Bronze- und Eisenzeit sind u. a. Küchengeräte, Schmuck und Waffen vertreten. Aramäische Texte und Kalligraphien leiten zur präislamischen Epoche

Zu den schönen Stücken des Sharjah Archaeological Museum gehören antike Tongefäße

Anatomie zum Anfassen: Das Science Museum vermittelt Wissen spielerisch

(300 v. Chr.–600 n. Chr.) über. Aufsehen erregendes Highlight aus dieser Zeit ist die Nachbildung eines Grabhügels aus Meleiha, in dem ein wohlhabender Mann samt Pferd bestattet wurde. Im Original zu bestaunen ist das mit goldenen Schmuckscheiben besetzte Zaumzeug des edlen Tieres.

Nebenan steht der Zweiflügelbau des **Science Museum** 26 (Tel. 06/566 8777, www.sharjahmuseums.ae, So–Do 8–14, Fr/Sa 16–20 Uhr). Dessen umfangreiches Angebot richtet sich in erster Linie an Kinder, doch auch Erwachsenen macht es Spaß, bei zahlreichen Mitmach-Experimenten die Zusammenhänge von Wissenschaft und Technik zu erkunden. In der zentralen *Exhibition Hall* kann man beobachten, wie viel Wasser der eigene Körper verdrängt, kann selbst Papier herstellen oder mit einem Synthesizer Klangwelten schaffen, die *Demonstration Hall* sorgt für weitere Überraschungen, so lässt elektrische Spannung den Besuchern die Haare zu Berge stehen. Ein Planetarium rundet das Angebot ab.

Es lohnt sich, ans Ende der Straße zu fahren und dort den **Cultural Square** 27 mindestens einmal zu umrunden. Fünf große Straßen münden sternförmig in das Rondell, in dessen Mitte die gigantische steinerne Nachbildung eines Koran auf einem typischen Lesepult steht. Ringsum verleihen prächtige öffentliche Gebäude dem Platz ein würdevolles Aussehen. Am auffälligsten ist der *Cultural Palace*, ein morgenländischer Architekturtraum in Weiß mit Freitreppe, arabeskenverzierter Fassade, Arkaden, Spitzbogenfenstern und zentraler Kuppel. Gegen den Uhrzeigersinn schließen sich daran eine große Moschee und das *Rulers Office*, der Regierungssitz von Sharjah, an. Den Kreis schließt das *Department of Culture & Information*, ein mächtiger, vielgliedriger und fensterreicher Bau.

An den Wochenenden passieren viele Emiratis die Regierungsgebäude, um im nahen **Green Belt Park** 28 im Schatten von Palmen, Laubbäumen und blühenden Jacarandas gemütlich zu picknicken. Als Alternative lockt das **Discovery Centre** 29 (Tel. 06/558 6577, www.sharjahmu

Dreh- und Angelpunkt – Koran-Denkmal auf dem Cultural Square in Sharjah

Unter prachtvollen Arkaden können Studierende der University of Sharjah flanieren

seums.ae, So–Do 8–14, Fr/Sa 16–20 Uhr), ein interaktives Kindermuseum, in dem *Water World*, *Body Zone* oder *Drive Town* zum Anfassen und Ausprobieren einladen. Westlichen Besuchern fällt es oft schwer, angesichts lärmender Automatenspiele und hupender Plastikfahrzeuge einen pädagogischen Anspruch erfüllt zu sehen, doch die Kinder haben offensichtlich ihren Spaß bei Physikexperimenten, in den nachgebildeten Helikoptern oder an der Kletterwand.

Ortsunkundige verfahren sich leicht in *Al-Muwailih*, einem schlecht ausgeschilderten Außenbezirk von Sharjah City. Auch der hier angesiedelte Internationale Flughafen ist nicht leicht zu entdecken, obwohl startende und landende Flugzeuge eine gewisse Orientierungshilfe geben.

Gegenüber des Flughafens befindet sich das Bildungszentrum Sharjahs, die **University City** 30. Ihr großzügig begrüntes Campusgelände ist von gewaltigen, strahlend weißen, palastartigen Bauten mit Zentralkuppeln, Freitreppen, Wandelhallen und Arkadengängen umgeben. Sie beherbergen beispielsweise die beiden Universitäten, *University of Sharjah* und *American University of Sharjah*, zwei *Higher Colleges of Technology* (eines für Männer, eines für Frauen) und die *Sharjah Police Academy*.

Praktische Hinweise

Information

Sharjah Commerce and Tourism Development Authority, Crescent Tower, Al-Buheira Corniche, Sharjah City, Tel. 06/556 67 77, Hotline 800 SHARJAH (8007 45), www.sharjahtourism.ae

Flughafen

Sharjah International Airport (SHJ), knapp 15 km südlich der Innenstadt, Tel. 06/558 11 11, www.shj-airport.gov.ae. Taxis und Busse vor dem Flughafengebäude, auch direkte Busverbindungen nach Abu Dhabi, Al Ain und Dubai.

Sport und Freizeit

Orient Tours, Sharjah City, Tel. 06/568 23 23, www.orienttours.ae. Alles drin: Stadt- und Emiratrundfahrten durch Sharjah, Tauchausflüge und Safaris, Trips nach Abu Dhabi, Dubai oder Hatta.

Hotels

*****__Radisson Blue Resort__, Corniche/Achmed bin Darwish Square, Sharjah City, Tel. 06/565 77 77, www.radissonblu.com/resort-sharjah. Am östlichen Ende der Corniche am Meeresufer gelegen, mit gepflegtem Sandstrand, Garten mit Swimmingpool und kleinem Tropenwald. Aber auch er verbirgt nicht die blockhafte Architektur des alteingesessenen Hotels, das auf 15 Etagen 300 Zimmer und Suiten bietet. Fitness- und Spa-Bereich sowie Restaurants und Cafés.

Mohammed und der Islam

Islam bedeutet ins Deutsche übersetzt Hingabe, nämlich an **Allah**, den einen Gott. Seine Anhänger nennen sich entsprechend Muslime, ›die sich Gott unterwerfen‹. Die weltweit mindestens 1,2 Milliarden Muslime bilden die Gemeinschaft des Dar al-Islam, des ›Hauses des Islam‹.

Wie das Judentum und das Christentum entspringt der Islam Wurzeln, die bis auf Abraham zurückgehen. Die Ausprägung als eigene Religion findet der Islam jedoch erst mit Mohammed.

Der 570 in Mekka geborene Kaufmann Mohammed begegnete im Jahr 609, so glauben die Muslime, dem Erzengel Gabriel, der ihm damals und in den folgenden Jahren 114 Suren offenbarte. Nach dem Tod des **Propheten** wurden sie zum **Koran** zusammengefasst. Mohammed verbreitete diese Offenbarung in seiner Heimatstadt und scharte mit seinen Predigten von der Hingabe an Gott eine kleine Anhängergruppe um sich. Seine Lehren widersprachen jedoch den polytheistischen Vorstellungen der führenden Sippen Mekkas: Mohammed stellte sich in eine Reihe mit den Propheten Abraham, Mose und Jesus, forderte regelmäßige **Gebete** und Gottesdienste und beharrte vor allem auf der Existenz eines einzigen Gottes, den er Allah nannte. Im Jahr 622 blieb ihm nichts anderes übrig, als mit seinen Anhängern aus Mekka in die nahe Handelsstadt **Medina** zu fliehen, wo sich mittlerweile ebenfalls eine islamische Gemeinde gebildet hatte. Diese Flucht, die **Hidjra**, bezeichnet den Beginn der islamischen Zeitrechnung. In Medina erstarkte die religiöse Bewegung Mohammeds rasch, und viele sesshafte Beduinenstämme der Umgebung schlossen sich dem Propheten an. Schon bald kam es zum bewaffneten Konflikt mit Mekka um die regionale Vorherrschaft. Damals entstand die Vorstellung, den Anhängern Allahs sei die Pflicht auferlegt, bei einer Bedrohung ihrer Religion für deren Schutz mit Waffengewalt zu kämpfen und so auch ihre Ausbreitung zu fördern.

Im Jahr 630, zwei Jahre vor Mohammeds Tod, übergaben die Patrizier Mekkas die Stadt schließlich fast widerstandslos an den Propheten. Schon vorher hatte er die bislang geltende Gebetsrichtung (*Qibla*) von Jerusalem zur **Kaaba** in Mekka geändert, die als Haus Abrahams betrachtet wird. Jeder gläubige Muslim, ob Mann oder Frau, ist gehalten, einmal im Leben die *Hadj* zu unternehmen, die Pilgerfahrt nach Mekka, während derer die Kaaba mehrmals rituell umschritten wird. Die Hadj ist eine der fünf **Säulen des Islam**, die zu befolgen jeder Muslim verpflichtet ist. Zu ihnen gehören weiterhin das Glaubensbekenntnis (*Schahada*, ›Es gibt nur einen Gott und Mohammed ist sein Prophet‹), das Almosengeben (*Zakat*), das Fasten während des Ramadan (*Saum*) sowie das Gebet, fünf mal am Tag (*Salat*). Die **Gebetszeiten** richten sich nach dem Sonnenstand. Bei ihnen handelt es sich um *Fajr* oder das etwas spätere *Shuruq* im Morgengrauen, *Dhuhur* oder *Zohr* am Mittag, *Asr* am Nachmittag, *Magrib* am frühen und *Isha* am späten Abend. Die genauen Gebetszeiten werden in der Tagespresse veröffentlicht. In islamischen Ländern wie den Emiraten und dem Oman verkünden Muezzine über Lautsprecher, dass es Zeit zum Gebet ist, dann strömen die Gläubigen in die nächstgelegene Moschee. Diese Andachten dauern unter der Woche nur jeweils einige Minuten, lediglich am Freitag wird gepredigt. Männer und Frauen beten getrennt. In den Moscheen, zumal den kleineren, treffen sich in der Regel ausschließlich Männer. Frauen können, müssen aber nicht in den Gotteshäusern beten, und nicht immer ist für sie ein eigener Raum vorgesehen. Generell kann jeder Muslim überall beten, wichtig ist lediglich, dass dabei die Richtung nach Mekka eingehalten wird. In islamischen Ländern ist sie oft in Hotelzimmern mit einem Schild angegeben.

Weitere Kennzeichen des Islam sind das Verzehrverbot von **Schweinefleisch** sowie ein **Bilderverbot**, das auf die wörtlich genommene Koranstelle zurückgeht, Menschen sollten sich kein Bild von Gott und seiner Schöpfung machen. Daher besteht der Raumschmuck in Moscheen ausschließlich aus Ornamenten und kunstvoll ausgearbeiteten und kalligraphisch hoch stilisierten Koransuren.

****Lou'Lou'A Beach Resort, Al-Mina Road, Sharjah City, Tel. 06/528 50 00, www.loulouabeach.com. Prominent am feinen Sandstrand gelegene Hotelanlage, 3 km vom Stadtzentrum entfernt, mit 134 Zimmern und gutem Preis-Leistungs-Verhältnis; Wassersportmöglichkeiten; täglich Abendprogramm.

****Marbella Resort, östliche Buhaira Corniche, Sharjah City, Tel. 06/574 11 11, www.marbellaresort.com. Die hübschen Garten-Appartementvillen mit 100 Suiten (manche mit Küche) sind groß und geschmackvoll eingerichtet. Sie sind idyllisch im Stil eines kleinen Dorfes angelegt und befinden sich an der Lagune. Shuttlebus zum Strand des Lou'Lou'A Beach Resort.

***Beach Hotel, Sheikh Sultan al-Awal Road, Sharjah City, Tel. 06/528 13 11, www.mhgroupsharjah.com. Das dreistöckige Mittelklasse-Hotel umschließt U-förmig den länglichen Swimmingpool. Es bietet freien Blick auf Sandstrand und Meer sowie reichlich Wassersportmöglichkeiten. Restaurant und hoteleigener Shuttlebus nach Sharjah und Dubai City.

Restaurants

Fishermen's Wharf, im Holiday International Hotel, Khalid Lagoon, Sharjah City, Tel. 06/573 66 66, www.holidayinternational.com. Gemütliches, mit viel Holz und maritimem Zubehör ausgestattetes Seafood Restaurant rechts von der großen Hotellobby mit Blick auf die Lagune. Ob Hammour oder Hummer, die stets frisch zubereiteten Meeresfrüchte lassen nichts zu wünschen übrig (Fr geschl.).

Sadaf Al-Mina, Al-Mina Road, Sharjah City, Tel. 04/215 484 15, www.sadafrestaurantsuae.com. In glitzerndem Interieur locken iranische Spezialitäten, meist typische Fleischgerichte wie Hühnerspieß mit Safranreis oder Lammkoteletts, aber auch Fischbällchen an Kichererbsenmus.

Shiraz, im Hilton Sharjah, Khalid Lagoon, Sharjah City, Tel. 06/519 22 22, www.hilton.com. Fleisch und Fisch kommen gut gewürzt nach iranischen Rezepten auf den Tisch. Reichlich Auswahl auch für Vegetarier, die von Borani Esfanaaj, einem cremigen Spinatgericht, bis zu bunten Gewürzreiskreationen reicht. Die herrliche Aussicht auf die Lagune ist da das i-Tüpfelchen.

Aufmerksam beobachtet dieser Gepard im Sharjah Desert Park seine Umgebung

7 Sharjah Desert Park

Geparden und Gazellen in – beinahe – freier Wildbahn.

Zwischen Sharjah Airport und der Oase Dhaid im Osten des Emirats liegt der etwa 1 km^2 große Sharjah Desert Park. Sein Herzstück ist das **Arabia's Wildlife Centre** (Tel. 06/531 19 99, www.breedingcentresharjah.com/WildlifeCentre.html, So/Mo, Mi/Do 9–17.30, Fr 14–18, Sa 11–18 Uhr). Im Inneren des Gebäudes wird die Fauna der Arabischen Halbinsel und der umgebenden Gewässer vorgestellt. In großen, naturnah gestalteten Terrarien leben Chamäleons, Eidechsen und Schlangen. Tafeln bieten Hintergrundinformationen über Verbreitung, Lebensraum, Fressgewohnheiten oder natürliche Feinde dieser faszinierenden Tiere.

Ein leichter Schauer überfällt oft sowohl junge als auch erwachsene Besucher beim Betreten der Dark Area, die den nachtaktiven Lebewesen wie Kamelspinnen oder Skorpionen gewidmet ist. Der Weg zum Freigelände führt schließlich durch ein Aviarium, in dem sich zahlreiche Vogelarten, vom Kiebitz bis zum Falken, ein Stelldichein geben. Ihre melodischen Gesänge und schrillen Pfiffe schallen bis zum Flamingogehege, in dem pinkfarbene langbeinige Kranichvögel in stoischer Ruhe durch einen künstlich angelegten Tümpel waten. In weiteren Tiergehegen sind, teils im Freien, teils hinter Glas, Arabische Paviane, Wölfe, Hyänen, Leoparden und Geparden zu sehen. Steinböcke klettern durch ausgedehnte Felsenkulissen, Gazellen, Ara-

Blaues Meer, weißer Sand und viel Gelegenheit zu Wassersport am Strand von Khor Fakkan

bische Oryx und Strauße grasen friedlich zu ihren Füßen.

Dem Park ist eine *Children's Farm* angegliedert, in deren kleinem Streichelzoo Esel, Pferde, Ziegen und Kamele leben. Unweit des Wildlife Centre bereitet das **Natural History Museum** (Öffnungszeiten wie Wildlife Centre) die Geologie, Fauna und Flora der Region in vier Ausstellungssälen anschaulich auf. Mithilfe von Vulkan- und Dinosauriermodellen blickt man zurück in die Zeit des Mesozoikums. Gesteinsproben, Muscheln und ein Diorama erläutern die heutige Landschaft.

8 Kalba

Fischerdorf und Vogelschutzgebiet am Golf von Oman.

Etwa 10 km südlich des Internationalen Flughafens von Fujairah liegt das zu Sharjah gehörende Dorf Kalba am Golf von Oman. Die Straße S116 verbindet es an der Westküste mit Sharjah City. So kann man sich den ›Umweg‹ über Masafi sparen und gleichzeitig die beiden einzigen Bergtunnel der Emirate durch das Hajar-Gebirge befahren.

Die meisten Einwohner Kalbas leben auch heute wie ihre Vorfahren vom Fischfang. Ende des 16. Jh. hatten die Portugiesen im damaligen Chelb eine Festung errichtet, die jedoch später verfiel. Heute bewacht das **Al-Hisn Fort** (Tel. 09/ 277 44 42, Sa/So, Di–Do 9–13 und 17–20, Mo 9–13, Fr 17–20 Uhr) auf einer treppenartig ansteigenden Plattform am Meer den Ort. Die Qawasim errichteten den Bau um 1800 zum Schutz der Batinah-Küste, die sich flach bis weit in den Oman erstreckt. Die mächtige Mauer der Festung umgibt einen rechteckigen Innenhof, dessen hinteren Teil ein runder Wachturm und das zweistöckige quaderförmige Hauptgebäude begrenzen. In dessen schmucklosen Innenräumen sind einige langläufige Flinten, Pulverhörner und Buckelschilde aus Schildkrötenpanzer ausgestellt.

Gegenüber des Forts steht am Meer die 1898–1901 ebenfalls aus Lehmziegeln erbaute Herrscherresidenz **Bait Sheikh Saeed bin Hamed al-Qassimi** (Tel. 09/ 277 44 42, www.sharjahmuseums.ae, Sa–Do 9–13, Di–Sa 17–20 Uhr), die heute als Regionalmuseum dient. Zu sehen sind archäologische Fundstücke aus der näheren Umgebung, altertümliche Werkzeuge sowie eine interessante kleine Sammlung von Musikinstrumenten.

Nur wenige Kilometer südlich von Kalba beginnt schon der Oman. Die Grenze befindet sich beim Ort *Khatmat Mila-*

hah am unteren Ende des Meeresarmes **Khor Kalba**, dessen drei Hauptzuflüsse etwa 5 km lang parallel zur Küste verlaufen. Seine sumpfigen Ufer nimmt ein Mangrovenwald ein, der als der älteste Arabiens gilt. Krabben und Amphibien gibt es hier reichlich, außerdem sind die bizarr geformten luftwurzelnden Bäume die Heimat zahlreicher, teils gefährdeter Vogelarten. Besonderes Highlight für Ornithologen sind die rotbeinigen Stelzenläufer und der bienenfressende Blauwangenspint.

i Praktische Hinweise

Hotel

Breeze Motel, Kalba, Tel. 09/277 88 77, www.breezemotel.com. Das vergleichsweise einfache Haus bietet 30 große Zimmer, die direkt auf den schmalen Gartenstreifen und den dahinter liegenden Strand hinausgehen. Meerwasser-Swimmingpool; gutes Restaurant mit Regionalküche im Haus.

9 Khor Fakkan

Taucher und Erholungssuchende schätzen Sharjahs ruhige Exklave an der Ostküste.

Ein besonders hübsches Fleckchen Erde nennt Sharjah hier, etwas mehr als 20 km nördlich von Fujairah City, am Golf von Oman sein eigen. Khor Fakkan liegt an einer wahren **Märchenbucht**, die von feinem goldgelben Sand gesäumt ist. Auf dem Grünstreifen dahinter wiegen sich hohe, Schatten spendende Dattelpalmen in der Meeresbrise. Im zentralen Abschnitt begleitet eine propere kleine Einkaufsmeile mit einigen Geschäften, Cafés, Restaurants und Kiosken die Uferstraße.

Nur der **Containerhafen** im Süden von Khor Fakkan stört die anmutige Bilderbuch-Idylle. Der wirtschaftlich bedeutende, natürliche Tiefseehafen wurde in den vergangenen Jahren beträchtlich ausgebaut, auch ein Kreuzfahrtterminal kam hinzu.

Nachtleben und Rummel darf man trotzdem nicht erwarten, das Alkoholverbot in Sharjah verhindert ausschweifende Vergnügungen. Doch wer Baden, Schnorcheln oder Tauchen will, Windsurfen, Jet Ski fahren oder Hochseeangeln, ist in Khor Fakkan richtig.

Beliebt ist z.B. ein Bootsausflug nach **Coral Island**, wo Unterwassersportler die bunte Tier- und Pflanzenwelt eines Korallenriffs erkunden können. Im gebirgigen Landesinneren laden die **Wadis** des Hajar-Gebirges zu Ausflügen mit dem Geländewagen ein.

i Praktische Hinweise

Sport und Freizeit

Divers Down, am Miramar Al Aqah Beach Resort, Fujairah, Tel. 09/237 02 99, www.diversdown-uae.com. Kurse, Ausrüstungsverleih und tgl. Tauchfahrten, z. B. zum Car Cemetery, wo in etwa 30 m Tiefe Muränen und Fischschwärme Schiffs- und Autowracks bevölkern. Oder zum Nachttauchen in die Anemone Gardens nahe Shark Island, Heimat von Seepferdchen, Tintenfischen und Barrakudas. Oder in die Gewässer von Musandam im Norden des Oman.

Hotel

****Oceanic Hotel**, im Norden der Bucht von Khor Fakkan, Tel. 09/238 51 11, www.oceanichotel.com. Die Zimmer sind zweckmäßig eingerichtet und die hoteleigene Badebucht lässt nichts zu wünschen übrig. Das Spa im Haus bietet Ölanwendungen und diverse Massagen.

Fujairahs Tourenanbieter organisieren Ausflüge zu den schönsten Tauchgründen

CAFETERIA & RESTAURANT

Ajman, Umm al-Qaiwain, Ras al-Khaimah – ›Zeitreise‹ in die nördlichen Emirate

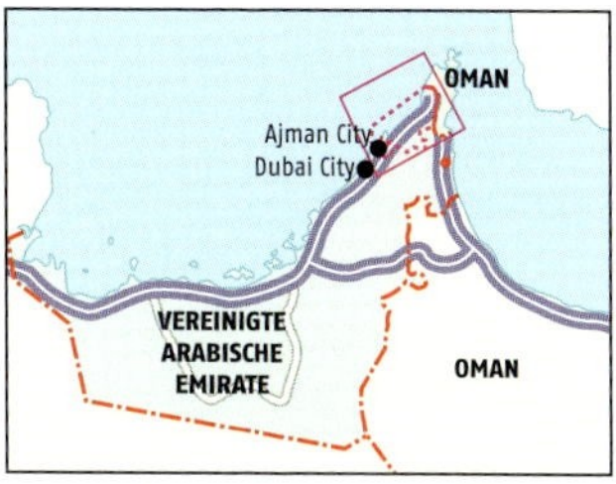

Die Fahrt von Sharjah nach Norden gleicht einer Reise in die Vergangenheit der Vereinigten Arabischen Emirate, böse Zungen behaupten sogar, mit jedem zurückgelegten Kilometer gehe man in der Zeit um ein Jahr zurück. Für Besucher kann aber gerade dies den Reiz von Ajman, Umm al-Qaiwain und Ras al-Khaimah ausmachen. Denn so traditionell wie hier geht es in keinem anderen Emirat zu. Die Zufälle der Geologie, die Abu Dhabi zu seinen schier unerschöpflichen Ölvorkommen verhalfen, haben im Boden unter den nördlichen Emiraten und unter dem Meeresboden vor ihren Küsten so gut wie kein ›Schwarzes Gold‹ versteckt. Nur in RAK, wie Ras al-Khaimah allgemein abgekürzt wird, wurden vor einigen Jahren Vorkommen entdeckt; deren Ausbeute macht aber immer noch lediglich 1 % der Ölexporte der VAE aus. Umso mehr Hoffnungen setzt man deshalb in den **Tourismus**, immerhin erstrecken sich entlang der gesamten Küste der drei Emirate superbe, fast weiße, in weiten Teilen noch fast unberührte Sandstrände.

Am entschlossensten widmet sich **Ras al-Khaimah** dem Ausbau des Tourismus, und das gleich im ganz großen Stil: durch Lagunenausbauten und künstlich aufgeschüttete Inseln wie Al Hamra Village, Mina Al Arab und Al Marhan Island, sollen in den kommenden Jahren attraktive Wohngebiete, Hotelresorts und Shopping Malls am Meer entstehen – Dubai lässt grüßen. Doch zunächst scheint ein Bummel über die Märkte von RAK City, ein Spaziergang durch die von Lehmhäusern geprägte Altstadt oder ein Besuch des *National Museum* noch immer direkt ins 19. Jh. zu führen. Der Übergang zur Moderne ist in **Masafi** bereits gelungen, der von Fujairah umgebenen, aber zu RAK gehörenden Exklave im östlichen Teil des Hajar-Gebirges. In dem Bergdorf findet nicht nur ein beliebter *Freitagsmarkt* statt, hier fördern auch High-Tech-Pumpen das bekannteste *Mineralwasser* der VAE aus unterirdischen Bergwasserquellen.

In das Emirat **Umm al-Qaiwain** sollte einen Abstecher machen, wer sich für die Vogelwelt der Emirate interessiert: Die sieben Inseln in der Meerwasserlagune *Khor al-Baydah* zwischen Umm al-Qaiwain City und dem Festland stehen teilweise unter Naturschutz, denn in Watt, Schilf und Grasland haben zahlreiche, zum Teil seltene Vogelarten eine ideale Heimat gefunden. Bewegungshungrige Besucher nutzen gern die Wassersportmöglichkeiten im *Tourist Centre* oder im *Dreamland Aquapark* vor den Toren der Stadt.

Das dritte Emirat im Bunde ist zugleich das kleinste: **Ajman**, mit einer Fläche von 259 km^2 und 237 000 Einwohnern. Die zwei Inlandsenklaven *Masfut*, bei dem Marmor abgebaut wird, und die Oase *Manama*, das kleinere Mineralwasserquellen besitzt, sind touristisch wenig erschlossen. Die meisten Menschen leben in der Hauptstadt **Ajman City**, die früher ein Zentrum der Perlentaucherei war. Noch heute geht es im Hafen der ansonsten eher ruhigen Kleinstadt lebhaft zu. Viel trägt dazu die *Dhow-Wharf* bei, eine Werft, auf der bis zum heutigen Tag die traditionellen Schiffe genauso wie schon vor Hunderten von Jahren gebaut werden.

Oben: *Umm al-Qaiwain Citys Fort beherbergt heute ein kleines Heimatmuseum*
Unten: *Die Auswahl an frischem Obst auf Masafis Markt ist eine wahre Augenweide*

10 Ajman City

Kleine Hauptstadt eines winzigen Emirats mit sehenswertem Fort und begnadeten Schiffsbauern.

Ajman City, die **Hauptstadt** (225 000 Einw.) des gleichnamigen Emirats, kann leicht an einem Tag besichtigt werden. Die Innenstadt erstreckt sich zwischen dem Meer im Westen und der Lagune Khor Ajman im Osten. Besonders entlang der Corniche (Arabian Gulf Street) am Arabischen Golf und im eng bebauten *Karama District* der Altstadt lädt sie zu stimmungsvollen Spaziergängen ein. Inmitten der meist zweistöckigen kubischen Häuser dieses historischen Viertels öffnet sich das kleine Oval des **Central Square**, an dessen Ostrand das sorgfältig restaurierte, schmucke Nain-Fort auffällt. Bei dem Lehmziegelgebäude mit Windturm und von Zinnen bekrönten Mauern handelt es sich um den im ausgehenden 18. Jh. errichteten Herrscherpalast. Heute beherbergt er das **Ajman Museum** (Tel. 06/742 38 24, www.am.gov.ae, Sa–Do 9–13 und 16–19 Uhr). Bronzezeitliche Funde dokumentieren die Siedlungsgeschichte der Region. Volkskundliche Exponate wie Krüge, Kannen oder Lederschläuche sind wie auf einem Markt auf Ständen arrangiert. Zudem wurden um den Innenhof einige Handwerksbetriebe nachgebaut.

Verlässt man den Central Square nordwärts, so passiert man zunächst den **Clock Tower** und kommt dann am **Diwan** vorbei, dem Regierungssitz von Ajmans Herrscher Scheich Humaid bin Rashid al-Nuaimi. Schließlich ist die **Hafenbucht** und die an ihr entlangführende Uferstraße erreicht. Rechterhand geht es zum Hafen, an dem die Fähren von der Innenstadt zu den Industriegebieten am anderen Ufer des Khor Ajman ablegen. In seiner Nähe haben sich **Märkte** für Fisch und Fleisch, Früchte und Gemüse angesiedelt, nahebei bieten die Händler eines iranischen Marktes Haushalts- und Elektrowaren feil. Während es hier in den Morgenstunden am lebhaftesten zugeht, wird in der auf halbem Weg gelegenen **Dhow-Wharf** auch in der zweiten Tageshälfte gearbeitet. Ajman genießt traditionell einen sehr guten Ruf, was den Bau von Dhaus angeht. Zwar sind Besucher auf dem Werftgelände nicht gerne gesehen, aber am Kai liegen immer einige fertige Schiffe vor Anker.

Kehrt man zur Straßengabelung zurück und geht in die andere Richtung, so passiert man erst die *Marina*, dann ein kleines *Culture Center* und schließlich das große *Kempinski Hotel*. Die Luxusherberge am weißen Sandstrand trägt neben einigen Hochhäusern zu Glanz und Gloria in Ajman City bei.

i Praktische Hinweise

Hotel

Ajman Kempinski Hotel & Resort, Sheikh Humaid Bin Rashid Al Nuaimi Street, Ajman City, Tel. 06/714 55 55, www.kempinski-ajman.com. Spitzenkomfort in Zimmern, Studios, Suiten und Cabanas. Beach Club und Recreation Center am 500 m langen Strand, Swimmingpool im Garten. Mehrere sehr gute Restaurants im Haus. Kostenloser Shuttlebus nach Sharjah und Dubai.

Restaurant

Danial Restaurant, Palm Tree Roundabout, Ajman City. Einheimische Hausmannskost. Neben Mezze und Shawarma stehen auch chinesische Reis- und Nudelgerichte auf der Speisekarte.

11 Umm al-Qaiwain City

Die beschauliche Emiratshauptstadt lädt zu Wassersport und Vogelbeobachtung ein.

Wie das benachbarte Ajman City zeigt sich Umm al-Qaiwain City (53 000 Einw.), die **Hauptstadt** des gleichnamigen Emirats, vom Baufieber in Dubai City verhältnismäßig unberührt. Schon seit uralter Zeit leben die Menschen hier von Handel und Fischfang, daran haben auch die etwa 50 Bankhäuser wenig geändert, die in den letzten Jahren entlang der Küstenstraße ihre Dependancen eingerichtet haben.

Die Stadt liegt auf einer lang gestreckten sandigen Halbinsel, die sich zu ihrem Ende hin zunächst stark verjüngt, um sich dann noch einmal beinahe kreisförmig auszudehnen. Mit der dem Festland vorgelagerten Insel Jazirat al-Sinniya schließt sie eine Lagune ein, den **Khor Umm al-Qaiwain**, auch *Khor al-Baydah* genannt. Hier liegen sieben weitere kleinere Inseln, die wie Sinniya selbst das Herz von Vogel- und Naturfreunden höher schlagen lassen (s. u.).

Pittoresker Alltag im Hafen von Umm al-Qaiwain: Seeleute an Bord einer traditionellen Dhau

Die *King Faisal* oder *Muroor Road* erschließt Umm al-Qaiwain City der Länge nach bis zum letzten Roundabout an der Küste. Wenn nach der Landenge rechts die eingezäunte Grünfläche des **Public Park** zu sehen ist, hat man die Altstadt erreicht. In diesem *Lazimah* genannten Viertel haben sich einige traditionelle Lehmhäuser erhalten. Zwischen den Überresten eines Palastes und der alten Moschee wurde eines der sieben historischen Forts der Stadt restauriert. In ihm zeigt heute das **Umm al-Qaiwain Museum** (Tel. 06/765 08 88, Sa–Do 8–13 und 17–20, Fr 17–20 Uhr) seine kleine Sammlung: Kannen, Geschirr, Waffen, aber auch Keramik, syrisches Glas und einige etwa 2000 Jahre alte Terrakottafiguren, die Ausgrabungen im nahen Ed-Dur, einer Ortschaft aus dem 1./2 Jh. n. Chr, zutage förderten.

Hält man sich vom Museum aus rechts, so erreicht man bald die Lagune und die ihr folgende Corniche. Sie führt, vorbei am *Fish Market*, zum **Tourist Center**. In seiner Gartenanlage lockt ein Pool mit glitzernd kühlem Nass, auf dem nahen Khor kann man Wasserski, Speedboat und Glasbodenboot fahren. Am Tourist Center liegen auch Charterboote für einen Ausflug auf die nahe Insel **Jazirat al-Sinniya** bereit, die wegen ihrer reichen Vogelwelt zum Teil unter Naturschutz steht. In den Monaten September/Oktober und Mai/Juni lassen sich dort und auf den umliegenden Eilanden unzählige Zugvögel nieder, darunter Tausende von Flamingos und Orientseeschwalben sowie die größte Kolonie von Sokotra-Kormoranen der VAE.

Ebenfalls ums Wasser geht es im **Dreamland Aquapark** (E11/Al-Ittihad Street, Tel. 06/768 18 88, www.dreamland uae.com, Aug.–März tgl. 10–18, April/Mai So–Do 10–18, Fr/Sa 10–19, Juni–Juli Sa–Do 10–19, Fr 10–20, Ramadan 10–16 Uhr) 10 km nördlich von Umm al-Qaiwain City in Richtung Ras al-Khaimah. Dieser bunte und sehr beliebte Wasserpark mit Raft ing River, Wellenbad und Riesenrutschen verspricht Abkühlung und Vergnügen für Groß und Klein.

i Praktische Hinweise

Sport und Freizeit

Horizon Umm al-Qaiwain (vormals Aeroclub), E11/Al-Ittihad Street (neben Dreamland Aquapark und Flughafen), Tel. 06/768 14 47. Geboten sind Skydiving, Paragliding, Ultraleicht-, Helikopter- und Cessnaflüge. Auch Flugunterricht.

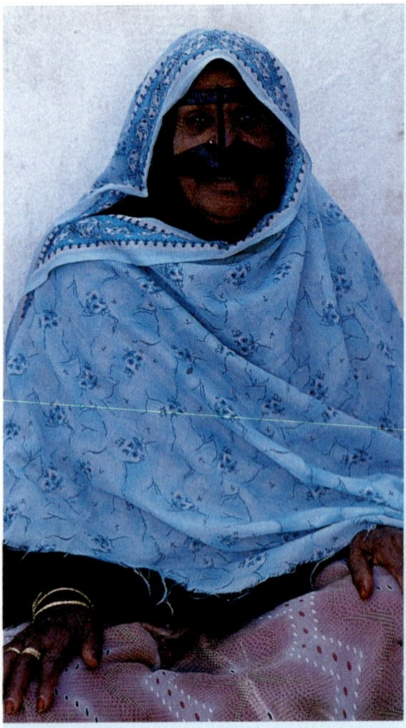

Manch ältere Beduinenfrau trägt noch eine traditionell Leder-Burqa vor dem Gesicht

Dresscode auf arabisch

Der Unterschied zwischen den Emiraten und dem Oman wird auch in der jeweiligen traditionellen Kleidung deutlich. Zwar tragen die Männer hier wie dort eine **Dishdasha**, eine knöchellange, langärmlige Tunika, meist weiß, aber auch braun, blau oder gestreift. Sie hat meist auf der Brust und am Stehkragen eine kurze Knopfleiste, die von einem Stoffband, **Furakha**, mit anhängender Quaste verdeckt wird, die wiederum oft parfümiert ist. Im Oman ist der Halsknopf meist seitlich angebracht. Emiratische Honoratioren und Würdenträger ziehen über die Dishdasha noch einen dünnen, vorne offenen Mantel, eine **Abba** oder **Bisht**, deren Ränder mit einer Goldborte verziert sind.

Am auffälligsten sind die unterschiedlichen Kopfbedeckungen: Emiratis tragen ein wahlweise weißes oder rot-weißes Kopftuch, die **Ghutra**, die mit dem geflochtenen schwarzen **Agal** auf dem Kopf fixiert wird. Omanis bedecken ihr Haupt mit der **Kummah**, einer Kappe, die nicht selten kunstvoll von Hand bestickt ist. Manche Männer bevorzugen den **Mussar** genannten Turban. Der farblich dazu passende Gürtelschal heißt **Shal** und dient wie der **Sapta** aus Silber und Leder dazu, den **Khandjar** aufzunehmen. Seit 1970 gehört dieser typische Krummdolch per Dekret des Sultans zum Festtagsgewand eines jeden Omani. Er wird jedoch nie mit einer Kummah, sondern nur mit einem Turban getragen. Ein weiteres unverzichtbares Accessoire zu festlichen Gelegenheiten ist der **Assa**, ein bis auf den oft silbernen Handknauf recht schlichter Holzstock.

Das Obergewand emiratischer Frauen ist meist die **Abayah**, der schwarze bodenlange Umhang, der auch das Haar bedeckt. Sie ist jedoch eher eine Modeerscheinung und nicht vom Koran vorgeschrieben. Auch der mantelähnliche **Jilbab** mit oder ohne Hose ist sehr beliebt, eher selten sieht man die **Thoub** genannten traditionellen langärmligen Kleider. Unter der Abayah dürfen Frauen übrigens tragen, was sie wollen, und nicht selten lugen unter dem Abayah-Saum junger Mädchen topmodische Turnschuhe oder halsbrecherische Highheels hervor. Es gibt Abayah-Modelle mit Kapuze, Frauen können ihr Haar aber auch mit einem **Hijab** genannten Kopftuch bedecken. Es bleibt ihnen selbst überlassen, ob sie ihr Gesicht bedecken wollen. Manche entscheiden sich dann für einen Gesichtsschleier aus dunkler Gaze, durch den man übrigens ausgezeichnet sieht, manche tragen eine Halb- oder Ganzgesichtsmaske, die **Burqa**. Die traditionellen Gewänder der omanischen Frauen bestehen aus leuchtend bunten Hosen, **Sirwal** genannt, einem locker darüber getragenen Hemdkleid, der **Kandoura**, und dem hier **Lihaf** genannten Kopftuch. Diese ›Grundausstattung‹ variiert je nach Region. In der Batinah-Ebene bevorzugen die Frauen helle Gelb- oder Orangetöne und die farblich zu den Hosen passende Kandoura reicht etwa bis zu den Knien. Dagegen sieht man in und um Maskat häufig das Lawati-Gewand, das durch stark kontrastierenden Farben für Hose, knöchellanges Hemd und Kopftuch auffällt. Ob die Frau darüber noch eine Abayah trägt, hängt ganz von ihrem Geschmack und von den Außentemperaturen ab.

Plan S. 84

Hotel

*** **Flamingo Beach Resort**, Corniche, Umm al-Qaiwain City, Tel. 06/765 00 00, www.flamingoresort.ae. Familienfreundliches Strandhotel östlich der Altstadt mit 48 großen, zweckmäßig ausgestatteten Zimmern. Ausgedehnter Pool im hübschen Garten, daneben feiner hoteleigener Sandstrand. Von den Zimmern im zweiten Stock genießt man einen weiten Blick über die Bucht von Umm al-Qaiwain.

12 Ras al-Khaimah City

Aufblühende Emiratshauptstadt zwischen Meer und Bergen mit schönen weißen Sandstränden.

231 000 Einwohner zählt Ras al-Khaimah City, die **Hauptstadt** des gleichnamigen Emirats. Für ihren Lebensunterhalt sorgen vorrangig die fischreichen Gewässer vor der Küste und der Handel. Seit der Entdeckung von Öl auf dem Gebiet des Emirats wurden in Ras al-Khaimah City Raffinerien errichtet, und mittlerweile strebt man auch den Ausbau des Tourismus an.

Ras al-Khaimah City ist zweigeteilt: Die Altstadt erstreckt sich auf einer nehrungsartigen Halbinsel, jenseits des tief ins Land reichenden und sich zur Lagune weitenden Meeresarms *Khor Ras al-Khaimah* liegt das moderne Geschäfts- und Regierungsviertel *Al-Nakheel*. An diesem Ufer befindet sich auch das quadratische Hafenbecken, das einige hundert Meter weit ins Landesinnere reicht und um das sich mehrere Werften und petrochemische Betriebe angesiedelt haben.

Geschichte So geruhsam Ras al-Khaimah heute wirkt, so glänzend war seine Vergangenheit. Denn nur wenige Kilometer nördlich lag die im Altertum berühmte Hafenstadt **Julfar**. Im 3.–7. Jh. wurde dieser wichtige Handels- und Kriegshafen von den persischen **Sassaniden** beherrscht. Sie verloren den Stützpunkt erst mit dem Vormarsch der islamischen Araber. 637 schifften deren Truppen sich von hier zur Eroberung des Sassaniden-Reiches, des heutigen Iran, ein. Später fiel Julfar zunächst an den **Oman**, 892 griffen dann die arabischen Abbasiden wiederum von Julfar aus den Oman an. In den folgenden Jahrhunderten wurde Julfar immer wieder als wichtiger Hafen erwähnt, so von dem arabischen Schriftsteller Yaqut im 13. Jh.

Auch europäische Händler stießen bei ihren Erkundungsfahrten auf eine blühende Hafenstadt. Der Portugiese *Duarte Barbosa* etwa beschrieb 1517 die Einwohner Julfars als ›wohlhabende Personen,

Das kugelbekrönte Etisalat Building dominiert die Skyline von Ras al-Khaimah City

hervorragende Navigatoren und Großhändler‹. Einer der berühmtesten Söhne der Stadt ist denn auch der Händler und Seekartograph **Ahmed Ibn Majid** (1432/37 – Anfang des 16. Jh.), von dem man sagt, er habe Vasco da Gama geholfen, den Seeweg von Afrika nach Indien zu finden. Mittlerweile bezweifelt die Wissenschaft diese Behauptung, sicher aber ist, dass die portugiesischen Seefahrer Ibn Majids präzise Karten benutzten.

Im frühen 16. Jh. errichteten die **Portugiesen** zum Schutz ihrer Handelswege ein Fort bei Julfar. In den folgenden Jahrzehnten fühlten sich immer mehr Einwohner unter den portugiesischen Kanonen unwohl und verließen ihre Stadt. Viele siedelten sich im nahen Ras al-Khaimah im Süden an, Julfar jedoch verfiel. Daran änderte sich auch nichts, als die Perser 1633 die Europäer als Besatzer verdrängten. Heute sind von der einst so großen Stadt Julfar nur noch wenige Fundamente und Gebäudereste zu sehen, die zum Schutz der noch im Erdreich verborgenen archäologischen Kostbarkeiten nicht betreten werden dürfen.

Derweil blühte Ras al-Khaimah unter der Regentschaft der beduinischen **Qawassim** auf. Da die Briten 1798 einen Bündnisvertrag mit dem omanischen Stamm der Al-Bu-Saids abschlossen, der mit den Qawassim verfeindet war, betrachteten diese die britischen Handelsschiffe fortan als legitime Angriffsziele. Zu Beginn des 19. Jh. entschloss sich **Großbritannien**, die Seewege nach Indien zu sichern und in der inzwischen als **Piratenküste** bekannt gewordenen Region militärisch zu intervenieren. In den Jahren nach dem ersten Angriff 1809 gelang es ihnen, Ras al-Khaimah einzunehmen und dessen Flotte zu vernichten.

Rund 150 Jahre später bestand Scheich Saqr Ibn Muhammad al-Qasimi bei der Bildung der VAE zunächst vehement auf die Unabhängigkeit. Doch schon bald revidierte er diese Entscheidung und trat am 10. Februar 1972 der Föderation bei.

Besichtigung Bei einem Bummel durch die in ihren ältesten Bereichen aus dem 15. Jh. stammende Altstadt von Ras al-Khaimah City wird schnell klar, warum es heißt, der Norden der VAE lebe in einer anderen Zeit als Abu Dhabi oder Dubai. Traditionell gekleidete Bauern bieten auf dem **Fruit & Vegetable Souk** 1 (Sa–Do vormittags neben der Brücke über den Khor) Bananen, Tomaten, Gurken und Kräuter an. Entlang des Khor liegen die Fischerboote und Dhaus vor Anker, ihre Besitzer bessern Reusen aus oder plaudern im Schatten eines der baufällig wir-

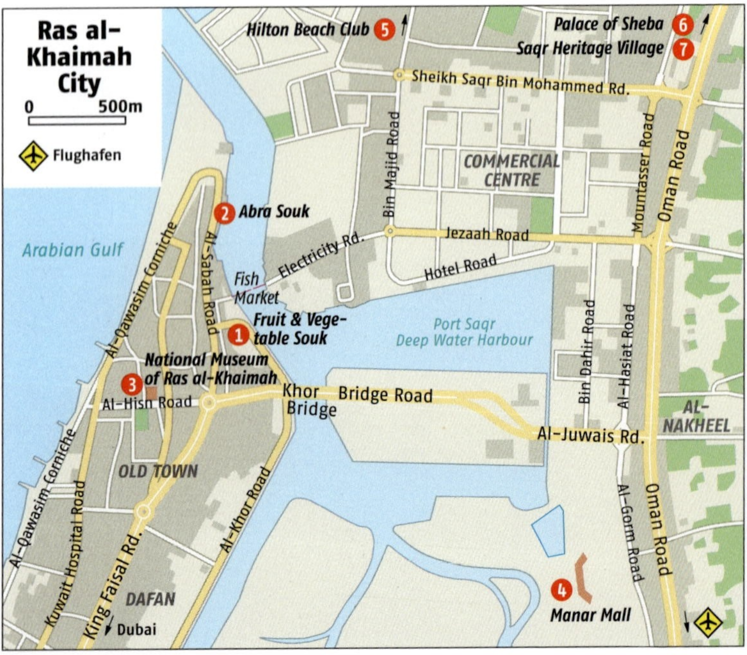

Üppige Holzschnitzereien zieren die Eingangstore des Al-Hisin Palastes in Ras al-Khaimah City

kenden einstöckigen Teehäuser. Bis in den frühen Vormittag dauert der täglich am Strand stattfindende **Fish Market**. Etwas weiter nördlich präsentieren Händler auf dem auch *Iranian Market* (Iranischer Markt) genannten **Abra Souk** 2 ihre Waren – größtenteils Elektroartikel, Kunstfaserteppiche und Haushaltswaren – in Unterständen an Land oder von ihren Booten aus.

Zwischen den beiden Uferstraßen Al-Sabah Road und Al-Qawasim Corniche führt eine breite, aber ungepflasterte, von kleinen Stoffläden und Schneidereien gesäumte Straße ins Zentrum der Altstadt. Hier erheben sich die quaderförmigen, lehmverputzten Gebäude des Palastes von **Al-Hisin**. Die abweisende, fast fensterlose Fassade und die drei Kanonen links vom Eingang weisen den Bau

Seit alters her ordnen die Fischer nachmittags ihre Reusen und Netze für den nächsten Fang

Prachtburschen – stolz präsentiert dieser Fischer in Ras al-Khaimah seinen Fang

als Festung aus. Sie wurde 1730–49 während der persischen Besatzung errichtet und diente seit Mitte des 19. Jh. der Herrscherfamilie von Ras al-Khaimah als Regierungs- und Wohnsitz. Im *Ruler Annex* oder *Qasimi Annex* residiert die Familie noch heute. Den Rest der bis zu drei Stockwerke hohen Anlage überließ Scheich Saqar bin Mohammed al-Qasimi 1964 der Polizei, die darin bis 1984 ihre Wache und ein Gefängnis unterhielt. Mittlerweile beherbergt der vordere Gebäudekomplex um einen begrünten Innenhof das **National Museum of Ras al-Khaimah** 3 (Tel. 07/233 34 11, Juni–Aug. Mi–Mo 8–12 und 16–19 Uhr, Sept.–Mai Mi–Mo 10–17). In seinen niedrigen Räumen lassen zahlreiche Grabungsfunde, vorgeschichtliche Pfeilspitzen etwa, Schmuck aus Julfar, Porzellanteller aus China und Thailand oder die Beschreibung einer archäologischen Grabung im nahen Ort Shamal die Vergangenheit lebendig werden.

Über die *Khor Bridge* führt der Weg vom Rondell am Eingang der Altstadt über den Khor Ras al-Khaimah nach Osten in den Stadtteil Al-Nakheel. Hier zeigt sich die moderne Seite RAKs. Am tief ins Land reichenden Hafenbecken haben sich einige Industriebetriebe angesiedelt, in denen u. a. Erdöl weiterverarbeitet wird. Außerdem wurden auf dieser Seite der Lagune die **Hotelbauten** der Stadt sowie das moderne Einkaufszentrum **Manar Mall** 4 (Tel. 07/227 00 00, www.manarmall.com, tgl. 10–22 Uhr) errichtet. Hier bemüht man sich, in Ausstattung und Angebot den großen Vorbildern aus Dubai nachzueifern.

Badegäste freut die weit geschwungene sandige Bucht, die sich am nördlichen Ende des Viertels jenseits des Hafens erstreckt. Etwa in ihrer Mitte befindet sich der abgesperrte Bereich des **Hilton Beach Club** 5 mit zugehörigen Liegen, Sonnenschirmen und Pools. Die ebenso feinsandigen, aber weniger gepflegten Strandabschnitte rechts und links davon sind öffentlich zugänglich.

Folgt man der Ausfallstraße aus Ras al-Khaimah nach Norden, zeigt kurz hinter dem Ortsrand ein Schild nach rechts zum **Palace of Sheba** 6. Dieser entpuppt sich als kreisrunde eingefriedete Grabung von knapp 20 m Durchmesser, in der einige Steinfundamente zu sehen sind. Ein Abstecher lohnt sich trotzdem, einerseits wegen der beeindruckenden Bergkulisse, andererseits wegen des konisch zulaufenden **Rundturms**, der schräg gegenüber zwischen grünen Akazienbüschen hervorragt. Wie die meisten historischen Wachtürme dieser Region führt auch hier ebenerdig keine Tür ins Innere, der Zugang erfolgte mithilfe von Leitern über das erste oder zweite Obergeschoss. Der stellenweise bereits stark verwitterte Putz aus Lehm, Muschelkalk und Stroh ist nach überlieferter Art gefertigt und bietet einen malerischen Anblick.

An der kurzen Zufahrt liegt rechts das **Saqr Heritage Village** 7, ein historischer Wehrbau mit hohen Mauern und restaurierten Ecktürmen. Die im quadratischen Innenhof aufgeschlagenen Beduinenzelte bieten Platz für kleine Wechselausstellungen der *Shamal Folk Arts & Theatre Society*, die hier ihren Sitz hat.

Dhayah Fort

Rund 10 km nördlich von Ras al-Khaimah City weist hinter dem Dorf Dhayah ein Schild nach rechts zum gleichnamigen Fort. An zwei unbeschilderten Weggabelungen hält man sich rechts, dann endet die schmale Straße am Fuß eines Hügels. Archäologischen Funden zufolge siedelten hier bereits vor 5000 Jahren Menschen. Seit dem 18. Jh. nimmt ein Fort seinen Gipfel ein, ein betonierter Treppenweg führt auf die aussichtsreiche Höhe, von wo der Blick von den Bergen bis zum Meer schweift. 1819 widerstand die Festung als letztes Bollwerk den anstürmenden Briten. Am 22. Dezember musste sich die Besatzung aber doch der überlegenen Waffengewalt ergeben.

i Praktische Hinweise

Information

RAK Tourism Office, Tel. 07/244 51 25, www.rasalkhaimahtourism.com

Flughafen

Ras al-Khaimah International Airport (RKT), 20 km südlich der Stadt, Tel. 07/ 207 52 00, www.rakairport.com

Sport und Freizeit

Ras al-Khaimah Waterski Club, Khuzam, Ras al-Khaimah City, Tel. 07/236 44 44. Wasserski für Anfänger und Fortgeschrittene am Golf, Slalomkurse und Rampen bieten zusätzliche Herausforderungen. Einfache, günstige Unterkunft im Club House.

Tower Link Golf Course, am Südwestufer des Khor, Ras al-Khaimah City, Tel. 07/227 99 39, www.towerlinks.com. 18-Loch-Grasplatz (Par 72) in grandioser Umgebung am Ufer der Lagune, deren Ausläufer in den Platz einbezogen wurden, im Hintergrund ragen die Hajar-Berge auf. 9 Löcher und die Driving Range sind flutlichtbeleuchtet.

Hotels

*****__Hilton Ras Al Khaimah__, Bin Dahir Road, Al-Nakheel, Ras al-Khaimah City, Tel. 07/228 88 88, www.ras-al-khaimah.hilton.com. Erstes von mehreren Hilton-Hotels in RAK, selbstverständlich mit Restaurant, Bar, Fitnessraum und Beauty-Salon. Schöne Aussicht auf die nahen Berge und den Sonnenuntergang am Hafen. Untertags halten sich die Gäste im Hilton Beach Club an der weit geschwungenen feinsandigen Meeresbucht auf (Shuttlebus).

*****__Waldorf-Astoria__, Vienna Street, Ras al-Khaimah City, Tel. 07/203 55 55, www.waldorfastoria3.hilton.com. Neuestes Luxushotel im nördlichen Emirat, ein riesenhafter 346-Gästezimmer-Bau mit allem Komfort am feinen Strand von Al Hamra im Süden von RAK City.

Restaurant

Vegetarian's Restaurant, Al-Muntasir Street (in Al-Nakheel, parallel zur Hauptstraße nach Shamal), Ras al-Khaimah City, Tel. 07/228 88 09. Fleischlose, meist indische Gerichte wie Dosas oder Gemüsecurries lohnen den Besuch. Wer sich nicht entscheiden kann, sollte Thalis wählen – dann werden mehrere Gerichte in kleineren Portionen serviert.

13 Masafi

Der kleine Bergort ist dank Mineralwasser und Freitagsmarkt in den ganzen Emiraten bekannt.

Weit im Landesinneren liegt Masafi malerisch am Fuß des hoch aufragenden Hajar-Gebirges. Dass nur die eine Hälfte des Ortes zum Emirat Fujairah, die andere aber zu Ras al-Khaimah gehört, ist für auswärtige Gäste nicht von Belang. Sie kommen wegen des **Souk al-Juma**, des Freitagsmarktes, der mittlerweile jeden Tag von 8–10 Uhr zu beiden Seiten der Durchgangsstraße abgehalten wird. In Bretterverschlägen oder unter freiem Himmel bieten die Händler in erster Linie frisches Gemüse und Obst sowie Blumen und Grünpflanzen an, daneben aber auch moderne Teppiche aus Kunstfasern und vergleichsweise rohe lokale Keramik. Dann und wann stößt man auf ein Antiquitätengeschäft, das allerlei Kitsch und Trödel anbietet, rostige Säbel etwa oder staubige Kamelpacktaschen, ein buntes Sammelsurium, das einen ganz eigenen Reiz ausstrahlt.

Dass der Name Masafi in den gesamten Emiraten in aller Munde ist, liegt aber weniger an der Reputation seines Marktes. Vielmehr ist er für sein **Mineralwasser** berühmt, das die *Masafi Mineral Water Company* (www.masafi.com) am nördlichen Ortsrand aus unterirdischen Quellen abfüllt: jede Stunde 34 000 Flaschen, von 330 ml bis zu 2 l.

Unter Vogelfreunden hat der Name Masafi übrigens ebenfalls einen guten Klang, lassen sich doch im akazienbestandenen **Wadi Masafi** allerlei, teils seltene Vogelarten beobachten, die Wüstenprinie etwa, der Langschnabelpieper, Steinrötel, Gelbkehlsperling oder Dornspötter, um nur einige zu nennen. Das Wadi beginnt wenige Kilometer nördlich der Stadt rechts der Straße und verläuft an den Hängen des 1153 m hoch aufragenden Jebel Masafi aufwärts.

Fujairah – Bergtouren und Tauchgänge im Osten

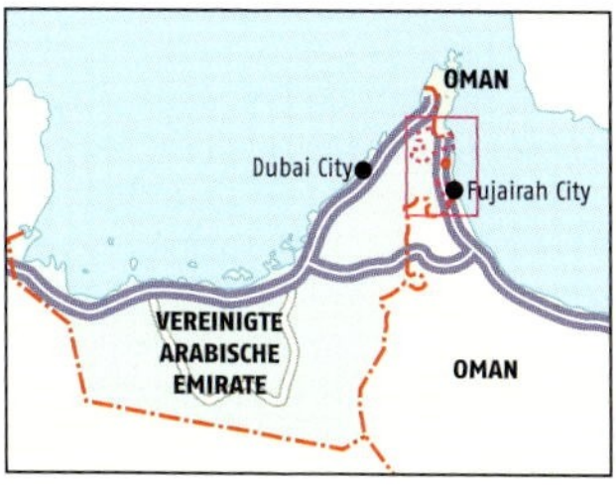

Als einziges Emirat liegt Fujairah vollständig an der **Ostküste** der Arabischen Halbinsel und damit am Golf von Oman. Dank seiner fruchtbaren Böden und der verkehrsgünstigen Lage kann es auf eine lange Kulturgeschichte zurückblicken, Keramikfunde zeugen von einer 3000-jährigen Besiedelung. Das Emirat ist landschaftlich bemerkenswert vielgestaltig. An seiner 70 km langen Küste erstrecken sich artenreiche **Fels- und Korallenriffe**, die zu ausgedehnten Tauchtouren einladen. Hier sind Schildkröten und Muränen zu Hause, Rochen und Haie, Kieferfische und Barrakudas. Bei Unterwassersportlern besonders beliebt sind die vier **Meeresschutzgebiete** um Bidiya, Al Aqqa, Dadna und Rul Dibba, die aber durch den starken Tankerverkehr im Golf von Oman zunehmend bedroht sind.

Die Küste wird gesäumt von der fruchtbaren Batinah-Ebene, die von den Bergen her **Wadis** queren. Diese oberflächlich meist trockenen Flussläufe führen genügend Grundwasser, um an ihren oft steilen Hochufern üppig grüne Vegetation zu ermöglichen. Herausragende Attraktion sind die **Hajar-Berge** selbst, deren karge Majestät ihresgleichen sucht. Die unberührte Felslandschaft ist für Bergtouren und Ausflüge mit dem Allrad-Wagen bestens geeignet, etwa in oder entlang der Wadis. Ein Abstecher in den **Wadi Wurrayah** führt zu einer wahren Sensation dieser Wüstenregion, vereinen sich dort doch einige Bergbäche und stürzen als **Wasserfälle** eine knapp 20 m hohe Felswand hinab.

Die eher kleinstädtische Emiratskapitale **Fujairah City** am Golf kann mit dem markanten *Fujairah Fort* aufwarten, das schon seit über 450 Jahren die Handelsstadt bewacht. Archäologische Zeugnisse aus dieser und früheren Zeiten finden sich im benachbarten *Fujairah Museum*, dazu eine interessante volkskundliche Sammlung. Im näheren Umkreis locken Mineral- und Schwefelbäder, wie jenes von Ain Al Madab am nördlichen Stadtrand, und zugleich weitere historische Festungen wie im 10 km entfernten Dorf **Bithna**, bei dem rund 3000 Jahre alte Grabstätten und Mauerreste aufgespürt wurden. Weiter nordwärts an der Küste erhebt sich die **Bidiya Mosque**, die älteste Moschee der VAE. Das vermutlich um 1500 erbaute Gotteshaus mit seiner eigenwilligen Architektur steht auch Nicht-Moslems zum respektvollen Besuch offen.

14 Fujairah City

Kleine Emiratshauptstadt mit großem Hafen und ungewöhnlichen Stierkämpfen.

Fujairah City (110 000 Einw.) ist eine überschaubare, gastliche Emiratshauptstadt. Besonders ihre Lage macht sie für Touristen interessant. Die Stadt befindet sich direkt am Meer, die Tauchreviere entlang der Küste sind schnell erreicht, und auch zu den Bergen und Tälern des Hajar-Gebirges ist es nicht weit. So nutzen Besucher Fujairah City denn auch in erster Linie als Ausgangspunkt für Ausflüge, zumal der Ort selbst mit seinen hübsch hergerichteten Sehenswürdigkeiten eher schnell besichtigt ist.

Oben: *Dibbas Moschee wird der großen Bedeutung des Ortes für den Islam gerecht*
Unten: *Gespannt beobachten die Zuschauer einen Stierkampf in Fujairah City*

Haupteinkaufsstraße ist die **Hamad bin Abdullah Road** 1, die vom Ortseingang schnurstracks durch die Stadt zum Strand verläuft. Das nördlich gelegene Wohnviertel wird überragt vom weithin sichtbaren **Fujairah Fort** 2 (Sa–Do 9–13, Fr 14–18 Uhr), das sich auf einer kleinen kahlen Anhöhe nahe dem heutigen Ortsrand erhebt. In der ersten Hälfte des 16. Jh. zum Schutz der Küste erbaut, verfiel es in der Folgezeit schnell und wurde 1650–1700 gründlich erneuert. Die Bausubstanz hat zwar seither gelitten, blieb aber größtenteils erhalten und wurde in der Neuzeit abermals restauriert. Die Festung besteht aus drei jeweils zweistöckigen Hauptgebäuden, zwei davon kegel-, eines würfelförmig, die durch massige gebäudehohe Mauern zu einem beeindruckenden Viereck verbunden sind.

Das Tor des *Old House of Sheik Abdullah bin Hamdan*, dem einzigen erhaltenen großen Gebäudekomplex in der Nähe (Roundabout Al-Nakheel/Salam Road), wird in der Regel von einem Pförtner bewacht. In dem einstöckigen, ausladenden Bau am Ende des fußballfeldgroßen Vorhofs ist das regionalgeschichtliche **Fujairah Museum** 3 (Tel. 09/222 90 85, Sa–Do 8.30–13.30 und 16.30–18.30, Fr 14–18.30 Uhr) untergebracht. Sorgfältig sind hier zahlreiche archäologische Fundstücke aus der Region zusammengetragen, die von eisenzeitlichen Beigaben aus einem Langkammergrab bei Bithna bis zu einer Übersicht über Felsritzungen aus Fujairah reichen, die man Rock Art nennt. Ein zweiter großer Bereich umfasst volkskundliche Stücke wie Waffen und Silberschmuck, die von historischen Fotografien ergänzt werden. Eine Einführung in Schifffahrt und Fischerei von Fujairah schließt den Rundgang ab.

Vom Museum sind es nur wenige Autominuten zu den **Ain Al Madhab Sulphuric Gardens** 4 (So–Fr 10–22 Uhr) im Viertel Madhab am nördlichen Stadtrand. Hier sprudeln am Fuß der Berge warme

Seit mehr als 500 Jahren erhebt sich Fujairah Fort auf einem grünen Hügel am Rand der Stadt

Schwefelquellen, um die ein Quellpark mit Rasenflächen, Bäumen und kleinen Brunnenpavillons angelegt wurde. Im hinteren Bereich befindet sich das Badgebäude mit einem ca. 15 x 10 m großen Swimmingpool im offenen Atrium. Neben Vergnügen versprechen Bäder in dem schwefelhaltigen warmen Mineralwasser Linderung bei Hautkrankheiten, Arthritis und Muskelschwund.

Neben dem Park erstreckt sich in einem ausgedehnten mauerumgebenen Geviert das **Fujairah Heritage Village** 5 (So–Do 8.30–13.30 und 16.30–18.30, Fr 14.30 –18.30 Uhr). Blickfang des Museumsdorfes sind einige nach historischen Vorbildern rekonstruierte einfache Palmblatthütten, in denen traditionelle Gebrauchsgegenstände wie Kannen und Keramik präsentiert werden. Auf dem weiten Kiesplatz in ihrer Mitte wird an Fest- und Feiertagen mitunter der Reihentanz *Ayyala* aufgeführt. Sehr gelungen ist links vom Eingang der traditionelle Brunnen, eigentlich eher ein Wasserloch, über das zwei parallel stehende Palmenstämme gebogen wurden. Über ihre zusammengebundenen Wipfel verläuft das Förderseil mit ledernem Wasserbehälter, den ein meist geduldig wiederkäuendes Zeburind aus dem Brunnen zieht.

Zurück in der Stadtmitte folgt man der Hamad bin Abdullah Road ostwärts, bis sie am Ende jenseits des *Incense Burner Roundabout* in die **Corniche Road** 6 mündet. Sie begleitet den dunklen Sandstrand und wird von den Einheimischen vor allem zum abendlichen Spaziergang gerne genutzt. Die Flaniermeile beginnt im Norden am *Coffeepot Roundabout*, an dem sowohl das Hilton Fujairah Hotel als auch der Fischereihafen liegen. Jenseits davon führt die Küstenstraße weiter Richtung Khor Fakkan und passiert den 1978 aufgelegten **Fujairah Sea Port** 7 (www.fujairahport.ae). Nach Singapur und Rotterdam ist Fujairah der drittgrößte *Bunkering Port* der Welt: Tag für Tag nehmen bis zu 150 Großtanker hier Fracht auf. Diese besteht in der Regel aus Erdöl oder Erdgas, das zwei Pipelines aus dem Landesinneren an die Küste leiten. Vom Anblick der riesigen Tankschiffe, die in loser Reihe entlang der Küste ihre Bahnen ziehen, geht eine ganz eigene Faszination aus.

Zurück an der Mündung der Hamad bin Abdullah Road in die Corniche fällt der **Central Market** 8 auf, der das dortige Rondell dominiert. Hier werden Obst, Gemüse, Fleisch und sonstige Lebensmittel feilgeboten. Weiter Richtung Süden erstreckt sich zwischen Corniche und der parallel dazu verlaufenden Al-Muhait Road ein großer leerer Sandplatz, der etwas pompös **Bull Fighting Square** 9 genannt wird. Im Winterhalbjahr finden hier immer freitags nach dem Nachmittagsgebet gegen 16.30 Uhr traditionellen *Stierkämpfe* statt, für die Fujairah berühmt ist. Dabei werden zwei Brahmin-Rinder aufeinandergehetzt, unter lautem

Schnauben schieben sie sich über den staubigen Platz. Sobald eines der Tiere das Weite sucht, ist der Kampf beendet, in Zweifelsfällen entscheidet ein Schiedsrichter. In aller Regel kommt keines der Tiere zu Schaden. Das Interesse der Zuschauer ist enorm und das Prestige des Siegers bzw. seines Besitzers zählt fast noch mehr als das Preisgeld, das bis zu 50 000 Dirham betragen kann.

Ausflüge

8 km südwestlich der Stadt (und leider schlecht ausgeschildert) liegt das **Al-Hayl Fort** 10 am Fuß der Berge, einst wichtiger Grenzposten zum Oman und Hauptwohnsitz des Regierungsoberhauptes von Fujairah. Die quadratische Festungsanlage mit den Umfassungsmauern aus verputzten Lehmziegeln und dem zentralen Viereckwohnturm liegt am Eingang zum felsigen *Wadi al-Hayl*. In seinen Talwänden wurden rund 65 archäologisch bedeutende Felsritzungen aus mehreren Jahrhunderten gefunden. Will man sie aufsuchen, empfiehlt sich die Hilfe eines ortskundigen Führers. Einen ersten Eindruck und interessante Auswertungen bietet auch das Fujairah Museum (s. o.).

Nicht weniger sehenswert sind die knapp 20 km weiter in einem Bergtal gelegenen heißen Quelle von **Al-Ghanour** 11. Ihr schwefelhaltiges Mineralwasser tritt mit bis zu 60 °C an die Oberfläche, wo es sich in einer eingezäunten baumreichen Gartenanlage in mehreren Becken sammelt. Viele Besucher nehmen die Anfahrt über schlecht ausgeschilderte Wege auf sich, weil sie von einem Bad Linderung bei rheumatischen und arthritischen Beschwerden erhoffen.

i Praktische Hinweise

Information

Fujairah Tourism, Fujairah Trade Center Building, Hamad bin Abdullah Road, Fujairah City, Tel. 09/223 15 54, www.fujairah-tourism.ae

Flughafen

Fujairah International Airport (FJR), ca. 3 km südlich von Fujairah City, Tel. 09/222 62 22, www.fujairah-airport.com

Sport und Freizeit

Fujairah International Marine Club, Corniche Road (gegenüber dem Blue Souk), Fujairah City, Tel. 09/222 11 66. Der Club bietet Ausflüge zum Tiefseefischen und Segeltörns, sowie Charterboote an; in der Marina gibt es außerdem Anbieter von Tauch- und Surfkursen.

Hotels

TOP TIPP *****Al Diar Siji Hotel**, Hamad bin Abdullah al-Sharqi Road (am Insurance Roundabout), Fujairah City, Tel. 09/223 20 00, www.aldiarsijihotel.com. Elegantes Stadthotel in einem zehnstöckigen Hochhaus, erste Wahl für Reisende, die nicht unbedingt am Meer wohnen wollen. 89 Zimmer und 19 Sui-

Gewaltige Brahmin-Stiere ringen auf dem Bull Fighting Square um das Recht des Stärkeren

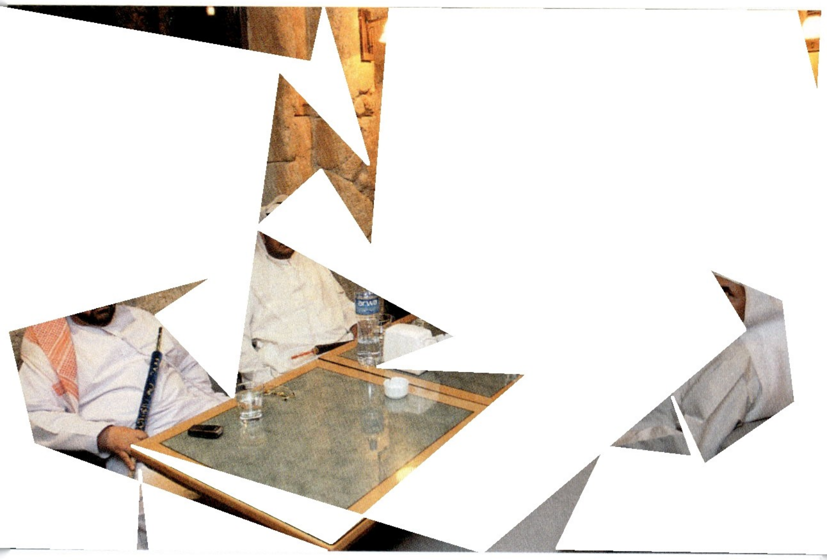

ten, alle sehr großzügig geschnitten und komfortabel ausgestattet. Pool und Sport-Center im Haus, dazu zwei feine Restaurants und Bars.

*****Hilton Fujairah Resort**, Corniche Road (am ehem. Coffeepot Roundabout), Al-Ghoufra, Fujairah City, Tel. 09/222 24 11, www.fujairah.hilton.com. 92 perfekt ausgestattete Zimmer, Chalets und Suiten am Meer, meist mit eigener Terrasse bzw. Balkon. Gepflegter dunkelsandiger Hausstrand. Ein Plus ist die zentrale Lage an der Corniche. Pool, Restaurants und Bars.

Restaurants

Al-Meshwar, Hamad bin Abdullah al Sharqi Road (gegenüber Fujairah Trade Center,neben McDonalds), Fujairah City, Tel. 09/223 11 13. Libanesisches Restaurant mit eigenwilligem Äußeren im Stil einer Ruine und guten Gemüse-, Lamm- und Huhngerichten. Westliche und arabische Sitzgelegenheiten auf zwei Etwagen. Kaffee, Imbisse oder einfach eine Shisha sollte man trotz Verkehrslärm auf der herrlichen Dachterrasse genießen.

Taj Mahal, Mattar Tower, Hamad bin Abdullah Road (zw. Jerusalem und Jamal Abdul Nasser Street, nahe Union National Bank), Fujairah City, www.grouptajmahal.com, Tel. 09/222 52 25. Angenehmes Restaurant mit chinesischen und indischen Speisen. Die Auswahl – auch an vegetarischen – Gerichten ist groß, die Portionen sind es ebenso.

Eine Shisha in Ehren kann im libanesischen Restaurant Al-Meshwar niemand verwehren

15 Bithna

Typisches kleines Bergdorf mit malerischer Festung.

Fährt man von Fujairah City auf der Hauptstraße durch das Gebirge nordwestwärts Richtung Masafi, gelangt man nach etwa 10 km rechts zu einer Abzweigung ins *Wadi Ham*. Nach nur einigen hundert Metern beginnt schon Bithna, ein für die Region charakteristisches **Bauerndorf**. Die ungeteerten Straßen führen vorbei an traditionellen Flachdach-Gehöften, daneben sieht man neuere Wohnhäuser mit farbig bemalten Schutzgittern vor Fenstern und Hofeingängen. Gemüsegärtchen und Dattelpalmenhaine setzen freundliche Farbtupfer ins vorherrschende Beige-Braun.

Hält man sich an der T-Kreuzung am Ortseingang rechts und fährt auf dieser Straße ein Stück über Bithna hinaus, bietet sich von einer Anhöhe kurz hinter den letzten Häusern ein sehr schöner Blick auf die Ruine von **Bithna Fort**. Ihre etwa 8 m hohen, lehmverputzten Mauern ragen malerisch über den Kronen von Dattelpalmen auf. Der gut erhaltene runde Wachturm hebt sich markant gegen den tiefblauen Himmel ab, sein etwas niedrigerer Zwillingsturm sichert die nord-

Bithna, die kleine Ortschaft im Wadi Ham, liegt pittoresk am Fuß des Hajar-Gebirges

westliche Ecke des etwa 20 x 20 m umfassenden Gevierts. Das Fort war 1735 zum Schutz der damals hier vorbeiführenden Karawanenstraße entstanden. In den letzten Jahren wurde das historische Bollwerk restauriert, es soll demnächst ein historisches Museum beherbergen.

Im Jahr 2004 meldeten Fachleute die Entdeckung weiterer **archäologischer Stätten** nahe Bithna. Es handelt sich um Gräber, Mauerreste und Tonscherben, die ins 2. Jt. v. Chr. datieren, wie das t-förmige *Long Chambered Tomb*, das als Gemeinschaftsgrabstätte interpretiert wird.

16 Bidiyah

Türme mit herrlichem Panorma und eine bedeutende Moschee zwischen Bergen und Meer.

Rund 30 km nördlich von Fujairah City erhebt sich nach Durchfahrt des Dorfes Bidiya unmittelbar links an der Küstenstraße ein steiler Hügel, auf dem TOP TIPP zwei historische **Wachtürme** eine wunderbare Aussicht erlauben: Landeinwärts schweift der Blick über die grünen Wipfel der Palmengärten zu den braun-roten, kahlen Hängen des Hajar-Gebirges, auf der gegenüberliegenden Seite dehnt sich jenseits eines schmalen baumbestandenen Uferstreifens das weite Blau des Meeres bis zum Horizont.

Die kunst- und kulturhistorische Besonderheit von Bidiya liegt jedoch zu Füßen des Hügels. Von einer mannshohen Lehmmauer umgeben befindet sich hier die strahlend weiße **Bidiyah Mosque** (tgl. 7–10 Uhr und außerhalb dieser Zeit, wenn das Wärterhäuschen links vom Eingang zur Moschee besetzt ist). Das Gotteshaus gilt als das älteste der Vereinigten Arabischen Emirate, auch wenn keine Gewissheit über das genaue Baujahr dieser *Mashid al-Othmani* herrscht. Die Meinungen von Fachleuten reichen von 1446 bis 1668.

Jedenfalls ist die Architektur des nur etwa 6 x 6 m großen Bauwerks bemerkenswert. Wie flache Zipfelmützen wirken die vier zum Quadrat angeordneten Stufenkuppeln, die das Dach bilden. Sie ruhen auf den etwas über 2 m hohen Außenwänden, vor allem aber auf einer Säule in der Mitte des einzigen Raumes. Der Zutritt zur Moschee ist auch Nicht-Muslimen gestattet, die aber die üblichen Kleidervorschriften beachten müssen. Der Gebetsraum selbst ist mit Teppichen ausgelegt, neben dem *Mihrab*, der Gebetsnische Richtung Mekka, sind in den lehmverputzten und mit einfachen Ritzornamenten verzierten Wänden einige regalartige Vertiefungen für Korane ausgespart. Meist ist der Imam anwesend. Er freut sich über interessierte Fragen und gibt gern Auskunft über seine Moschee und den Islam.

17 Wadi Wurrayah

TOP TIPP

Ein Wasserfall krönt die Fahrt durch die wild-romantische Felsenszenerie des Hajar-Gebirges.

Fährt man von Bidiyah Richtung Khor Fakkan, führt nach etwa 7 km ein schmaler, aber durchgehend geteerter Abzweig von der Küstenstraße entlang des Wadi Wurrayah in die Berge. Bald schon lässt man die letzten Gärten der Küstenebene hinter sich, dann beginnen die kahlen, geröllübersäten **Hänge** des Hajar-Gebirges. Beeindruckend sind die schroffen Schluchten, die teils unmittelbar neben der Straße in die Tiefe abbrechen.

Anfangs beleben noch einige vom Wind gebeugte **Schirmakazien** die Halden, in den höheren Lagen halten sich nur noch vereinzelte Trockensträucher. Einmal gabelt sich die Straße, doch die beiden Arme laufen jenseits eines Felsenkessels wieder zusammen. Schließlich endet der Weg auf einer Hochebene, von der aus man in die benachbarte Schlucht hinabsehen kann.

Ein in dieser Gegend unerwartetes Plätschern und Rauschen scheint seinen Ursprung unmittelbar hinter der nächsten Felsnase zu haben, kommt aber tatsächlich vom Ende dieser Schlucht: Hier entspringen die **Quellwasserfälle** des Wadi Wurrayah, die in mehreren Rinnsalen über zwei Stufen in ausgewaschene Felsbecken laufen. Diese natürlichen Badewannen kann man sowohl zu Fuß vom oberen Parkplatz aus erreichen (auf festes Schuhwerk achten!) als auch mit einem geländegängigen Fahrzeug durch das Tal ansteuern. Im Winter führen die Fälle zwar mehr Wasser, doch auch im heißen Sommer ist ihr Anblick eine echte Überraschung inmitten dieser kahlen Bergwelt.

18 Al Aqqa

Fischreiche Tauchgründe vor schroffer Bergkulisse.

Sehr ruhig wird es entlang der Küstenstraße in den Norden Fujairahs, zumal an einigen Stellen die roten Felsmassen des Hajar-Gebirges nah an die Küste heranrücken und dort gerade noch Platz für den hellen **Sandsaum** bleibt, nicht jedoch für Felder oder gar Dörfer.

Umso überraschender taucht zwischen *Dadnah* und *Al Aqqa* nach einer leichten Linkskurve ein imposantes Hochhaus am Ufer auf, eine silbern schimmernde moderne Burg zwischen Bergen und Meer. Es erweist sich als das noble Le Méridien-Hotel, das an dieser exponierten Stelle Erholungssuchende luxuriös beherbergt. Etwas einfacher geht es in seinem Schatten im Sandy Beach Hotel zu, dessen Gäste ebenfalls in erster Linie wegen der in der ganzen Region berühmten **Tauchgründe** hierher kommen. Einer von ihnen liegt direkt gegenüber dieses Hotels: Keine 50 m

Die weiße Moschee von Bidiya ist ein Ort der Einkehr – für Muslime und Andersgläubige

vom feinsandigen Strand entfernt, erhebt sich der spitze Felskegel von

TOP TIPP **Snoopy Island** aus dem Meer. In den relativ flachen Gewässern ringsum kommen Schnorchler und Taucher angesichts hunderter bunter Clown- und Löwenfische geradezu ins Schwärmen. Ab und an schwimmt auch eine Schildkröte oder ein schwarzrückiger Riffhai vorbei.

Erfahrungen im Wracktauchen kann man nicht weit davon bei **Inchcape I** sammeln, wo das 2001 versenkte Lotsenschiff ›Gray Swift 2‹ mit Weichkorallen zuwächst und von Fischschwärmen umtanzt wird. Zwischen den oberflächennahen Felsen von **Sharm Rocks** tummeln sich Füsilierfische und Makrelen. In der Nähe ermöglichen weitere Tauchplätze in Korallenriffen, Schiffs- und Autowracks Begegnungen mit Drachenköpfen, Papageien- oder Rotfeuerfischen, von Haien ganz zu schweigen. Umweltschützer sorgen sich um die sensible Unterwasserwelt, denn in der Vergangenheit gab es bereits Verschmutzungen durch Tanker, die im Golf von Oman Öl abließen, das dann klumpenweise bei Al Aqqa angeschwemmt wurde.

i Praktische Hinweise

Sport und Freizeit

Al Boom Diving, im Le Méridien Beach Resort (s.u.), Al Aqqa, Tel. 04/342 29 93, www.alboomdiving.com. Tauchausflüge, auch nach Musandam im Oman, Anfängerkurse, Upgrades und Zertifikate für Fortgeschrittene.

Markant überragt das Le Méridien Beach Resort die Küste vor dem Tauchrevier Al Aqqa

Sandy Beach Diving Center, im Sandy Beach Hotel & Resort (s.u.), Al Aqqa. Anfänger üben im Hotelpool, für Erfahrenere gibt es Ausrüstung, Kurse und Boat Trips: Night Dives, Underwater Photography, Wreck Dives u.v.m.

Hotels

***** **Le Méridien Beach Resort**, Al Aqqa, Tel. 09/244 90 00, www.lemeridien-alaqah.com. Luxuriöses Strandresort an der Nordspitze Fujairahs. Alle 218 Zimmer und Suiten mit Meerblick, der 230 m lange hoteleigene Sandstrand am türkisblauen Golf von Oman entspricht klassischen Urlaubsträumen. Kinderclub am Pool. Großes Wassersportangebot, Touranbieter und Autoverleiher haben Filialen im Haus, was Ausflüge von dem einsam gelegenen Hotel in die nahen Hajar-Berge oder ins 50 km südliche Fujairah City einfach macht.

*** **Sandy Beach Hotel & Resort**, Al Aqqa, Tel. 09/244 55 55, www.sandybm.com. Familienfreundliches, jedoch nicht gerade günstiges Dive Resort am hellen Sandstrand gegenüber Snoopy Island. In erster Linie Unterwassersportler mieten sich in den 28 Bungalows oder 40 Hotelzimmern ein. Restaurant mit Schwerpunkt auf libanesischer Küche.

Restaurant

Baywatch Village, im Le Méridien Beach Resort, Al Aqqa. Erstklassiges Restaurant mit Strand- und Poolbar. Abends gibt es auf speziellen Wunsch Mondschein-Dinner am Strand; immer ein Genuss sind die frischen Meeresfrüchte.

19 Dibba

Einst Fischerdorf, heute Tauchparadies im Norden der Emirate.

Dibba, die sympathische Kleinstadt zwischen den Bergen und dem Meer, ist dreigeteilt: zu Fujairah gehört **Dibba Muhallab**, **Dibba Hisn** ist ein Teil von Sharjah und **Dibba Bayah** liegt auf omanischem Staatsgebiet. Der Grenzposten zum Nachbarland der Vereinigten Arabischen Emirate befindet sich aber erst etwas weiter nördlich.

Für die Geschichte der islamisch-arabischen Welt ist der Ort von großer Bedeutung. Zu Beginn des 7. Jh. war Dibba dank seines natürlichen Hafens ein wichtiger omanischer Handelsstützpunkt. Seine Bewohner hatten sich noch zu Lebzeiten

Rotfeuerfische und Schiffswracks sind in den Gewässern der Ostküste keine Seltenheit

Mohammeds (ca. 570–632) zum Islam bekannt, verweigerten aber nach dem Tod des Propheten seinem Nachfolger, dem Kalifen Abu Bakr, die Gefolgschaft. Um die widerspenstigen Einwohner Dibbas unter seine Herrschaft zu zwingen, entsandte dieser in den Ridda-Kriegen drei Armeen gegen die Stadt. Im Jahr 633 gelang es ihm schließlich, Dibbas Bürger in der ›**Schlacht der Abtrünnigen**‹ niederzuringen. 10 000 Menschen sollen damals den Tod gefunden haben, das Datum markiert die vollendete Islamisierung der Arabischen Halbinsel. Dibba aber wurde zum Fischerdorf degradiert und versank in Bedeutungslosigkeit.

Heute lohnt sich hier vor allem ein Blick auf die neue **Moschee**, deren schlankes weißes Minarett sich nahe des Souk ausgesprochen pittoresk vor den roten Felshängen des Hajar-Gebirges abhebt.

Touristen interessieren sich in Dibba jedoch meist besonders für die malerischen **Felsbuchten** und **Sandstrände**, die sich südlich und nördlich des Ortes erstrecken. Taucher und Schnorchler erfreuen sich an den fischreichen **Fels-** und **Korallenriffen** um das Kap *Ras Dibba*. Im (omanischen) Hafen kann man Boote für Ausflugsfahrten zu den Riffen mieten oder sich organisierten Touren anschließen. Ein beliebtes Ziel ist **Dibba Rock**, wo inmitten bunter Krustenanemonen oder Peitschenkorallen unzählige Clownfische, Seepferdchen, ungewöhnliche Brunnenbauer- oder Kieferfische, Stachel- und Sandrochen umherschwirren. Lohnend sind auch Stippvisiten in der wunderbaren Unterwasserwelt von Musandam [Nr. 27], zumal man bei der Exkursion mit offiziellen Tourveranstaltern kein Visum braucht.

i Praktische Hinweise

Sport und Freizeit

FreeStyle Dive Centre, im Royal Beach Hotel (s.u.), Tel. 09/244 57 56, www.freestyledivers.com. Die PADI-Tauchschule bietet Schnupperkurse für Kinder ebenso wie die gesamte Ausbildungspalette bis zum Dive Master und Instructor. Hinzu kommen Tagesausflüge nach Musandam zu den Tauchgründen vor dem schönen, steinigen Niba-Beach.

Hotel

Royal Beach Hotel, etwa 7 km südlich von Dibba, Tel. 09/244 94 44, www.royalbeach.ae. Weitläufige Hotelanlage mit Bungalows und Villen, Swimmingpool und Kid's Pool, Restaurant und Bar unmittelbar am schönen 240 m langen Sandstrand mit Blick auf den Dibba Rock. Direkt vor dem Hotel lockt das klare blaue Meer. Tauch-Center, Boots- und Tauchausflüge können arrangiert werden. Sehr ruhige Umgebung.

Oman – Weihrauchland am Indischen Ozean

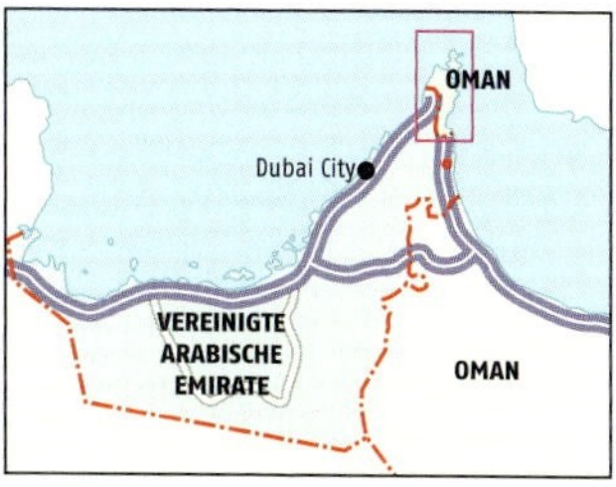

Nur drei Stunden fährt man von Dubai City oder Abu Dhabi City aus in den Oman, und doch ist es, als beträte man eine andere Welt. Auch *Ars al-Luban*, das alte **Weihrauchland**, exportiert seit 1967 Öl und Gas, ist also vergleichsweise wohlhabend. Doch überschlägt man sich hier nicht mit riesenhaften Prestigeobjekten. Dabei setzt auch der Oman auf den Tourismus. So entsteht bis 2020 etwa 90 km westlich von Maskat **The Blue City** mit Luxushotels, Golfplatz, Naturschutzgebiet und Wohnvierteln für 200 000 Menschen. Insgesamt präsentiert sich der Oman als modernes arabisches Land mit aufgeschlossenen Menschen, die ihre Traditionen pflegen und mit großem Unternehmergeist zuversichtlich in die Zukunft blicken.

Knapp **3 Mio. Menschen** leben in dem 212 000 km^2 großen Land, davon etwa ein Drittel Ausländer, meist Inder, Pakistani und Bangladeschi. Geographisch unterteilt sich der Oman in die fruchtbare Küstenebene **Batinah**, 600 km lang und 20–40 km breit, die im Süden und Westen vom lang gestreckten **Hajar-Gebirge** begrenzt wird. Höchster Berg ist der 3075 m aufragende *Jebel Shams*. Das Gebirge setzt sich im Norden durch die Emirate bis zur zum Oman gehörenden felsigen Halbinsel Musandam fort. Der Süden des Oman zeigt geographisch und klimatisch ein anderes Gesicht. Reisen in diese Region werden aber in der Regel nicht von den Emiraten aus unternommen. Daher beschränkt sich das folgende Kapitel auf die Attraktionen im Norden von Maskat bis Musandam.

Einen guten Einstieg bildet die Landeshauptstadt **Maskat** am Golf von Oman. Hier ergänzen sich die jahrtausendealte Tradition einer Hafenstadt und das geschäftige Treiben einer modernen, international orientierten Handelsmetropole aufs Beste. In den *Souks* und *Geschäftsstraßen* der Stadtviertel Mutrah oder Ruwi wartet ein umfangreiches Warenangebot auf Käufer. Museen und architektonische Highlights wie die *Große Moschee* oder der *Sultanspalast* sorgen für ein kulturelles Gegengewicht.

Auch das Hinterland lohnt der genaueren Betrachtung, finden sich doch in der wildromantischen Bergregion um den **Jebel Akhdar** mehrere erstaunliche historische *Lehmforts*, etwa in den Oasenorten **Nakhl** und **Rustaq**. Mehr als 500 dieser Burgen gibt es im ganzen Land. Auch **Nizwa** kann sich einer besonders schönen Festung rühmen. Nicht weniger sehenswert ist der einstige Sommerpalast des Sultans in **Jabrin**.

Die Küste wird von strahlend weißen Forts bewacht, eines von ihnen ist in der ehemaligen Hauptstadt **Sohar** zu besichtigen. Als Zentrum der nördlichen Batinah-Ebene erlebte sie Herrschaft von Persern, Portugiesen und Omanis.

Das ›Norwegen Arabiens‹ erwartet Naturfreunde und Abenteuerlustige schließlich in **Musandam**, der felsigen Nordprovinz des Oman. Denn tief greifen hier die blaugrünen Fluten des Golfs in die Bergwelt der nördlichen Ausläufer des Hajar-Gebirges. Highlight eines Besuches ist die Fahrt mit einer *Dhau* durch die unberührte Fjordlandschaft. Ein solcher Ausflug lohnt immer, ob man dabei nun *Delphine* beobachtet, für einen Badeausflug über Bord geht oder auf Tauchstation die *Unterwasserwelt* des warmen Golfs von Oman erkundet.

Oben: *Glitzerschmuck zum Gotteslob – Kristalllüster der Grand Mosque von Maskat*
Unten: *Wegen seiner Fjorde gilt Musandam auch als ›Norwegen Arabiens‹*

20 Maskat

Liebenswürdige Landeshauptstadt am Golf von Oman mit Märkten, Stränden und orientalischem Flair.

Maskat bedeutet Ankerplatz, und tatsächlich bildet **Muscat Bay**, die beinahe halbkreisförmige Felsenbucht um die sich die Altstadt von Maskat gruppiert, einen perfekten natürlichen Hafen.

Geschichte Schon der griechische Geograph **Ptolemäus** (ca. 100–160 n. Chr.) erwähnte einen landseitig von Bergen eingeschlossenen »verborgenen Hafen« an der hiesigen Küste, in dem Fachleute den Vorläufer der heutigen Hauptstadt des Oman vermuten. Allerdings blieb der Ort lange Zeit unbedeutend, erst zum Ende des 15. Jh. liefen mit wachsendem **Handelsverkehr** immer mehr Kaufleute den Hafen an, um hier Frischwasser aufzunehmen. Das wiederum weckte das Interesse der **Portugiesen**, die im Jahr 1507 im Rahmen ihrer Expansion entlang der arabischen Küsten auch Maskat angriffen und eroberten. Die Europäer sicherten ihre neue Besitzung mit dem Bau einer Stadtmauer, die in Teilen bis auf den heutigen Tag besteht, sowie den beiden ebenfalls erhaltenen Forts Mirani und Jalali. Knapp 150 Jahre dauerte die portugiesische Herrschaft, doch 1650 nahm schließlich die omanische Widerstandsarmee der Imame Maskat ein. Mit diesem Erfolg schlossen sie die Rückeroberung ihres Landes ab und beendeten das Zeitalter der Portugiesen an dieser Küste.

Im 18. und 19. Jh. stieg der Oman zu einer bedeutenden **Seefahrer-** und **Handelsnation** auf. Weihrauch-, Gold-, Elfenbein-, Gewürz- und Sklavenhandel mit Ostafrika, Indien und sogar China machten Maskat zu einer der wohlhabendsten Städte der Arabischen Halbinsel, 1793 ernannte Imam Sultan bin Ahmed sie zu seiner Hauptstadt. Inzwischen stand auch Sansibar unter der Herrschaft des Oman und 1840 wurde die Hauptstadt auf diese Insel vor der afrikanischen Küste verlegt. 1856 spalteten sich Sansibar und die Ländereien an der ostafrikanischen Küste ab, jahrelange Erbstreitigkeiten zwischen den nun verfeindeten Zweigen der Herrscherfamilie waren die Folge. Daran litt auch die von Maskat aus regierte Hälfte des Landes. Der wirtschaftliche Niedergang war besiegelt, als 1865 ein verheerender Orkan Omans gesamte Afrikaflotte zerstörte. Das Vakuum füllten schnell europäische Handelsnationen, mit deren modernen Dampfschiffen die omanischen Dhaus nicht mehr mithalten konnten. Die Eröffnung des Suezkanals

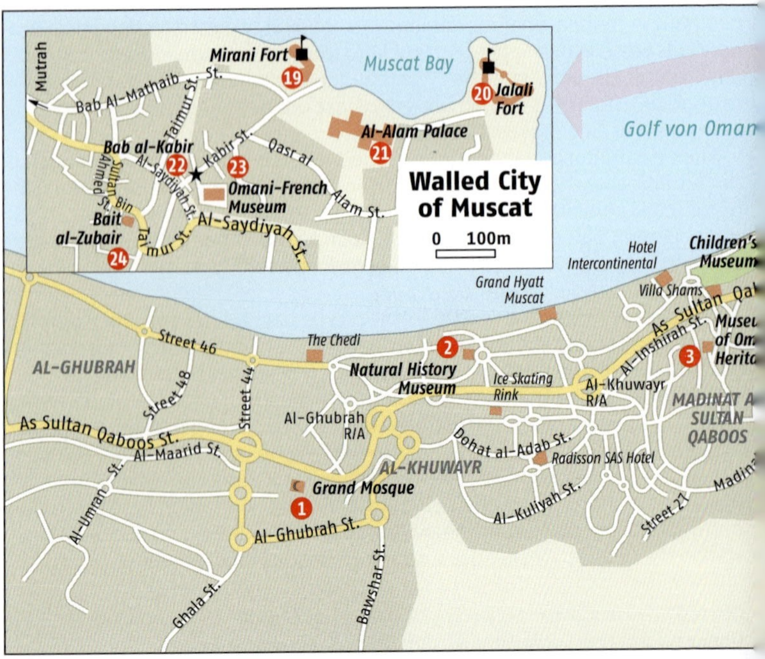

Wohn- und Geschäftshäuser wohlhabender Händler säumen Maskats Mutrah Corniche

1869 und die damit einhergehende Verlagerung wichtiger Handelsrouten taten ein Übriges.

Die wirtschaftliche Talsohle schien durchschritten, als 1967 im Oman Öl gefunden wurde. Doch Sultan **Said bin Taimur** fürchtete schädlichen westlichen Einfluss auf sein Land, schottete es systematisch von der Außenwelt ab und verbot sogar das Radiohören. In Maskat

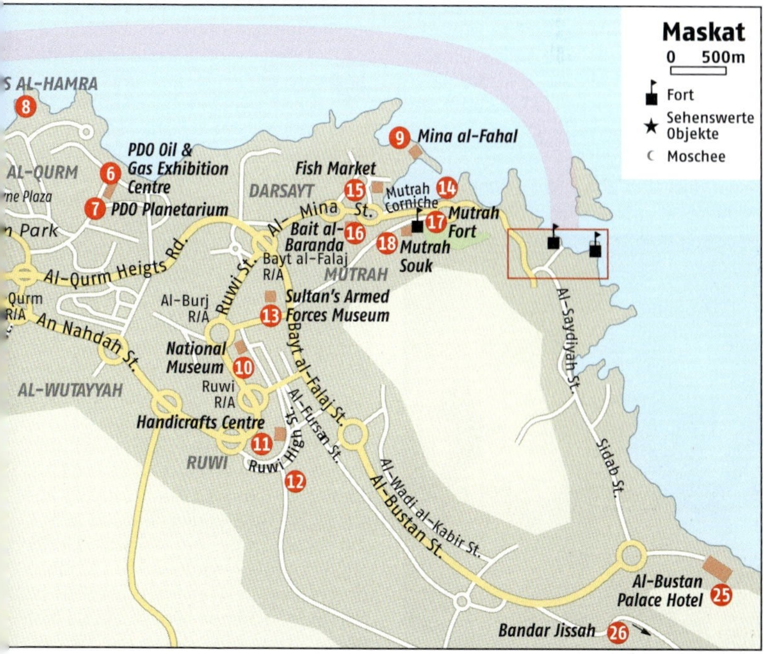

schlossen auf seine Anweisung hin die Stadttore von Sonnenuntergang bis Sonnenaufgang. Andererseits ließ er seinen Sohn Qaboos im Ausland ausbilden, der junge Thronfolger studierte u. a. an der englischen Militärakademie Sandhurst. 1970 kehrte er von dort nach Maskat zurück, entmachtete mithilfe von Militärs seinen Vater und übernahm die Herrschaft im Oman. Den alten Sultan schickte er ins Exil nach London, wo dieser zwei Jahre später starb.

Unter **Sultan Qaboos** blühten sowohl das Land als auch dessen Hauptstadt auf. Maskat hat sich seit den 1970er-Jahren dramatisch verändert: Am Ras al-Hamra entstand ein moderner Frachthafen, ein Teil der historischen Befestigungsmauer um die Altstadt wurde eingeebnet, um Platz für neue Straßen zu schaffen, entlang derer sich rasch neue Wohn- und Geschäftsviertel ausdehnten. Heute leben rund 60 000 Einwohner in der eigentlichen Hauptstadt, der gesamte Großraum, die Capital Area, ist Heimat von rund 800 000 Menschen.

Städtebaulich ist Maskat dreigeteilt. Das teils mauerumgebene **Muscat**, der Nukleus der Stadt an einer perfekten Bucht, und das ebenfalls historische **Mutrah** um die westliche Nachbarbucht bilden die Altstadt. Im Süden und auf einem breiten Küstenstreifen im Westen erstrecken sich vergleichsweise neue Wohn- und Geschäftsviertel, ältere sind weiter im Landesinneren **Bayt al-Falaj** und das überwiegend indisch und pakistanisch geprägte **Ruwi**. Omanisch wird es wieder in den meernahen Stadtteilen **Qurm**, **Shatti al-Qurm**, **Madinat as-Sultan Qaboos** und **Al-Khuwair**. An den makellosen Sandstränden dieser Wohngebiete sind auch die meisten der internationalen Hotels angesiedelt. Da in diesem Bereich der omanischen Küste zwischen Meer und Bergen nur ein schmaler Streifen Land zur Verfügung steht, greift Maskat hier wie ein ausgestreckter Arm weit nach Südwesten. **Capital Area** nennt man denn auch dieses mit vielen Grünflächen aufgelockerte, von bis zu achtspurigen Stadtautobahnen und zahlreichen Nebenstraßen erschlossene Gebiet. Seinen vorläufigen Abschluss findet es im Westen nach rund 30 km mit dem einstigen Fischerdorf und heute aus allen Nähten platzenden Industriestandort **Sib** (300 000 Einw.). Hier befindet sich neben einem Palast des Sultans und zahlreichen vornehmen Villen auch der *Internationale Flughafen* von Maskat.

Den ›Tränen der Götter‹, dem Weihrauchharz, verdankte der Oman seinen Reichtum

Schon die Anfahrt auf Maskat durch die gepflegten Außenbezirke ist ein Vergnügen. Die Gebäude wirken proper, ohne protzig zu sein, die durchdachte Infrastruktur entspricht dem erheblichen Verkehrsaufkommen und das Fahrverhalten ist nicht so aggressiv wie in anderen Städten der Golfregion.

Capital Area

Einen fulminanten Auftakt macht bereits im Al-Ghubrah-Viertel im Westen von Maskat die großartige **Grand Moschee** 1 (für Nicht-Muslime Sa–Do 8.30–11 Uhr, Schuhe ausziehen, Kleidung muss Arme und Beine bedecken, bei Frauen auch das Haar). Bis zu 20 000 Gläubige finden Platz in dem mächtigen Zentralkuppelbau. Sultan Qaboos schenkte ihn seinem Volk im Jahr 2000 zu seinem 30-jährigen Thronjubiläum. Durch zwei hoch aufragende Torbögen gelangt man in den mit polierten Marmorplatten ausgelegten Innenhof. Dort befindet sich links der gewaltige, aus demselben Marmor errichtete und von einer goldenen Kuppel bekrönte Bau der Moschee. Durch das Eingangsportal betritt man den 70 x 60 m großen Saal, in dem rund 5000 Menschen beten können. Er ist vollständig mit einem blauen Teppich ausgelegt. Ein roter Läufer führt zu Mihrab und Kanzel an der gegenüberliegenden Wand. Buntglasfenster und mit Koransuren beschriftete Zierleisten gliedern die drei übrigen Wände. Vier mächtige Marmorsäulen tragen die hohe bemalte

Großzügiges Jubiläumsgeschenk: Sultan Qaboos stiftete die Grand Mosque von Maskat

Eine Frage des Glaubens

Wenn der Muezzin zum Gebet ruft, strömen im Oman hauptsächlich **Ibaditen** in die Moscheen, denn dieser muslimischen Glaubensrichtung gehören immerhin drei Viertel der hiesigen Bevölkerung an. Lediglich im Jemen, in Südalgerien, Libyen und auf der tunesischen Insel Djerba finden sich weitere ibaditische Gemeinden.

Der Ibadismus ist eine Sekte innerhalb des Islam, die im Jahr 680 von **Abd Allah ibn Ibad al-Maqa'isi al-Tamimi** (†708) begründet wurde. Er widersprach der überlieferten Auffassung, das Amt des Kalifen, des geistlichen und weltlichen Führers der islamischen Welt, müsse immer von einem Nachkommen des Propheten Mohammed übernommen werden. Nach Ansicht Abd Allah ibn Ibads sollte dagegen eine Versammlung der Ältesten den schriftgelehrtesten, rechtschaffensten Mann einer Gemeinschaft zum religiösen Führer, zum **Imam**, wählen. Dieser Versammlung erkannte er sogar das Recht zu, den Imam wieder abzusetzen, wenn er sich als ungerecht erweisen sollte. So ausgeprägt war das ibaditische Bedürfnis nach gerechter Herrschaft, dass Angehörige dieser Religion lange Jahre in von Andersgläubigen beherrschten Regionen nicht einmal Gottesdienste abhielten. Der letzte ›wahre Imam‹, der entsprechend dieser Vorgaben im Omam gewählt wurde, war **Ahmad ibn Sa'id** (reg. 1754–83), Gründer der Al-Busaid-Dynastie. Seine Nachfolger – einer von ihnen ist der heute regierende Sultan Qaboos – erhoben keinen Anspruch auf geistliche Führerschaft mehr. Allerdings kam es 1868, 1913 und 1954 zu Aufständen von im Landesinneren gewählten Imamen gegen das Sultanat, die dieses nur mit britischer Hilfe niederschlagen konnte.

Die als besonders **strenggläubig** geltenden Ibaditen sind in der Praxis sehr **tolerant**. Tatsächlich verstehen sich Ibaditen selbst als Aufrechte (*Ahl al-istiqama*), als wahre Gläubige, auch im Gegensatz zu anderen Muslimen. Da aber ihrer Meinung nach niemand auf Erden ganz genau zu bestimmen vermag, wer ein wahrhafter Muslim und wer ein verlorener Abtrünniger ist, behandeln sie alle Andersgläubigen, ob Sunniten, Schiiten, Christen, Juden oder Hindus, gleichermaßen zuvorkommend.

Holzdecke, in ihrer Mitte wölbt sich hoch oben die vollständig mit kostbar funkelnden Fliesenmosaiken ausgekleidete Kuppel, von der ein beeindruckender Lüster aus Swarovski-Kristallen hängt. Der atemberaubenden Pracht des Gotteshauses kann sich kaum ein Besucher entziehen. Das gegenüberliegende *Gebetshaus der Frauen* ist kleiner und zurückhaltender ausgestattet, wenngleich auch hier nicht an kostbarem Material gespart wurde.

Auf der anderen Seite der Stadtautobahn lädt das **Natural History Museum** 2 (Way 3123, Tel. 24641374, Sa–Do 9.30–13.30 Uhr) zu einem Besuch ein. Hier kann man sich über Geographie und Geologie des Oman kundig machen. Ein 14 m langes Pottwalskelett beeindruckt durch seine schiere Größe, das nationale Herbarium informiert über heimische Flora zu Land und zu Wasser. Angegliedert ist ein *Botanischer Garten*. Thematisch schließt sich das **Museum of Omani Heritage** 3 (Al Alam Street, Way 1566, Tel. 24600946, Sa–Mi 8–13.30, Do 16–18 Uhr) an, das anlässlich der Ernennung Maskats zur Kulturhauptstadt der arabischen Welt 2006 eröffnet wurde. Hier erfährt man Wissenswertes über Landwirtschaft und Fischerei, aber auch über Handwerk und Handel im Oman.

Nahe des Strandes an der Ash Shati Street bietet das **Children's Museum** 4 (Tel. 24605368, Sa–Do 9.30–13.30 Uhr) Kindern die Gelegenheit, die Geheimnisse der Natur selbst zu erkunden. In spielplatzähnlicher Umgebung können sie z. B. Zwiebelhäute durch ein Mikroskop betrachten, in einem Luftballon Überdruck erzeugen oder optischen Täuschungen auf den Grund gehen. Der lauschige **Qurm Park** 5 daneben ist ein beliebter Picknickplatz der Hauptstädter. Der Park ist der öffentlich zugängliche Teil eines Naturschutzgebietes, zu dem in erster Linie das im Osten zum Meer hin verlaufende *Wadi Adai* zählt. Seinen Namen verdankt er den seltenen schwarzen Mangroven, arabisch Qurm, die sich im Schutzgebiet erhalten haben.

Unweit davon stellt das **PDO Oil & Gas Exhibition Centre** 6 (Sayh Al Maleh Street, vor dem PDO-Tor 2, Tel. 24677834, www.pdo.co.om, Sa–Mi 7–12 und 13–16, Do 7–12 Uhr) im Gebäude der nationalen Ölfördergesellschaft Petroleum Development Oman die Geschichte der Öl- und Gasförderung des Landes vor, die so große Veränderungen brachte. Im benachbarten **PDO Planetarium** 7 (Tel. 24675542, Shows in Englisch Mi 19–20, Do 10–11 Uhr) kann man einen Blick in die Sterne werfen. Auf der entgegengesetzten Seite des PDO-Geländes geht es zum Kap **Ras al-Hamra** 8, wo Archäologen Überreste einer mindestens 5000 Jahre alten Siedlung fanden und dessen sandige Ufer mitunter Meeresschildkröten zur Eiablage dienen. Ob das noch lange so bleiben wird, scheint fraglich, denn im Osten des Kaps herrscht am Ölhafen **Mina al-Fahal** 9 stets reger Betrieb.

Ruwi

Im westlichen Teil von Ruwi nahe der Abdulridha-Moschee in der Al-Noor Street widmet sich das **National Museum** 10 (Tel. 24701289, Sa–Do 9.30–13.30 Uhr) insbesondere den Beziehungen zwischen dem heutigen Oman und der Insel Sansibar, die beide vom 17. bis zum 19. Jh. zu einem Reich gehörten. Noch heute sprechen viele Omani Kiswahili und sind stolz auf die alten Beziehungen zu Afrika. Die kleine Sammlung des Museums besteht aus Schmuck, Trachten, mit Kaurischnecken besetzten Holztruhen und Modellen von hochseetauglichen omanischen Handelsschiffen. Im Lauf des Jahres 2014 soll das Museum in einen größeren, repräsentativen Neubau in der Nähe des Al-Alam Palace umziehen.

Nahebei wird im **Handicrafts Centre** 11 omanische Handwerkskunst feilgeboten: qualitätvolle Keramik, Teppiche oder Khandjars mit Echtheitsgarantie zu entsprechend hohen Preisen. Das staatliche Geschäft ist an den großen Tonbehältern vor dem Schaufenster zu erkennen. Weniger exklusive Einkaufen kann man in der nach Süden verlaufenden **Ruwi High Street** 12 oder *Souk Ruwi*, die mit ihren Textil- und Schmuckgeschäften, Elektroläden und Schneidereien zu den Hauptgeschäftsstraßen Maskats zählt. Sie mündet in den Ruwi Roundabout mit der *Taxisammelstelle* sowie dem zentralen *Busbahnhof*.

TOP TIPP Auf dem Weg von Ruwi nach Mutrah lohnt das **Sultan's Armed Forces Museum** 13 (Tel. 24312642, Sa–Do 8–13.30 Uhr) einen Besuch. Es ist in dem schmucken weißen *Bait al-Falaj Fort* untergebracht, das um 1806 als wehrhafter Wohnsitz für Sultan Said bin Sultan erbaut wurde. Von der herrschaftlichen Funktion zeugen die aufwendig geschnitzten Türen und die restaurierten Wandmalereien in den Gemächern. Während des Aufstands der Stämme gegen

Mirani Fort, die portugiesische Festung, wacht über Maskat, rechts daneben der Sultanspalast

den Sultan musste die Festung im Jahr 1915 zum letzten Mal einem Angriff widerstehen. Den gut aufbereiteten historischen Überblick zur Militärgeschichte des Oman im Erdgeschoss ergänzen im ersten Stock Waffen, Uniformen, Dokumente und Fotografien. Die Authentizität der Ausstellung wird durch einen Soldaten erhöht, der Besucher während der Besichtigung begleitet.

Mutrah

Mutrah ist das quirlige Altstadtviertel der Fischer und Händler. Der Lehmverputz der eng aneinander gebauten Häuserkuben zeigt Risse, elektrische Leitungen hängen abenteuerlich tief über den schmalen Gassen. Westliche Besucher bleiben bei diesem Anblick meist lieber auf der **Mutrah Corniche** 14, die die Südseite der Bucht von Mutrah mit einer zweispurigen Straße und einem breiten Fußweg begleitet. Sie beginnt im Westen nahe des **Fish Market** 15. Hier befindet sich auch das **Bait al-Baranda** 16 (Tel. 24714262, Sa–Do 7.15–15 Uhr), eine Villa aus dem 19. Jh., die restauriert und anlässlich des Kulturjahres 2006 als Museum eröffnet wurde. Ausstellungsstücke wie Musikinstrumente, Waffen und Kleidung erlauben Einblicke in Geschichte, Kultur und Brauchtum Maskats. Wechselausstellungen omanischer Künstler runden die Sammlung ab.

Die andere Seite der Bucht dominiert das 1580 von den Portugiesen errichtete, mächtige **Mutrah Fort** 17. Es wird noch heute vom Militär genutzt.

Vom Hafen aus führt die Uferstraße über den Samak (= Fisch) Roundabout in leichtem Bogen südwärts zum einladenden *Riyam Park* bzw. dem *Sur al-Lawatiya-Viertel*. Hier befindet sich zwischen Corniche und Mutrah High Street der viel gerühmte **Mutrah Souk** 18 (tgl. 8–13 und 17–21 Uhr), der im Westen in den kleineren *Gold Souk* übergeht. In dem bunten Markt werden Plastikspielzeug, Shishapfeifen und Nylonhemden ebenso angeboten wie Silberschmuck, Khandjars und Maria-Theresia-Taler. Wer sich für Antiquitäten interessiert, sollte darauf achten, dass der Dolchgriff tatsächlich aus Bernstein ist oder die kleinen Löcher in der Hochzeitstruhe wirklich von einem Holzwurm stammen. Manches alt wirkende Stück wurde nämlich erst wenige Tage zuvor aus Indien importiert. Insgesamt macht es jedoch viel Spaß, durch die überdachten Gassen zu schlendern, hier an einer Dose Weihrauch zu riechen, dort eine Schnitzerei zu bewundern oder am nächsten Stand eine Dishdasha, das traditionelle Gewand der Araber, anzuprobieren.

TOP TIPP

Das umliegende Viertel wird vor allem von **Lawati** bewohnt, Schiiten aus der Region um Hyderabat, deren Vorfahren sich bereits im 16. Jh. hier ansiedelten. Aus dieser Zeit stammen auch viele der hiesigen Häuser, die derzeit grundlegend restauriert werden.

Die prachtvolle Lobby des Luxushotels Al-Bustan Palace beeindruckt Gäste aus aller Welt

Walled City of Muscat

Nur eine kurze Fahrt ist es von Mutrah über die windungsreiche Küstenstraße zur Muscat Bay, an die sich das noble Altstadtviertel von Maskat schmiegt. Die Bucht wird von zwei portugiesischen Festungen aus dem frühen 16. Jh. dominiert. **Mirani Fort** 19 liegt auf dem vorspringenden Felsenkap im Westen, die lehmverputzten Mauern von **Jalali Fort** 20 ragen ausgesprochen malerisch auf einer Klippe im Osten auf. Leider sind die beiden Forts nicht öffentlich zugänglich. Im Scheitelpunkt der Bucht befindet sich der märchenhaft anmutende **Al-Alam Palace** 21, der Stadtpalast des Sultans von Oman. Das Gebäude kann von Normalsterblichen nur von außen bewundert werden. Am Haupteingang hat man durch die schwarz-goldenen Gitter des schmiedeeisernen Zauns einen guten Blick auf den fantasievollen Zentralbau mit der weiß, blau und goldfarben gekachelten Fassade. Das große filigrane Glasmosaikfenster in der Mitte wird abends und nachts von innen erleuchtet und strahlt dann in verschiedenen Blautönen. Weht die Flagge auf dem Flachdach, ist der Hausherr anwesend.

Die umliegende propere Altstadt, der *Dar Said*, wird von einer Stadtmauer eingefasst. Mehrere Stadttore wie das **Bab al-Kabir** 22 sind noch erhalten, ihre früheren Torflügel wurden aber entfernt und die Durchgänge für Straßen verbreitert. An die Goldene Zeit Maskats erinnern innerhalb der Mauern zahlreiche restaurierte Handelshäuser und Stadtpaläste. Einer von ihnen ist das um 1840 erbaute und als architektonischer Zeitzeuge interessante *Bait Fransa*. Es beherbergt heute das **Omani-French Museum** 23 (Qasr Al Alam Str, Lane 9310, Tel. 24736613, Okt.–März Sa–Do 9–13 und 16–18 Uhr, April–Sept. Sa–Do 9–13 Uhr) und diente 1896–1920 als Stadtresidenz des französischen Botschafters. Auf zwei Etagen wird mit vielen historischen Fotografien, Trachten und detailgetreuen Modellen arabischer und europäischer Handelsschiffe an die alten Handelsbeziehungen zwischen dem Oman und Frankreich erinnert.

Nicht weit davon, doch außerhalb der alten Stadtmauer dient das **Bait al-Zubair** 24 (Tel. 24736688, www.baitalzubairmuseum.com, Sa–Do 9.30–18 Uhr) in der Al-Saydiyah Street als Volkskundemuseum. Unverkennbar ist sein zinnenbekrönter Rundturm mit den achteckigen Fenstern. Innen vermitteln Fotografien, traditionelle Möbel und Ausstellungen zu diversen überlieferten Handwerkskünsten einen guten Einblick in die Kultur des Oman.

Oben links: *Stoffe in der Ruwi High Street*
Oben rechts: *Farbenfroh gekleidete Bedienung im Kargeen Restaurant*
Mitte: *Landestypische omanische Kleidung im National Museum*
Unten links: *Silberwaren im Mutrah Souk*
Unten rechts: *Frischer Fisch vom Markt an der Mutrah Corniche*

Vor den Toren der Stadt

7 km südlich befindet sich unmittelbar an einer wahren Traumbucht, umgeben von hoch aufragenden Bergen, das berühmte **Al-Bustan Palace Hotel** 25. Sultan Qaboos hatte den mächtigen Repräsentationsbau eigens für die Abgeordneten des Gulf Cooperation Council errichten lassen, das 1985 in Maskat stattfand. Ein vorher an dieser wunderschönen Stelle gelegenes Fischerdorf war dabei im Weg, seine Bewohner wurden kurzerhand umgesiedelt. Auch wer nicht in dem Hotel wohnt, kann die gewaltige Eingangshalle bewundern oder gegen Gebühr den Tag am hiesigen Strand verbringen.

Einige weitere Kilometer nach Südosten wartet der herrliche Strand **Bandar Jissah** 26 auf Sonnenhungrige. Eine Aussichtsplattform an der Straße in den Felsen über ihr ermöglicht einen herrlichen Blick über die Bucht. An den Wochenenden geht es am Strand in der Regel sehr lebhaft zu. Dann ist auch im *Oman Dive Center* am Strand oft kein Boot mehr für einen Ausflug zum *Rock Arch*, einem malerischen Felsenbogen vor der Küste, zu bekommen.

i Praktische Hinweise

Flughafen

Muscat International Airport (MCT), Sib, 30 km westlich vom Stadtzentrum Maskat, Tel. 24 51 92 23 und 24 51 94 56, www.omanairports.com. Vor Ort stehen als Transportmittel nur Taxis zur Verfügung. Das Entgelt muss vor Fahrtantritt vereinbart werden, die Fahrer verlangen z. T. erkleckliche Festpreise.

Sport und Freizeit

Mark Tours, Al Iskan Street/Rex Rd. (nahe Modern Oman Bakery Kreuzung), Ruwi, Maskat, Tel. 24 78 27 27, www.marktours oman.com. Ausflüge auch mit deutschsprachiger Reiseleitung, etwa Stadtrundfahrten, Lagerfeuerromantik auf dem Jebel Shams, Fahrten nach Nizwa und Rustaq oder Touren durch die Wadis des Hajar-Gebirges.

Oman Dive Center, in der Extra Divers Lodge, Bandar Jissah, Maskat, Tel. 24 82 42 40, www.omandivecenter.com. Wassersport in jeglicher Form inkl. Ausrüstungsverleih, dazu Schnorchel-, Tauch-, Delphin- und Walbeobachtungstrips. Einfache Gästezimmer in der angegliederten Lodge am superben Strand.

Hotels

TOP TIPP *******Al-Bustan Palace**, Muttrah (7 km südlich, nahe Sidab), Maskat, Tel. 24 79 96 66, www.ritzcarlton.com. Luxuriös ausgestattet sind die 250 Zimmer und Juniorsuiten im acht Stockwerke hohen Tower und den beiden Seitenflügeln des staatlichen Vorzeigehotels. Die Krönung aber erwartet den Gast auf der ›Rückseite‹ des Hotels, jenseits des Palmengartens, denn die dortige halbkreisförmige Badebucht kann nur als perfekt bezeichnet werden!

*******Grand Hyatt Muscat**, Shatti al-Qurm (nahe Al-Khuwair Roundabout), Maskat, Tel. 24 64 12 34, www.muscat.grand.hyatt.com. Blockhaftes, doch luxuriöses Nobelhotel am feinen Al-Qurm-Strand. 280 Gästezimmer, dazu Business Center, Fitness Center und Pool mit ›Lazy River‹-Strömung. Dazu vier Restaurants, Cafés und Bars.

******InterContinental Muscat**, Al-Kharjiya Street, Al-Shati, Maskat, Tel. 24 68 00 00, www.intercontinental.com. Der kantige Hotelblock verbindet die Vorzüge eines Strandresorts mit denen eines Cityhotels. 265 großzügige Räume, dunkelsandiger Hausstrand sowie Pool, Tenniscourts und großer Fitnessbereich. Sechs Restaurants und Bars im Haus.

TOP TIPP *******The Chedi**, North Gubrah 32, Way 3215, Maskat, Tel. 24 52 44 00, www.ghmhotels.com. Das Luxushotel direkt am Boushar Beach mit Blick über den Golf von Oman kombiniert die traditionelle Architektur des Sultanats mit geschmackvoll puristischem Design. 156 Zimmer und Suiten bilden den stilvollen, erholsamen Rahmen. Die gehobene Gastronomie des Hauses sorgt mit arabischen, indischen, asiatischen und mediterranen Spezialitäten für kulinarische Hochgenüsse.

TOP TIPP *****Villa Shams**, Mina al-Fahal (nahe Qurm Park), Maskat, Tel. 24 56 11 97, www.villashams-omanhotel.com. Bezaubernde Pension im Villenviertel auf einer Anhöhe über dem Qurm Park. Besitzerin Hilde Schmidt hat die sieben Gästezimmer und drei Suiten jeweils individuell in orientalischem Stil eingerichtet. Pool im Garten. Zur Verköstigung wird lediglich ein Frühstücksbuffet geboten, aber die Hausherrin hilft gern mit Insidertipps bezüglich guter Restaurants.

Zwischen den schroffen Felsen des Jebel Akhdar verbergen sich grüne Gärten und Plantagen

Restaurants

Golden Oryx, Rex Road, Ruwi, Maskat, Tel. 24 70 22 66, www.thegoldenoryx.com. Umfangreiche Speisekarte mit thailändischen und chinesischen Gerichten. Besonders beliebt ist das sog. Mongolian Barbecue, bei dem die Köche die Auswahl des Gastes aus Fleisch, Fisch, Meeresfrüchten, Gemüse und Soßen in Show-Manier auf einer tischgroßen Grillplatte im Handumdrehen zu.

TOP TIPP **Kargeen**, Al Harthy Complex (Shopping Center), Al-Qurm, Maskat, Tel. 24 69 90 55, www.kargeencaffe.com. Charmantes Restaurant, trotz seiner erheblichen Größe. Die Speisekarte bietet Falafel und Kebab, aber auch Burger und Pizza. Vor allem in den Außenbereichen mit romantischen Gartenseparees, lebhaften Familientischen und traditionellen Zelten herrscht stets reges Treiben. An den Wochenenden (Do/Fr) empfiehlt sich Reservierung. Filialen in Madinat Al Sultan Qaboos, Al-Wattayah und City Plaza, Al-Khuwair.

Mumtaz Mahal, Al-Qurm (beim Children's Museum), Maskat, Tel. 24 60 59 07. Ausgezeichnetes indisches Restaurant auf einem Hügel über Qurm Park. Zum Plätschern eines Wasserfalls bzw. zu den Klängen der Livemusik genießt man frisches Roti und Nan zu würzigen Curries oder zartes Tandoori Lamm.

21 Jebel Akhdar

Obstgärten, Blumenterrassen und Outdoorabenteuer auf dem höchsten Berg des Oman.

Auf der Fahrt von der Küste nach Nizwa fällt rechts ein in Jahrmillionen von Wind und Wetter scheinbar rund geschliffenes Gebirgsmassiv auf. Es wird in seiner Gesamtheit Jebel Akhdar, der grüne Berg genannt, besteht aber im Wesentlichen aus dem vielfach zerklüfteten **Saiq Plateau**, das auf bis zu 3000 m ansteigt und damit neben dem etwas weiter nordöstlich aufragenden *Jebel Shams* (3075 m) die höchste Erhebung des Oman ist. Seine Hänge und Wadis sind voll kultivierter, jedoch versteckter Gärten, hier wachsen Granatäpfel, Aprikosen, Feigen, Mandeln und kleine rosafarbene Rosen, aus denen Öl gewonnen wird. Immer mehr Outdoorfreunde kommen mit ihren Allrad-Fahrzeugen hierher, um die größtenteils noch unberührten felsigen Höhen, die zerklüfteten Schluchten, Wadis und Höhlensysteme zu erkunden oder einfach nur, um in einer Nacht am Lagerfeuer unter freiem Himmel den funkelnden Sternen ein Stück näher zu sein.

i Praktische Hinweise

Hotel

***Jebel al-Akhdar Hotel**, auf dem Saiq Plateau an der Zufahrtsstraße von Birkat al-Mawz, Tel. 25 42 90 09. In der Lobby liegen Umgebungskarten aus, im Winter wärmt hier ein offenes Kaminfeuer die abendlichen Heimkehrer. Restaurant im Haus, es gilt BYO (Bring your own – Alkohol kann man selbst mitbringen).

22 Nizwa

Stadt der Silberschmiede und Korangelehrten mit einem mächtigen Fort und geschäftigen Markt.

Der ausgesprochen hübsche Bergort, dessen Altstadt ebenso wie das alles dominierende Fort vollständig restauriert wurde, kann auf eine große Vergangenheit zurückblicken. Bereits vor rund 2000 Jahren siedelten Menschen in dieser **Oase** am südlichen Fuß des Hajar-Gebirges. In späteren Jahrhunderten gewann sie als **Handelsknotenpunkt** an Bedeutung, zumal in der unmittelbaren Umgebung Silbererz abgebaut wurde. Als erste Stadt des heutigen Oman nahm Nizwa im Jahr 630 den Islam an. In der Folge wurden hier zahlreiche Koran- und Rechtsschulen gegründet. Im 8. Jh. wurde Nizwa zudem zum omanischen Mittelpunkt der Ibadiya [s. S. 103], einer islamischen Gruppierung, die den Gläubigsten aus ihrer Mitte zum Imam und geistlich-weltlichen Herrscher wählte. Bis heute trägt der Ort deshalb den Beinamen **Zentrum des Islam**. Im Jahr 793 bestimmte der ibaditische Imam Mohammed bin Abi-Affan das gut befestigte Nizwa gar zur Hauptstadt seines Reiches.

Dieses Zicklein wechselt auf dem Souk al-Juma in Nizwa gerade den Besitzer

Diese Zeiten sind längst vorbei. Heute ist Nizwa **Verwaltungshauptstadt** der *Al-Dakhliya-Region* und eine sympathische Kleinstadt, die für die Herstellung von süßem **Omani Halwa** sowie für seine geschickten **Silber-** und **Waffenschmiede** berühmt ist. Außerdem befindet sich im Osten vor der Stadt die Produktionsstätte von **Amouage**, dem der Eigenreklame zufolge ›wertvollsten Parfüm der Welt‹.

Die Altstadt von Nizwa erstreckt sich südlich der Hauptstraße auf einem Hügel zu Füßen des mächtigen, vollständig restaurierten **Nizwa Fort** (Sa–Do 9–16, Fr 8–11 Uhr), dessen gewaltiger Rundturm noch heute beeindruckend ist. Die bedeutendste von drei Festungsanlagen der Stadt ließ Imam Sultan bin Saif bin Malik al-Ya'arubi um 1660 errichten. Es lohnt sich, durch das Gewirr der Treppen, Terrassen, Kammern und Gemächer des Forts einen Weg auf die zinnengeschmückte Plattform des Turms zu suchen. Sie misst etwa 45 m im Durchmesser und erlaubt von Treppenausgucken einen weiten Blick über die Stadt, die umgebenden Dattelhaine und das staubig-felsige Umland. Unterwegs kann man historische Verteidigungsdetails wie die sog. *Murder Holes* (ähnlich den Pechnasen europäischer Burgen) und im kühlen Dämmer einiger Ausstellungsräume Kleidung, Schmuck und Waffen besichtigen.

TOP TIPP Unmittelbar vor den Toren des Forts beginnt der bekannte **Nizwa Souk**, in dem die Händler unter Arkadengängen, in Marktgebäuden und auf offener Straße ein buntes Gemisch aus Traditionellem und Touristensouvenirs feilbieten. Silberschmuck und mit Silberdraht kunstvoll verzierte Khandjars gehören zu den ›Aushängeschildern‹, sind aber gerade deshalb nicht gerade günstig. Es gibt erstaunlich viele Dolche, Säbel, Pistolen und altersschwache Gewehre, daneben aber auch eine reiche Auswahl an Weihrauch, Stoffen, Leder, Kleidung, Kamelriemen und Keramik, alles in ansprechendem Ambiente präsentiert. Mitten im Souk befinden sich Fischhalle, Fleisch- und Gemüsemarkt, die für zusätzliches Flair sorgen.

Besonders rege geht es an Donnerstag- und Freitagvormittagen zu, wenn

Labyrinth für die Sicherheit – nur Burgbewohner fanden sich schnell in Nizwa Fort zurecht

während des **Souk al-Juma** (7–ca. 11.30 Uhr), des Freitagsmarktes, auf dem Platz zwischen der ummauerten Altstadt und der Hauptstraße Ziegen und Rinder verkauft und versteigert werden. Nebenan bieten dann fliegende Händler billige Kleidung aus Fernost an, und auch Grünpflanzenverkäufer machen an diesem Tag gute Geschäfte.

Tanuf

Etwa 20 km nördlich von Nizwa auf dem Weg nach Bahla kann man die ›Geisterstadt‹ Tanuf am Fuß der Berge erkunden. Der Ort wurde in den Jebel-Kriegen (1954–59) von der britischen Luftwaffe zerstört, da sich der gegen den Sultan rebellierende Imam hierher zurückgezogen hatte. Die aus Lehmziegeln in traditioneller Bauweise errichteten Wohnhäuser und die Moschee des vor etwa 300 Jahren gegründeten Dorfes sind verfallen und stark verwittert, gerade deshalb bilden sie aber eine malerische Kulisse für einen kleinen Spaziergang. In dem neu gegründeten Dorf Tanuf nicht weit davon wird das gleichnamige, bekannteste Mineralwasser des Oman abgefüllt.

i Praktische Hinweise

Hotel

*****Falaj Daris Hotel**, an der Hauptstraße, 4 km südlich von Nizwa, Tel. 25 41 05 00, www.falajdarishotel.com. Das Hotel im Stil eines Forts bietet 55 ebenerdige Zimmer um einen Garten mit kleinem Pool. Die Ausstattung ist zweckmäßig, aber das macht der aufmerksame Service und die herzliche Atmosphäre wieder wett. Restaurant im Haus.

Restaurant

Al-Zuhul, im Souk gegenüber Nizwa Fort, Nizwa. Gute einheimische Küche, also Shawarmas und Kebabs, die man mit Genuss und Blick auf das hier noch etwas ruhigere Markttreiben bzw. die pittoresken Festungsmauern verzehren kann.

23 Jabrin

Sommerpalast und Festungsbau – wie ein Solitär erhebt sich das Fort allein in der Ebene.

TOP TIPP

Schön und imposant ist **Jabrin Fort** (Sa–Do 9–16, Fr 8–11 Uhr), das Imam Bil'arab bin Sultan al Ya'arubi um das Jahr 1670 als Sommerfrische errichten ließ. So erklärt sich auch die Anmut vieler Bereiche der vorzüglich restaurierten, dreistöckigen Anlage. Einige der 55 Räume sind mit Zierleisten an den Wänden und bemalten Balkendecken ausgestattet. Auch die vielfach schön geschnitzten Türen sind sehenswert. Die

Stilisierte Blumen und fantasievolle Muster zieren manche Holzdecke in Nizwa Fort

typischen *Falaj*-Kanäle, die seit der Restaurierung wieder Wasser führen und das Erdgeschoss sowie den großen Vorhof von Jabrin durchziehen, dienten in diesem Fall nicht der Bewässerung, sondern fungierten in den heißen Sommermonaten als eine Art Klimaanlage.

Das Fort ist mit Mobiliar, Waffen, Kamelsätteln, Krügen und anderen Gebrauchsgegenständen früherer Tage ausgestattet, auch wenn leider Erklärungen zu den Stücken fehlen. Im ersten Stock ist die Palastküche zu besichtigen. Neben deren Eingang haben sich frühe *Sgraffitokünstler* u.a. mit einem eingeritzten Krummdolch und der Darstellung eines Kamels in der Außenwand verewigt. Auf der etwa 20 x 20 m großen Plattform des höchsten *Aussichtsturms* kann man sich vollends wie der Sultan fühlen, der von hier aus den Blick weit über sein Land schweifen ließ, von den Häusergruppen und Dattelpalmenhainen im Vordergrund bis zum majestätischen Hajar-Gebirge am Horizont.

Bahla

Bahla ist eine kleine Stadt 8 km östlich von Jabrin, Richtung Nizwa. Ihre große Zeit hatte sie unter der Herrschaft des Stammes der Bani Nabhan, die von der Mitte des 12. bis zum Ende des 15. Jh. die umliegende Region beherrschten. Sie ist bekannt für ihre zahlreichen **Töpfereien**, aber in volkstümlichen Erzählungen auch als Heimat von Teufeln (*Scheitan*) und Geistern (*Jin*).

Historisch bedeutend ist jedoch einzig **Bahla Fort**, eine gewaltige Festungsanlage auf dem Bahlool-Hügel, die in Teilen bereits auf vorislamische Zeit zurückgeht. Sie war von einer 12 km langen Mauer umgeben, die abschnittsweise noch heute erkennbar ist. Viele ihrer 15 Tore und 132 Wachtürme blieben recht gut erhalten. Regengüsse und der Zahn der Zeit gefährdeten die Anlage, bis sie 1987 von der

Die Instandhaltung der Lehmmauern von Bahla Fort ist eine Mammutaufgabe

Nakhl Fort ist eine der größten und meistbesuchten Festungsanlagen des Oman

UNESCO zum *Weltkulturerbe* erklärt wurde. 1988–2004 stand die Festung sogar auf der Liste der bedrohten Stätten. Die daraufhin eingeleiteten, sehr umfassenden Restaurierungsarbeiten dauern nach wie vor an. Aber seit September 2012 kann die historische Festung zumindest teilweise wieder besichtigt werden, auch wenn noch keine regelmäßige Öffnungszeiten festgelegt sind.

24 Nakhl

Eine imposante Festung und warme Quellen machen das Dattelbauerndorf zu einem beliebten Ausflugsziel.

Schon von weitem sind der hoch aufragende runde Wachturm und das Hauptgebäude von **Nakhl Fort** (TOP TIPP) (Tel. 26781384, tgl. 7.30–16 Uhr) zu sehen, denn die beeindruckende Festung wurde in und auf einen weit in die Ebene hineinreichenden felsigen Ausläufer des Hajar-Gebirges gebaut. Vermutlich stand hier bereits in vorislamischer Zeit eine Burg, die später vielfach erweitert wurde. Sicher überliefert ist, dass es im 9. und 16. Jh. zu umfangreichen Erneuerungsarbeiten kam.

Das labyrinthartig verschachtelte Fort ist eine der architektonisch beeindruckendsten und größten historischen Festungsanlagen des Oman. In den meist nur spärlich ausgestatteten Innenräumen befanden sich früher viele verschiedene Wohn- und Schlafgemächer für mehrere Familien, dazu Wirtschaftsräume, Besprechungszimmer, Büros und Soldatenunterkünfte, die untereinander mit verwirrend verlaufenden Fluren, Treppenfluchten, Torgängen und Aussichtsterrassen verbunden sind.

Verhältnismäßig opulent ist die Ausstattung dieses Schlafzimmers in Nakhl Fort

Nakhl Fort beherrschte die gesamte Ebene ringsum und sicherte auch den Zugang zur umliegenden Oase sowie zu den heißen **Al-Thowarah-Quellen** am etwa 3 km entfernten nördlichen Ende des Dorfes Nakhl. Hier sickert an den Hochufern eines breiten, meist trockenen Flussbetts badewasserwarmes Wasser aus den Felsen. Es sammelt sich in steinernen Becken, in denen sich an lauen Abenden die männliche Jugend des Dorfes vergnügt. Für Frauen stehen eigene Becken etwas weiter oberhalb zur Verfügung. Wer selbst baden will,sollte nach den schicklichen Zeiten fragen. Ein solches Bad soll übrigens bei rheumatischen Beschwerden helfen.

Top Tipp

Auch wer nicht untertauchen will, kann in dem lauschigen Wadi angenehme Stunden verbringen. Hier picknickt man friedvoll im Schatten hoher Palmen und plaudert mit Freunden.

25 Rustaq

Historisches Fort und warme Quellen am Nordostrand des Hajar-Gebirges.

Das Städtchen Rustaq blickt von den nördlichen Ausläufern des Jebel Akhdar weit über die Batinah-Ebene. Im 17. Jh. war es sogar für kurze Zeit die Hauptstadt des Reiches von Maskat und Oman. Heute erinnert lediglich das etwa 1 km^2 umfassende **Rustaq Fort** an diese Zeit. Die vielgestaltige Lehmziegelfestung entstand um 1250 auf den Ruinen des persischen Vorgängerbaus Qalat al-Kisra aus dem 7. Jh., der wiederum an die Stelle einer Wehranlage aus vorislamischer Zeit getreten war. Mitte des 17. Jh. wurde Rustaq Fort umfassend erneuert und ausgebaut, weitere Türme kamen 1744 und 1906 dazu. Noch im Jahr 1950 verschanzten sich die Aufständischen um Talib bin

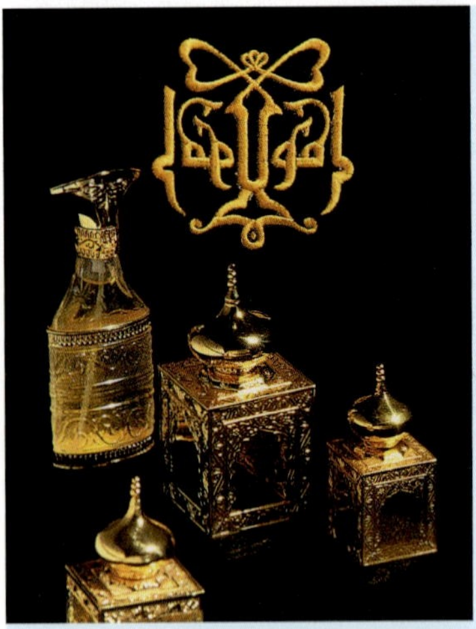

Etwa 480 Euro kostet der Frauenduft Gold & Crystal von Amouage, der exklusivsten Parfümdistille der Welt

Amouage, ein Hauch von Ewigkeit

Amouage ist das arabische Wort für ›Welle‹, wird aber eher für überschwängliche Gefühle als für Wasser verwendet. Gleichzeitig ist es der Name des ›**wertvollsten Parfüms der Welt**‹. Es wird in Nizwa hergestellt, Sayyid Hamad bin Hamoud al-Busaid, Mitglied der königlichen Familie, gab seine Entwicklung 1983 in Auftrag, um an die viele Jahrhunderte alte Duft-Tradition seines Heimatlandes anzuknüpfen. Seine Hoheit betraute Guy Robert (1926–2012), die ›Nase Frankreichs‹, mit der Aufgabe, das erlesenste Parfüm der Welt zu destillieren.

Nach nicht ganz zwei Jahren präsentierte Robert **Amouage**, einen Duft aus mehr als 120 kostbaren und seltenen Zutaten. Als blumig-fruchtig wird er beschrieben, mit einem Hauch von Rose, Jasmin und Maiglöckchen im Vordergrund, dem sich Aprikose, Limette und Pfirsich beigesellen. Darunter ahnt man Silberweihrauch, Myrrhe, Heideröschen, Patschuli, Iris und Sandelholz, getragen wird die Kreation von grauer Ambra, Zibet und Moschus.

So kostbare Düfte verlangen nach adäquaten Gefäßen. Daher gestaltete die für das englische Königshaus tätige Londoner Gold- und Silberschmiede Asprey's für das Originalparfüm passende **Flaçons**. Sie sind wie Minarette (für Frauen) bzw. ein Khandjar (für Männer) geformt, aus Sterlingsilber handgearbeitet und mit nahezu 24 Karat vergoldet. Mittlerweile sind mit den zahlreichen Varianten, dem Eau d'Amouage, Esprit d'Amouage oder dem Silver Cologne auch Behältnisse aus Bleikristall mit Golddekoration oder poliertem Kristall hinzugekommen. Edel sind sie allesamt.

Trutzig zeigt sich Rustaq Fort nach außen, doch die Eingangspforte gewährt Gästen Eintritt

Ali al-Hina hier gegen den Sultan Said bin Taimur von Oman. Der treppauf-treppab führende Rundgang durch die Kommandantur, die Mannschaftsquartiere und Empfangsräume, auf die Aussichtsplattformen und in die Wachtürme ähnelt dem in anderen Forts des Oman, wie immer ist auch die **Aussicht** auf das Umland von den Flachdächern aus oder durch die Schießscharten der Geschütze großartig.

Im Gebiet um Rustaq gibt es außerdem heilende Thermalquellen, die bedeutendste von ihnen ist **Ain al-Kasafa**, etwa 2 km vom zentralen Roundabout in Rustaq entfernt. Ihr Wasser hat eine Temperatur von 45 °C und soll wegen seines hohen Schwefelgehalts Rheuma und Hautkrankheiten lindern.

Outdoorfreunde schätzen die umliegenden *Wadi Bani Ghafar*, *Wadi al-Sahtan* und *Wadi Bani Auf*, die gut mit Allradwagen zu befahren sind. Zahlreiche Höhlen laden zu einer – vorsichtigen – Erkundung ein, darunter die *Al-Sanaqha Cave*, in der sogar eine unterirdische Quelle sprudelt.

Auf der Rückfahrt zur Küste passiert man das mächtige, 1711 errichtete **Fort Al-Hazm**, in dem ein Artillerie-Museum eingerichtet ist. Hier wird eine Sammlung alter Kanonen gezeigt. Der Besuch lohnt allein schon wegen des Rundgangs durch die geheimnisvollen Verliese.

26 Sohar

Angeblich die Heimat von Sindbad, sicher ein reizendes Seebad.

In der ausgedehnten Provinzmetropole Sohar ist man davon überzeugt, dass hier einst die Wiege des legendären Seefahrers Sindbad stand. Da das Gegenteil nicht zu beweisen ist, sollte man diese Behauptung nicht anzweifeln. Jedenfalls war Sohar schon vor dem Beginn der christlichen Zeitrechnung, damals noch unter dem Namen **Majan**, eine bekannte Hafenstadt, die der Seefahrt und dem Kupferbergbau ihren Wohlstand verdankte. 971 zerstörten persische Truppen den Ort, der sich davon nie wieder vollständig erholte.

1738 spielte Sohar noch einmal eine bedeutende Rolle in der Geschichte des Oman, als hier Provinzgouverneur Ahmed bin Said al-Saidi eine persische Invasionsarmee zurückschlug und so sein Land vor der Fremdherrschaft bewahrte. 1744 wurde dieser Ahmed bin Said zum Imam gewählt und begründete die **Al-Busaid-Dynastie**, die den Oman bis auf den heutigen Tag regiert. Das kleine Sohar jedoch erwachte erst vor einigen Jahren dank des modernen Industriehafens und des aufkeimenden Tourismus' aus seinem Dornröschenschlaf.

Die Provinzmetropole und Sommerfrische Sohar ist Omans ›Weiße Stadt am Meer‹

Tatsächlich erfreut sich Sohar eines schönen dunkelbraunen **Sandstrandes**, der sich unverbaut mehrere Kilometer weit hinzieht. Jedoch wirkt der neu errichtete *Al-Qala'a Handicraft Souk* in der Stadtmitte mit seinem Angebot an Keramik, Palmblatterzeugnissen, Kleidung und Silberschmuck fast ein wenig farblos.

Einen Besuch wert ist das **Sohar Fort Museum** (Tel. 26 84 47 58, Sa–Do 9–13 und 16–18, Fr 16–18 Uhr) in der weißen Festung auf einer Anhöhe am Meer. Bereits im 13. Jh. wachte an dieser Stelle ein Fort über die Küste, dessen Grundmauern im Innenhof zum Teil ausgegraben sind. Die heutige Anlage geht auf das 16. Jh. zurück. Im Erdgeschoss des quaderförmigen Hauptbaus findet man das Grab des 1866 verstorbenen Sultans Sayyid Thuwwaimi bin Said bin Sultan bin Ahmed al-Busaid. Die in den Sarkophag eingravierten Jahreszahlen 1272–1282 geben den Zeitraum seiner Herrschaft nach islamischer Zeitrechnung an. Die Nachbarräume und die beiden oberen Turmgeschosse enthalten eine interessante Ausstellung zur Geschichte des Landes. Zu sehen sind Waffen, Ausgrabungsfunde und Schautafeln zum Handel zwischen Sohar und China. Das Flachdach des Forts gewährt einen Blick über die weißen Häuser von Sohar und die grünen Palmengärten bis zu den roten Hajar-Bergen, während sich in entgegengesetzter Richtung das Blau des Golfs von Oman erstreckt.

Die Freude am Spiel ist auch unter omanischen Männern weit verbreitet

Praktische Hinweise

Hotel

****Sohar Beach Hotel**, Al-Tareef, Sohar, Tel. 26 84 11 11, www.soharbeach.com. Angenehmes Strandhotel, halbkreisförmig im Stil eines traditionellen Forts erbaut.

44 großzügige, individuell eingerichtete Zimmer mit ansprechenden Details wie Buntglasfenstern oder holzgeschnitzten Ziergittern. Restaurantterrasse zu Garten und Pool hin.

27 Musandam

Felsen und Fjorde dominieren die nördlichste Provinz des Oman.

Die Provinz Musandam nimmt die felsigzerklüftete Nordostspitze der Arabischen Halbinsel ein und hat keine Landverbindung zum restlichen Oman. Die **Exklave** grenzt im Süden ausschließlich an die Vereinigten Arabischen Emirate. Umso inniger ist der Kontakt mit dem Meer: Einerseits streckt Musandam seine Landfinger in Form von schroff abfallenden Gebirgszügen in die Straße von Hormuz aus, im Gegenzug greifen vielfach verzweigte Fjorde, hier **Khors** genannt, weit in das felsige Landesinnere hinein. Überall stehen die tiefblauen Wasser in einem aparten Kontrast zu den von Sandfarben über Ocker- und Braun bis zu tiefem Rostrot changierenden Gesteinsschichten.

Zu Recht brachte diese eindrucksvolle Fjordlandschaft Musandam den Beinamen **Norwegen Arabiens** ein, auf arabisch heißt sie Ruus al-Jebel, Land der Berge. Seit jeher pflegt man hier gute Beziehungen zum nur 50 km entfernten Iran. Doch während früher Kaufleute für den wechselseitigen Warenaustausch sorgten, sind es heute Schmuggler, die im Morgengrauen in kleinen Schnellbooten Ziegen bringen und abends mit Elektrogeräten und Zigaretten wieder über die Straße von Hormuz zurückkehren.

Kulturell haben sich in der eher unzugänglichen Region einige Besonderheiten entwickelt, von denen eine der **Jerz** ist, die Musandam-Axt, die nur hier hergestellt und benutzt wird. Das etwa 1 m lange pickelähnliche Gerät mit dem maximal 10 cm langen Axtkopf kann als Gehstock, als Werkzeug oder als Waffe benutzt werden.

Solche Vielseitigkeit ist in den abgelegenen Fischerdörfern Musandams wichtig, die wegen des ungangbaren felsigen Landesinneren bis heute nur mit dem Boot erreichbar sind. **Kumzar**, der nördlichste Ort des Oman, ist ein solches Dorf. In dessen Abgeschiedenheit entwickelten seine Bewohner sogar einen eigenen Dialekt, das *Kumzari*, eine Mischung aus Arabisch und Farsi (Persisch), mit Einflüssen von Hindi, Baluchistani, Portugiesisch und Englisch.

Da viele Seeleute auf den Dhaus und größeren Fischerbooten am Hafen von **Khasab** aus dieser Region stammen, ist ihre Heimatsprache in der Provinzhauptstadt häufig zu hören. Das Städtchen selbst, auf einem schmalen Küstenstreifen im Norden gelegen, besteht aus unscheinbaren Wohnhäusern und Gärten, zwei kleinen Märkten und einer Schule mit Internat. Um Platz für die wegen der Nähe zu Dubai in den letzten Jahren in immer größeren Zahlen eintreffenden Touristen zu schaffen, wurde im alten

Schöner reisen – Dhau-Fahrten durch die beeindruckende Fjordlandschaft Musandams

Morgendlicher Schmuggelmarkt nahe Khasab: Ziegen aus dem Iran gegen Elektrogeräte

Hafenbecken Land aufgeschüttet. Deshalb liegt auch **Khasab Fort** (Sa–Mi 8–12 Uhr) heute nicht mehr wie einst direkt am Wasser, sondern etwas im Landesinneren. In der gedrungen wirkenden Viereckfestung, deren Ecktürme die Umfassungsmauer nur geringfügig überragen, hatten sich die Portugiesen verschanzt, bis sie 1644 omanischen Truppen weichen mussten. Heute beherbergt das restaurierte Fort ein kleines, aber mit Stolz bestücktes Heimat- und Geschichtsmuseum.

Musandams eigentliche Attraktion aber ist zweifellos seine großartige **Natur**. Gerade ihrer Kargheit wegen lohnt sich die Erkundung des felsigen Landesinneren. Erfahrene **Bergwanderer** und **-kletterer** finden hier ein – allerdings weder markiertes noch gesichertes – Paradies, um dessen Erschließung sich Khasab Tours (s.u.) bemüht. Ein lohnendes Ziel ist etwa der Felssturz beim Dorf **Tawi**, auf dessen wild durcheinandergeworfenen Blöcken man vielfach sehr gut erhaltene prähistorische *Felszeichnungen* und *Felsritzungen* bestaunen kann: Kamele, Sonnenräder und ein Boot.

Einfacher ist es, mit dem 4 x 4 in die Berge zu fahren, am besten vertraut man sich einem routinierten Führer an. Der bringt den Gast dann sicher durch die wild-bizarre Bergwelt. Empfehlenswert ist ein Ausflug auf den 2087 m hohen **Jebel Harim** (Berg der Frauen), dessen eigentlicher Gipfel jedoch militärisches Sperrgebiet ist. Der Weg führt über das geradezu liebliche **Sayh Plateau**, eine gipfelumstandene Hochebene mit fruchtbaren Feldern und ausreichend Weide für freilaufende Ziegen und Esel. Auch das **Wadi Sal al A'la** an der Ostküste lohnt einen Abstecher. Sein Ende bildet ein weites Rund, in dem Dutzende dicht belaubter Schirmakazien und Weißdorn stehen. In ihrem Schatten machen Menschen wie Ziegen gern Picknick. Unbedingt sollte man von hier aus zum nahen Aussichtpunkt über dem **Khor Najd** fahren. Zwar führt eine abenteuerlich gewundene Serpentinenpiste hinab an sein Ufer, doch ist der Anblick des tiefblauen Wasserarms, der von bizarr gezackten Bergen gerahmt wird, aus luftiger Höhe von 1800 m unübertrefflich.

Gelegenheit, einen oder mehrere der Fjorde aus der Nähe zu inspizieren, hat man bei einer der hier geradezu obligatorischen **Dhaufahrten**, die etwa in den 20 km langen **Khor Sham** führen. Ein Höhepunkt wartet bereits am Anfang eines solchen Tagesausfluges, wenn die Bootsführer am Eingang des Fjordes *Delphine* ›herbeipfeifen‹, die dann auch meist auftauchen, das Boot mit übermütigen Luftsprüngen umkreisen oder es ein Stück des Weges begleiten. Weiter führt die beschauliche Fahrt vorbei an gewaltigen *Felswänden*, die aus unzähligen verschiedenfarbigen Gesteinsschichten bestehen. Vor Tausenden von

TOP TIPP

Jahren haben die Urkräfte der Erde sie aufgeworfen, heute verlaufen die Lagen oft schräg ins Wasser. Besonders spektakulär wird der Anblick bei Sonnenaufgang oder Sonnenuntergang, wenn das Licht den Fjordwänden wahre Farbsinfonien in Umbra, Orange und Zinnober entlockt. Das Boot passiert abgelegene *Fischerdörfer* wie Qanaha oder Maqlab und einsame Felsinseln, von denen eine bereits Eingang in die Geschichte gefunden hat: Das öde Eiland *Jazirat al-Maqlab* verdankt seine englische Bezeichnung *Telegraph Island* der kurzzeitigen Stationierung eines britischen Bautrupps, der im Jahr 1865 das Unterseekabel zwischen Karatschi und London verlegte. Das Originalkabel soll noch heute auf dem Boden des Khor zu sehen sein, ein guter Anlass für einen Bade- und Schnorchelstopp. So artenreich und bunt die Unterwasserwelt sich hier auch gibt, bei TOP TIPP **Seebi Island** nahe dem Ende des Fjords ist sie sogar noch schöner. Die Sichtweite in dem ruhigen Gewässer beträgt bis zu 20 m, auch nach den bunten Fischschwärmen muss man nicht lange spähen. Die erstaunliche Artenvielfalt beinhaltet Polypen, Nudibranch, Sergeant Major, Dascyllus, Anemonenfisch, Tang Grouper – um nur einige zu nennen.

Außerhalb der Fjorde hat man weitere Auswahl an **Tauchplätzen**, die aber wegen der oft starken Strömungen und des Gezeitensogs nur etwas für erfahrene Sportler sind. Hier gibt es Korallengärten, Wracks, Steilwände und Kanäle, in denen man Meereschildkröten, Rochen, Riff- und Walhaien begegnen kann, aber auch Skorpion-, Squirrel- und Löwenfischen. In den Wintermonaten hat man weiter draußen sogar die Chance, einen Blau-, Buckel- oder Minkwal zu sehen.

Prähistorische Menschen ritzten im heutigen Ort Tawi ihre damalige Welt in Stein

Delphine sind gern gesehene Begleiter bei Dhau-Fahrten entlang der Küste

Praktische Hinweise

Sport und Freizeit

Extra Divers Musandam, am Strand des Golden Tulip Hotels, Khasab, Tel. 26 73 05 01, www.musandam-diving.com. Das einzige Dive Center der Region steht unter deutscher Leitung. PADI-Kurse aller Levels von Bubblemaker bis Instructor. Für Anfänger und Schnuppertaucher gibt es ein Hausriff. Überdies tgl. 2-Tank-Tauchgänge, Nacht-, Wrack-, Strömungstauchen.

Dolphin Khasab Tours, Khasab, Tel. 26 73 08 13, www.dolphinkhasabtours.com. Umfassendes Ausflugsprogramm zu Fjorden, Orten und in die Berge. Halbtages-, Tages- oder Mehrtagesfahrten, 4x4-Safaris, delphinfreundliche Dhau- und Tauchausflüge. Auch Fischen, Kayaking, Trekking und Outdoor Camping.

Hotel

********Golden Tulip Khasab Hotel Resort****, Khasab, Tel. 26 73 07 77, www.goldentulipkhasab.com. Erstes Haus am Platz, etwas außerhalb Khasabs malerisch auf einer ansteigenden Klippe gelegen. Alle 45 Zimmer, zwölf Chalets und drei Suiten mit Meerblick. Restaurant im Haus. Neben dem Sandstrand steht eine Tauchbasis zur Verfügung (s. o.).

NET TOURS

Dubai, Vereinigte Arabische Emirate und Oman aktuell A bis Z

Vor Reiseantritt

ADAC Reisemedizinische Beratung:
Tel. 089/76 76 77

ADAC-Mitglieder erhalten reisemedizinische Informationen sowie aktuelle Adressen von deutschsprechenden Ärzten im Reiseland.

ADAC:
www.adac.de
www.adac.de/reisefuehrer

Vereinigte Arabische Emirate:
www.vae-botschaft.de
www.uaeinteract.com

Oman:
www.omantourism.gov.om
www.omantourism.de

Deutschland

Abu Dhabi Tourism Authority (ADTA), Goethestr. 27, 60313 Frankfurt, Tel. 069/299 25 39 20 , www.abudhabitourism.ae, www.visitabudhabi.ae (auch für *Österreich* und die *Schweiz*)

Dubai Department of Tourism and Commerce Marketing (DTCM), Bockenheimer Landstr. 23, 60325 Frankfurt/Main, Tel. 069/710 00 20, www.dubaitourism.ae

Sultanate of Oman, Ministry of Tourism, c/o Interface International, Karl-Marx-Allee 91 a, 10243 Berlin, Tel. 030/42 08 80 12

Informationen auch bei:
Botschaft der Vereinigten Arabischen Emirate, Hiroshimastr. 18–20, 10785 Berlin, Tel. 030/51 65 16, www.uae-embassy.de

Botschaft von Oman, Clayallee 82, 14195 Berlin, Tel. 030/81 00 51 12, botschaft-oman@t-online.de

Schweiz

DTCM, Hinterer Schermen 29, 3063 Ittigen/Bern, Tel. 031/924 75 99, dtcm_ch@dubaitourism.ae (auch für *Österreich* zuständig)

Generalkonsulat von Oman, Chemin de Roilbot 3 a, 1292 Chambésy, Tel. 022/758 96 60, missionoman@bluewin.ch

Österreich

Botschaft der Vereinigten Arabischen Emirate, Peter-Jordan-Str. 66, 1190 Wien, Tel. 01/368 14 55, emirates@aon.at

Botschaft von Oman, Währinger Str. 2–4, 1090 Wien, Tel. 01/310 86 43, embassy.oman@chello.at

Allgemeine Informationen

Reisedokumente

Für die Einreise in die VAE sowie den Oman wird ein noch mindestens 6 Monate gültiger Reisepass bzw. Kinderreisepass oder Kinderausweis benötigt. Deutsche, Österreicher und Schweizer erhalten das nötige Visum bei der Einreise. Für die VAE ist dieses ›Visa on Arrival‹ kostenlos, der Oman erhebt eine geringe Gebühr. Wer einen Israel-Stempel im Pass hat, sollte sich einen Ersatzausweis ausstellen lassen.

Kfz-Papiere

Für das Anmieten von Fahrzeugen in den VAE und im Oman sind der nationale und internationale Führerschein erforderlich, auch wenn der Wagen bereits von Europa aus gebucht wurde. Die Kaution wird mit Kreditkarten-Deposit hinterlegt.

Wer vorhat, mit dem Mietwagen von den VAE in den Oman oder umgekehrt zu fahren, muss beim Anmieten darauf hinweisen und eine entsprechende Versicherung abschließen. Einreise oder Durchfahrt durch Enklaven wie um Hatta oder Zwillingsstädte wie Al Ain/Buraimi oder Dibba sind ohne bürokratischen Aufwand möglich. Die eigentlichen Grenzposten können 20 km und mehr voneinander entfernt liegen. Daher ist beim Grenzübertritt darauf zu achten, sich einen Ausreisevermerk in den Pass stempeln zu lassen. Andernfalls muss man den ganzen Weg zurückfahren, um sich den nötigen Stempel zu holen.

Krankenversicherung und Impfungen

Der Abschluss einer privaten **Auslandsreisekranken- und Rückholversicherung** mit uneingeschränkter Kostenübernahme wird dringend empfohlen.

Ansonsten sind keine besonderen Vorkehrungen zu treffen. Sicherheitshalber empfehlen sich rechtzeitig vor Reiseantritt Auffrischimpfungen gegen Tetanus und Polio. Die Reiseapotheke sollte Sonnenschutzcremes mit hohem Lichtschutzfaktor sowie Durchfallmittel enthalten.

Hund und Katze

Wer Haustiere in die VAE und in den Oman mitnehmen will, muss umfangreiche Impf- und Quarantänebestimmungen beachten. Genaue Informationen geben die jeweiligen Botschafen.

Service und Notruf

Notruf

Vereinigte Arabische Emirate
Polizei, Ambulanz: 999
Ambulanz: 998 in Abu Dhabi, Al Ain, Fujairah
Feuerwehr: 997

Oman
Polizei, Ambulanz, Feuerwehr: 9999

Europa
Polizei, Unfallrettung, Feuerwehr: 112

ADAC Info Service
Tel. 0800 5 10 11 12
(Mo–Sa 8–20 Uhr)

ADAC Pannenhilfe Deutschland
Tel. 0 180 2 22 22 22
(dt. Festnetz 6 ct/Anruf; dt. Mobilfunk max. 42 ct/Min.),
Mobil-Kurzwahl: 22 22 22
(Verbindungskosten je nach Netzbetreiber/Provider)

Hilfe an Notrufsäulen
Unbedingt den ADAC verlangen

ADAC Notruf aus dem Ausland
Festnetz: +49 89 22 22 22

ADAC Ambulanzdienst München
Festnetz: +49 89 76 76 76 (24 Std.)

ÖAMTC Schutzbrief Nothilfe
Tel. +43 1 251 20 00, www.oeamtc.at

TCS Einsatzzentrale
Tel. +41 58 827 22 20, www.tcs.ch

Zollbestimmungen

Bei der **Einreise** in die *VAE* dürfen neben persönlichen Gegenständen auch 400 Zigaretten, 50 Zigarren oder 500 g Tabak eingeführt werden, doch Tabakwaren sind vor Ort bedeutend günstiger als in Europa. Nicht-Muslime dürfen, außer nach Sharjah, auch 4 l alkoholische Getränke mit sich führen. In den *Oman* dürfen nur Gegenstände des persönlichen Gebrauchs sowie höchstens eine Flasche Alkohol eingeführt werden.

Jeweils verboten ist die Mitnahme von frischen Lebensmitteln, insbesondere Schweinefleischprodukten, aber auch von Zeitschriften mit freizügigem Inhalt, von Pornographie und Waffen (im Oman auch Spielzeugpistolen und Imitate). Der Besitz und die Einfuhr von sowie der Handel mit (illegalen) Drogen wird strafrechtlich streng geahndet, d. h. eventuell mit der Todesstrafe.

Wichtig: Bei der Mitnahme von Schmerzmitteln und Psychopharmaka empfiehlt es sich, ein internationales ärztliches Attest mitzuführen, da einige dieser Medikamente im Oman als illegale Drogen angesehen werden.

Bei der **Ausreise** nach Europa darf jede volljährige Person ab 18 Jahren zollfrei mitführen: 200 Zigaretten, 100 Zigarren, 1 l Alkohol oder 250 ml Parfüm. Gegenstände des persönlichen Gebrauchs, die ggf. im aufgegebenen Reisegepäck verstaut sind, sind ebenfalls zollfrei. Zu beachten ist jedoch die EU-weite Einfuhrgrenze für zollfreie Waren in Höhe von 430 €.

Beim Souvenirkauf sollte man bedenken, dass bestimmte Muscheln wie das Tritonshorn oder andere ›tierische Andenken‹ gemäß dem *Washingtoner Artenschutzgesetz* nicht nach Europa eingeführt werden dürfen. Bei Zuwiderhandlung drohen Beschlagnahme und teils empfindliche Geldstrafen.

Ein- und Ausfuhr von Landes- und Fremdwährung sind in VAE und Oman unbeschränkt möglich.

Geld

Gesetzliches Zahlungsmittel ist in den *VAE* der Dirham (Dh), unterteilt in 100 Fils. Es gibt Scheine zu 5, 10, 20, 50, 100, 200, 500 und 1000 Dh sowie Münzen zu 1 Dh und zu 5, 10, 25 und 50 Fils. Die drei kleinen Werte werden jedoch wenig benutzt.

Im *Oman* zahlt man mit Omani Rial (R), ein Rial entspricht 1000 Baisa. Scheine

Der gute Ruf der österreichischen Kaiserin

Häufig führen Antiquitäten- und Silberläden im Oman in ihrem Sortiment einige der auch in Europa beliebten **Maria-Theresia-Taler**. Diese ab 1780 geprägten Silbermünzen mit dem Abbild der österreichischen Kaiserin Maria Theresia sind jedoch oft schon sehr abgegriffen, denn noch bis zur Währungsreform im Mai 1970 waren sie im Oman als reguläres Zahlungsmittel bei Privatgeschäften in Umlauf. Allerdings handelt es sich dabei meist um Nachdrucke, die z.B. die Bank von England noch bis 1960 herausgab – alle mit dem Prägeaufdruck 1780 versehen. In den Nahen Osten kamen die Maria-Theresia-Taler durch französische Soldaten, die damit während Napoleons Ägyptenfeldzug 1798 bezahlten. Daher sind sie auf der gesamten Arabischen Halbinsel auch als **Rial Fransi** bekannt.

werden zu 1, 5, 10, 20 und 50 R sowie zu 100 und 200 Baisa ausgegeben, Münzen gibt es im Wert von 25, 50 und 100 Baisa. Die ebenfalls geprägten 2-, 5- und 10-Baisa-Münzen sind kaum in Umlauf.

An den **Geldautomaten** der Nationalbanken jedes Emirats (z.B. Abu Dhabi United National Bank, National Bank of Dubai) sowie vieler internationaler Bankfilialen kann man in den VAE mit der **Maestro-Karte** Bargeld abheben.

Sowohl in den VAE als auch im Oman (z. B. Oman National Bank, Bank Muscat) sind Abhebungen mit international üblichen **Kreditkarten** (VISA, Mastercard etc.) in jeder größeren Stadt problemlos möglich. Auch akzeptieren die meisten Hotels und größeren Geschäfte Kreditkarten.

Die jeweiligen Nationalbanken wechseln auch **Traveller Cheques**, allerdings nicht in jeder Dependance.

Tourismusämter im Land

Die Tourismusämter kümmern sich in erster Linie um die internationale Vermarktung ihrer Heimatemirate, die Betreuung von Touristen vor Ort wird gern Hotels und Touranbietern überlassen. Gewisse Ausnahmen bilden Al Ain und Dubai, die Informationsbüros unterhalten, in denen man Broschüren oder einfache Stadtpläne erhält.

Ihre Adressen sind ebenso wie die Kontaktdaten der staatlichen Tourismusabteilungen im Hauptteil unter *Praktische Hinweise* aufgeführt.

Krankenhäuser

In Notfällen wird man in den exzellent ausgestatteten Krankenhäusern der Städte gut versorgt, die meisten Ärzte sprechen Englisch. Auf dem Land ist die medizinische Versorgung dagegen problematisch. Ausländische Patienten müssen anfallende Kosten sofort bezahlen.

Vereinigte Arabische Emirate

Al Noor Hospital, Abu Dhabi City, Tel. 02/626 52 65, www.alnoorhospital.com

Sheikh Khalifa Medical City, Abu Dhabi City, Tel. 02/610 26 62

Rashid Hospital, Dubai City, Tel. 04/219 20 00

Al Maktoum Hospital, Dubai City, Tel. 04/219 66 66

Al Qasimi Hospital, Sharjah City, Tel. 06/538 64 44

Saqr Hospital, Ras al-Khaimah City, Tel. 07/222 36 66

Al Fujairah Hospital, Fujairah City, Tel. 09/224 29 99

Dibba Fujairah Hospital, Dibba, Tel. 09/244 66 66

Oman

Royal Hospital, Emergency Service, Capital Area, Maskat, Tel. 24 59 94 61

Diplomatische Vertretungen

Vereinigte Arabische Emirate

Botschaft der Bundesrepublik Deutschland, Abu Dhabi Mall/Towers at the Trade Center, West Tower, 14th Floor, Abu Dhabi City, Tel. 02/644 66 93, www.abu-dhabi.diplo.de. In Notfällen Tel. 050/621 62 91

Deutsches Generalkonsulat, Khalid bin al-Waleed Road, Dubai Islamic Bank Building (nahe Bur Juman Shopping Mall), Bur Dubai, Dubai City, Tel. 04/397 23 33, www.dubai.diplo.de

Botschaft der Republik Österreich, Al Khazna Tower, Najda Street 6, Abu Dhabi City, Tel. 02/676 66 11, www.aussenministerium.at/abudhabi

Botschaft der Schweizerischen Eidgenossenschaft, Dhabi Tower (gegenüber Al Maha Rotana Hotel), Hamdan

Vorsicht, Wüstenschiffe kreuzen! Noch haben 4x4-Wagen die Kamele nicht ganz verdrängt

Street, Abu Dhabi City, Tel. 02/627 46 36, www.eda.admin.ch/uae

Schweizer Generalkonsulat, World Trade Center, 22. St., Dubai City, Tel. 04/329 09 99, www.eda.admin.ch/dubai

Oman

Botschaft der Bundesrepublik Deutschland, P.O.Box 128, Ruwi, PC 112, Maskat (nahe Al-Nahda Hospital, Al-Hamriyah-Roundabout), Tel. 24 83 24 82, www.maskat.diplo.de

Generalkonsulat der Schweiz, Al-Asfoor Plaza Building, 1st Floor, Apt. 104, Al-Qurum, Maskat, Tel. 24 56 82 02, www.eda.admin.ch/eda/de/home/reps/asia/vomn/afooma.html

Besondere Verkehrsbestimmungen

Sowohl in den VAE als auch im Oman fährt man auf der rechten Straßenseite.

Tempolimits (km/h): innerhalb geschlossener Ortschaften: 60, auf Landstraßen und Autobahnen 100 bzw. 120 (Schilder beachten!).

Es gibt zahlreiche Radarkontrollen mit unterschiedlicher Toleranz.

Promillegrenze: 0.

Hinsichtlich Alkohol am Steuer gelten strenge Vorschriften, die unbedingt eingehalten werden sollten.

Telefonieren beim Fahren ist strafbar.

Bei **Verkehrsunfällen** – und seien sie noch so geringfügig – müssen alle Beteiligten auf das Eintreffen der Polizei warten; die Fahrzeuge dürfen in der Zwischenzeit nicht bewegt werden.
Vor allem in den VAE, deren Straßen meist sehr gut ausgebaut sind, wird ein schneller und rücksichtsloser Fahrstil gepflegt. Hier empfiehlt sich besondere Wachsamkeit. Auf Überlandfahrten und in Dörfern muss man damit rechnen, dass überraschend Ziegen oder Kamele die Straße kreuzen.

Vor allem in den Innenstädten gibt es an vielen Stellen einen **Kreisverkehr**, einen *Roundabout* (R/A), meist mindestens zweispurig. Dadurch kommt es innerhalb der Rondelle oft zu gewagten Spurwechseln, hier ist erhöhte Vorsicht geboten!

Für Fahrten in der **Wüste** und auf weichem Sand gelten besondere Vorsichtsmaßnahmen, welche die Touranbieter oder Autovermieter vor Ort gern erläutern. Sachgemäße Ausstattung sowie ausreichend Wasser und Treibstoff sollten selbstverständlich sein.

Elektrizität

Wechselstrom 220/240 V, 50 Hz. Viele Steckdosen passen nur für Dreikontaktstecker. Da nicht alle Hotels Adapter zur Verfügung stellen, empfiehlt sich die Mitnahme eines eigenen Adapters.

Zeit

MEZ + 3 Stunden, während der europäischen Sommerzeit MEZ + 2 Stunden.

Anreise

Flugzeug

Vereinigte Arabische Emirate

Die nationalen Fluglinien **Etihad** (Abu Dhabi, www.etihadairways.com) und **Emirates** (Dubai, www.emirates.com) sowie zahlreiche internationale Gesellschaften fliegen Abu Dhabi City und Dubai City regelmäßig von Europa aus an (z.B. ab Frankfurt, München oder Genf). Nahezu jede größere Stadt verfügt über einen Internationalen Flughafen, weltweit bedeutend sind die von Abu Dhabi City und Dubai City. Beide genießen einen ausgezeichneten Ruf als zollfreie Einkaufsparadiese mit großen Shopping- und Duty Free-Bereichen.

Abu Dhabi International Airport, Tel. 02/575 75 00, www.abudhabiairport.ae

Dubai International Airport, Tel. 04/224 55 55, www.dubaiairport.com

Weitere Internationale Flughäfen in den VAE sind

Al Ain, Tel. 03/785 55 55, www.adac.ae

Fujairah, Tel. 09/222 62 22, www.fujairah-airport.com

Ras al-Khaimah, Tel. 07/244 81 11, www.rakairport.com

Sharjah, Tel. 06/558 11 11, www.shj-airport.gov.ae

Oman

Von Europa aus fliegen Lufthansa, British Airways und Swiss Airlines die Landeshauptstadt Maskat direkt an. Die nationale Fluglinie **Oman Air** (www.omanair.com) unterhält Verbindungen nach Europa, ebenso Kuwait Airways und weitere Fluggesellschaften aus der Region.

Muscat International Airport (MCT), Tel. 24 51 92 23 und Tel. 24 51 94 56 (Fluginfos rund um die Uhr), www.omanairports.com

Bank, Post, Telefon

Bank

Vereinigte Arabische Emirate

Öffnungszeiten: Sa–Mi 8–13, Do 8–12 Uhr. Einige Filialen öffnen auch Sa–Mi 16.30–18.30 Uhr.

In Abu Dhabi, Dubai und Ajman sind sowohl die nationalen als auch die meisten internationalen Banken vertreten und auch in den Hauptstädten der anderen Emirate finden sich ausreichend Bankniederlassungen.

Oman

Öffnungszeiten: Sa–Mi 8–12,
Do 8–11.30 Uhr
Bank Muscat und Oman National Bank sind in allen größeren Städten vertreten, Niederlassungen internationaler Banken findet man in erster Linie in Maskat.

Achtung: Im Oman kann man mit der Maestro-Karte nur an sehr wenigen Bankautomaten Bargeld abheben.

Post

Vereinigte Arabische Emirate

Öffnungszeiten: meist Sa–Mi 8–12 und 16–18, Do 8–11.30 Uhr, doch die Schalterstunden variieren je nach Postamt. Weit verbreitet sind private Postal Agencies.

In Abu Dhabi befindet sich die **Hauptpost** nahe des Madinat Zayed Shopping Center. Man kann Post aber auch an der Hotelrezeption abgeben. Brief- und Paketbeförderung funktionieren i. d. R. einwandfrei, während des Ramadan kann es jedoch zu Verzögerungen kommen.

Oman

Postämter sind in allen größeren Orten vorhanden, die Öffnungszeiten variieren jedoch, meist Sa–Do vormittags und Sa–Mi am späten Nachmittag.

Telefon

Internationale Vorwahlen
Deutschland 00 49
Österreich 00 43
Schweiz 00 41
VAE 009 71
Oman 009 68

Nationale Vorwahlen: Abu Dhabi 02, Al Ain 03, Dubai 04, Sharjah, Ajman, Umm al-Qwain 06, Ras al-Khaimah 07, Fujairah, Khor Fakkan, Dibba 09, Mobil 050, 055

Bei Mobiltelefonen schaltet der Netzbetreiber bzw. Provider automatisch auf ein örtliches Netz um. Wer viel telefoniert sollte sich vorab über günstige Europa-Tarife informieren oder sich eine Pre Paid Karte besorgen.

In den Küstenregionen ist der Empfang für Mobiltelefone ausgezeichnet, was man von den Bergregionen nicht durchweg behaupten kann.

Einkaufen

Auf den traditionellen Märkten und in den unzähligen modernen Einkaufszentren der Emirate findet man so ziemlich alles, was die bunte Warenwelt weltweit zu bieten hat. In den VAE werden auf die meisten Waren weder bei der Einfuhr noch beim Verkauf **Steuern** erhoben, sodass die Preise im Vergleich zu den europäischen oft sehr günstig sind (Ausnahme: Alkohol). Andererseits sollte man gerade bei teuren Stücken in etwa wissen, was diese zuhause kosten, denn nicht jedes angepriesene Sonderangebot ist auch wirklich eines.

Die unbestreitbare Spitzenposition als **Einkaufsparadies** nimmt Dubai ein. Hier bricht die Zahl der Souks und Malls alle

Rekorde, es gibt fast keinen Straßenzug, in dem nicht Sonderangebote, Promotion und Prozente locken. Diese Goldgräberstimmung erreicht jedes Jahr in den Monaten Januar und Februar ihren Höhepunkt, wenn während des **Dubai Shopping Festival** (www.dubaishop pingfestival.com) die meisten Preise um bis zu 70 % reduziert werden.

In den Emiraten wie im Oman gehört stets ein nettes Gespräch über den Preis zum Einkaufen. In den Souks sowieso, meist kann man aber auch in den Geschäften der Malls über den Preis verhandeln. Freilich darf der Kunde hier keine exorbitanten Nachlässe erwarten, ein Entgegenkommen oder Abrunden ist dagegen in aller Regel möglich.

Besonders beliebte Mitbringsel sind **Parfüm** und **Goldschmuck**, aber auch **Kleidung** internationaler Modedesigner kann man günstig erstehen. Hat der Gast einige Tage Zeit, kann er oder sie auch einen der zahlreichen indischen Schneider beauftragen, nach eigenen Vorgaben ein gutes Stück maßzuschneidern. Seide, Kaschmir oder andere edle Stoffe stehen dafür reichlich zur Auswahl. Dasselbe gilt für **Teppiche**, die aus dem nahen Iran und Irak importiert werden. Bei Kaufinteresse muss man jedoch bedenken, dass je nach Kaufpreis bei der Rückkehr ins Heimatland evtl. Zoll [s.S.122] anfällt. An landestypischen Gegenständen werden gern **Schnabelkannen** mitsamt den zugehörigen kleinen henkellosen Kaffeetassen sowie **Shishas** (Wasserpfeifen) erstanden. Der *Oman* ist für seinen oft auffälligen **Silberschmuck** berühmt. Auch **Weihrauch** wird hier in seinem Ursprungsland gern gekauft, ebenso **Gewürze**, insbesondere einige Fäden von echtem **Safran**. Ein besonders schönes Andenken ist ein mit Silberdraht kunstvoll verzierter **Khandjar**, wie die landestypischen Krummdolche genannt werden. Ein echtes Stück, vielleicht sogar mit Bernsteingriff, ist freilich nicht billig. Günstiger sind da schon die bereits erwähnten **Maria-Theresia-Taler** [s.S. 122], die ebenfalls ein hübsches Souvenir mit bleibendem Wert sind.

Essen und Trinken

Das vielfältige Angebot der in den Emiraten ansässigen Restaurants aus aller Welt lässt kaum Wünsche offen.

Speziell das multikulturelle Dubai mit seinen Bewohnern aus allen fünf Kontinenten hat in kulinarischer Hinsicht Erstklassiges zu bieten. Hier kann man ebensogut arabisch essen wie mongolisch, japanisch und – natürlich – indisch in allen Variationen. Zur Auswahl stehen aber auch amerikanische Steakhäuser, französische Gourmetrestaurants oder spanische Tapas-Bars, es gibt Knödel, Gulasch, Moi Moi und Borschtsch, Kaviar, Froschschenkel, Sashimi, Mandarinfisch und Bacalhau, Schnitzel, Risotto, Kebab – alle

Im Souk von Maskat ist das Warenangebot schier grenzenlos, vor allem Silber ist sehr begehrt

Immer auf dem Teppich bleiben – die Mahlzeiten werden traditionell im Sitzen eingenommen

Arabische Gaumenfreuden

Um arabische Küche zu kosten, wählt man am besten libanesische Restaurants, denn Lokale, die sich auf landes- oder regionaltypische Küche spezialisiert haben, sind selten. Die Speisen ähneln sich jedoch sehr, gegessen wird traditionellerweise mit der *rechten Hand*. Vorab kommt stets eine große Platte nicht angemachter Salat und Gemüse auf den Tisch, Mineralwasser ist ebenfalls meist im Menü enthalten: Als **Vorspeise** (*Mezze*) bieten sich *Mutabel*, Auberginenmus, oder *Houmus* an, Kichererbsenmus mit Gewürzen und Olivenöl. Knusprig-heiße *Falafel* oder *Tabouleh*, der arabische Salat (mit geröstetem Weißbrot heißt er *Fattush*), leiten dann zu den **Hauptgerichten** über, bei denen Variationen von und mit Hühner- und Hammelfleisch dominieren. *Shawarma* ist die hiesige Version des türkischen Döners, Fleischspieße heißen *Shish Kebab*, sind sie mit mariniertem Huhn bestückt, nennt man sie *Shish Tawouk*. Mit *Machbous*, einem Lammeintopf, liegt man ebenfalls immer richtig und auch *Foul*, ein Eintopf auf Bohnenbasis mit wechselnden weiteren Zutaten, ist sehr beliebt. Vegetarier kommen mit spinat- oder käsegefüllten *Borek* (Blätterteigtaschen) oder einem der zahlreichen Reisgerichte mit Gemüse auf ihre Kosten.

Entlang der Küste wird häufig auch Fisch serviert, meist gegrillter *Hammour*, eine Art von Zackenbarsch. *Calamares*, Tintenfischringe, und *Samak Narjeel*, Fisch in Kokossoße, findet man ebenfalls oft auf den Speisekarten.

Als **Desserts** stehen z.B. honigsüße *Baklava* zur Verfügung, aber auch *Muhlabiya*, den süßen Reispudding mit Rosinen, sollte man probieren. Ein arabisches Essen endet stets mit einer Tasse Tee (*Schai*), der meist als *Schai Nana*, also mit einem Minzblatt, serviert wird, oder Kaffee (*Qahwa*), der oft mit Zimt gewürzt ist.

Küchen dieser Welt scheinen hier vertreten. Die Hotels haben häufig exzellente Restaurants.

Trinkgeld wird nicht grundsätzlich erwartet, ist jedoch gern gesehen. In den meisten Hotels und Restaurants ist der Service bereits im Preis enthalten, doch für herausragende Qualität oder besondere Aufmerksamkeit kann man sich durchaus beim Servicepersonal mit einem Trinkgeld in Höhe von 5–10% des Rechnungsbetrages bedanken.

Der Rythmus des traditionellen Ayalah-Stocktanzes wird von Trommeln vorgegeben

Feiertage

Feste Feiertage: 1. Januar: Neujahr, 6. August: H. H. Sheikh Zayed Bin Sultan Al Nahyan's Accession Day, 18. November: Nationalfeiertag Oman (Geburtsag des Sultans Quabus Ibn Said), 2. Dezember: Nationalfeiertag VAE.

Bewegliche Feiertage (nach dem islamischen Mondkalender): 1. Muharram (4. November 2013): Islamisches Neujahr; 12. Rabi'ul-Awal (13. Januar 2014): Mevlid (Geburtstag des Propheten Mohammed); 1. Ramadan: 9. Juli 2013; 27. Rajab (in den letzten 10 Tagen des Ramadan): Lailat al Miraj (Nacht der Macht); 1. Shawwal (8.–10. August 2013): Eid Al-Fitri (Fastenbrechen); 9. Zul Hajjah (15.–18. Oktober 2013): Eid Al-Adha (Opferfest).

Der islamische Kalender ist ein zwölfmonatiger **Mondkalender**, daher je nach Mondphase zehn oder elf Tage kürzer als der gregorianische Sonnenkalender. So wandert er im Zeitraum von 32,5 Jahren einmal rückwärts durch den gregorianischen Kalender.

Der einzelne Monat hat je nach den Mondphasen 29 oder 30 Tage. Schaltjahre gibt es nicht, da jeder Monat unmittelbar mit der Sichtung des neuen Mondes beginnt. Entsprechend können sich auch die o.g. Festtage gegebenenfalls um einen Tag verschieben.

Die islamischen **Monate** heißen 1. Muharram, 2. Safar, 3. Rabi'-ul-Awwal, 4. Rabi'-ul-Achir (oder Rabi'-uth-Thani), 5. Dschumada al-Ula, 6. Dschumada al-Achira, 7. Rajab, 8. Scha'ban, 9. Ramadan, 10. Schawwal, 11. Zul Qa'da, 12. Zul Hajjah.

Das arabische **Wochenende** in den VAE umfasste früher den Donnerstagnachmittag und den Freitag. Im Jahr 2006 wurde es jedoch offiziell auf Freitag und Samstag verlegt. Der Sonntag ist in jedem Fall ein regulärer Werktag.

Eine Besonderheit ist der Muslimen heilige Fastenmonat **Ramadan**. Er wird nach dem Mondkalender bestimmt, d.h. sein Datum im Gregorianischen Kalender ist veränderlich. Während des etwa 26-tägigen Ramadan fasten gläubige Muslime von Sonnenauf- bis Sonnenuntergang, d.h. sie nehmen weder Essen noch Trinken zu sich und verzichten auch auf das Rauchen. Kinder, Schwangere, alte und kranke Menschen sind von der Einhaltung dieser Gebote entbunden. Andersgläubige sind gehalten, das Fasten zu respektieren und in der Öffentlichkeit ebenfalls nicht zu essen, zu trinken oder zu rauchen. Obwohl das öffentliche Leben untertags während des Ramadan sehr zurückgefahren ist, finden sich doch stets einige Restaurants, hinter deren abgeklebten Scheiben man auch während der Fastenstunden etwas zu essen bekommt. Abends bzw. in der Nacht essen dann auch die Muslime, viele Restaurants unterbreiten dann besondere Ifthar-Angebote in traditionellen Zelten. Der Ramadan endet mit dem großen Fest **Eid**

al-Fitri, das im Familienkreis mit einem großen Festessen, neuen Kleidern für die Kinder und Geschenken für Freunde und Verwandte gefeiert wird.

Ramadantermine nach der westlichen Zeitrechnung:

28. Juni–28. Juli 2014
17. Juni–17. Juli 2015
6. Juni–5. Juli 2016

Wie am **Nationalfeiertag** begleiten auch den **Eid al-Fitri** öffentliche Festivitäten mit Musik und Tanz, dauern aber gleich mehrere Tage. In vielen Cultural Centres und Heritage Villages, aber auch in Parks und Herrscherpalästen kann man Darbietungen der überlieferten **Reihentänze** beobachten: Die traditionell weiß gekleideten Tänzer und die meist bunt geschmückten Tänzerinnen stehen nach Geschlechtern getrennt in einer Linie nebeneinander und bewegen sich zum eindringlichen Rhythmus der Trommeln immer einige Schritte vor und zurück. Ein bekannter Tanz der Beduinen ist etwa der *Ayyalah*, ein alter Kriegstanz, bei dem sich 20–200 mit Stöcken oder Schwertern bewaffnete Männer in zwei gegenüberliegenden Reihen bewegen. Klatschen und Trommeln bestimmen den Takt des schnellen *Liwa*, den ostafrikanische Sklaven auf die Arabische Halbinsel mitbrachten und der noch heute von Gesängen in Kiswahili begleitet wird. Die Frauen dagegen sind für ihren *Al-Nooban-* oder *Na'ashat-Haartanz* berühmt, bei dem die Mitwirkenden ihre langen Haare wild im Kreis herumwirbeln. Manch einem aus dem Publikum wird da schon vom Zuschauen schwindelig.

Festivals und Events

Kulturelle Highlights sind in den Emiraten rar. In ländlichen Gebieten kann man jedoch abends oder am Wochenende mit etwas Glück einem **Spontankonzert** beiwohnen, das Musiker mit der einsaitigen Rababa oder der gitarreähnlichen Tanubra geben. Den Takt bestimmt Al-Tanbol, die Trommel, begleitet von Dif (Tamburin) und rhythmischem Händeklatschen. Für westliche Ohren klingt die Musik manchmal eintönig, kann sich aber zu einem mitreißenden Stakkato steigern, bei dem kaum ein Zuhörer ruhig sitzen bleibt. Folgende Events finden regelmäßig statt.

Januar/Februar

Dubai, *Dubai International Jazz Festival* (www.dubaijazzfest.com). Musikfreunde treffen sich in der Media City.

März/April

Al Ain, *Al Ain Classics Festival* (www.aacf.ae): Klassische Musik im Al Jahili Fort.

Abu Dhabi, *Abu Dhabi Festival* (www.abudhabifestival.ae): Oper, Ballett, klassische Konzerte und Kunstausstellungen.

Sharjah, *Sharjah Biennale* (www.sharjahart.org): Alle zwei Jahre, das nächste Mal im Frühjahr 2015, wird regionale und internationale bildende Kunst präsentiert.

Dezember

Dubai, *Dubai International Film Festival* (DIFF, www.dubaifilmfest.com): Etabliertes, großes Film-Event.

Klima und Reisezeit

In den VAE und im Oman herrscht tropisches bis subtropisches Klima, d.h. es ist das ganze Jahr über heiß. Während im Landesinneren trockene Luft vorherrscht, ist es in den Küstenregionen entsprechend der hohen Luftfeuchtigkeit relativ schwül. Die omanische Hauptstadt Maskat ist einer der heißesten Orte der Erde, hier kann das Thermometer im Sommer leicht auf über 40 °C ansteigen. Im Winter fällt meist etwas Regen, an den Küsten ca. 100 mm, in den Bergen kann sich die jährliche Niederschlagsmenge auf bis zu 500 mm erhöhen.

Die beste **Reisezeit** ist November/Dezember, wenn sich die Tageshöchsttemperaturen an der Küste auf angenehme 25–28 °C einpendeln.

Klimadaten Dubai

Monat	Luft (°C) min./max.	Wasser (°C)	Sonnen-std./Tag	Regen-tage
Januar	15/21	22	8	1
Februar	16/22	21	8	1
März	18/25	23	8	2
April	21/30	25	10	1
Mai	26/35	27	11	–
Juni	28/40	30	11	–
Juli	29/44	31	10	–
August	30/42	32	10	–
September	26/37	31	10	–
Oktober	24/32	30	10	–
November	21/27	27	9	1
Dezember	16/23	25	9	1

Klimadaten Maskat

Monat	Luft (°C) min./max.	Wasser (°C)	Sonnen-std./Tag	Regen-tage
Januar	19/25	22	10	2
Februar	19/25	22	9	1
März	22/28	23	9	1
April	26/32	24	11	1
Mai	30/37	26	12	–
Juni	31/39	27	12	–
Juli	31/40	29	10	–
August	29/40	30	11	–
September	28/36	28	11	–
Oktober	27/34	26	11	–
November	23/30	25	10	1
Dezember	20/26	22	9	2

Nachtleben

Die Vereinigten Arabischen Emirate und der Oman sind islamische Länder, daher werden nicht an jeder Ecke ausschweifende Abendunterhaltung oder gar Trinkgelage geboten – obwohl es beides gibt. Insbesondere Dubai City bietet Diskotheken, Nachtclubs und Bars für jeden Geschmack.

Mit Ausnahme des Emirats Sharjah, in dem Alkoholverbot und eine etwas strengere Kleiderordnung gelten, können Gäste und Besucher der meisten Hotels das Abendessen im Restaurant durchaus mit einer gepflegten Flasche Wein genießen oder einige Stunden in legerer Pub-Atmosphäre verbringen. Empfehlenswerte Adressen sind im Hauptteil unter *Praktische Hinweise* genannt.

Die landestypische Form der Abendgestaltung ist nach Sonnenuntergang ein Spaziergang mit Freunden, mehrere Spielchen *Backgammon* sowie eine Unterhaltung bei einer Tasse Tee und einer oder mehreren Shisha-Pfeifen. Man raucht sie in Cafés und nach dem Essen in Restaurants. *Shisha-Rauchen* (oder ›Tabak trinken‹, wie es auf arabisch heißt) ist eine übliche und sehr geruhsame Beschäftigung. Man sitzt, plaudert und genießt die zahllosen Geschmacks- bzw. Geruchsvarianten des Tabakangebots von Apfel, Vanille und Pomeranze bis zu Rosenblüten.

Sport

Golf

Während der Golfsport im Oman sozusagen noch in den Kinderschuhen steckt, gibt es in den Emiraten mehrere erstklassige 18-Loch-Plätze. Neben den *brown courses*, d.h. Sandgolfplätzen, entstanden *green courses*, Rasengolfplätze, die dank intensiver Bewässerung jedem internationalen Vergleich standhalten. Es versteht sich, dass die Gebühren bei einem solch enormen Aufwand nicht gerade niedrig sind. Für Mitglieder der United Arab Emirates Golfers' Association (UGA) gelten meist Sonderkonditionen. Die Adressen einzelner Clubs finden sich im Hauptteil unter *Praktische Hinweise* bei den jeweiligen Punkten.

Dubai verfügt über die meisten Plätze in den Emiraten. Seit 1990 wird hier alljährlich im Januar/Februar das **Dubai Desert Classic** (www.dubaidesertclassic.com) ausgetragen, das wegen seiner Preisgelder in Millionenhöhe die besten Spieler der Welt anzieht.

Die **Spitzengolfplätze** in Dubai sind unter *Praktische Hinweise* im Hauptteil aufgeführt. Weitere Auskünfte erteilt:

Dubai Golf Office, Emirates Golf Club, Tel. 04/380 19 19, www.dubaigolf.com

Tennis

Die meisten der großen Resorthotels in den Emiraten und im Oman bieten einen oder mehrere Outdoor-Tennisplätze, die gegen Gebühr auch auswärtigen Spielern offen stehen.

International bekannt und bei den Zuschauern beliebt ist das jedes Jahr Ende Februar, Anfang März in Dubai City ausgetragene ATP-Turnier **Dubai Tennis Championships** (www.dubaidutyfree tennischampionships.com). Die hohen Preisgelder von rund 2 Mio. US-Dollar locken dann Spitzenspieler und -spielerinnen aus aller Welt in das Dubai Tennis Stadium in Al-Garhoud.

Time Out Tickets, Tel. 800 46 69, www.timeouttickets.com

Kamelrennen

Kein nennenswerter Ort in den Emiraten kommt ohne Kamelrennbahn aus. Ob Emiratshauptstadt oder Oase, überall findet man in der Umgebung einen mehrere Kilometer langen ovalen **Camel Race Track**. Das deutet bereits darauf hin, wie begeistert die einheimischen Männer von Kamelrennen sind. Die Siegprämien bei Rennen sind beträchtlich und der Ruhm eines erfolgreichen Züchters ist vollends unbezahlbar.

In Dubais Hyatt Regency Hotel lassen sich die Scheichs gern auf's Glatteis führen

Die Rennen finden an den Wochenenden im Winter meist frühmorgens statt, also Nov.–April Do/Fr 6–7 Uhr. Es ist schon ein Erlebnis, die hochbeinigen Renndromedare zu beobachten, die in flottem Trab um die Wette laufen. Oft begleiten die Besitzer ihre wertvollen Tiere beim Rennen – in Allradautos auf der Innenbahn. Ein Gesetz verbietet seit 2005 den Einsatz von Kindern als Jockeys, deren Rolle nun leichtgewichtige Roboter übernehmen.

Pferdesport

Edle Rennpferde sind auf der gesamten Arabischen Halbinsel eine Leidenschaft all jener, die es sich leisten können. Dazu gehört zweifellos Dubais Herrscher Scheich Mohammed bin Rashid al-Maktoum, der den berühmten Rennstall *Godolphin* in Dubai unterhält. Er und seine Söhne sind zudem international erfolgreiche Distanzreiter im Nationalteam der VAE.

Schluss- und Höhepunkt der jährlichen Rennsaison (Nov.–März) ist Ende März der **Dubai World Cup** (www.dubaiworldcup.com). Bei Preisgeldern bis zu 15 Mio. US-Dollar trifft sich hier alles, was international Rang und Namen hat. Querfeldein geht es bei den **Endurance Races**, den im Winterhalbjahr beliebten Distanzrennen. Der Kurs führt in der Regel etwa 100 km durch die Wüste, wobei der Zustand von Pferden und Reitern in regelmäßigen Abständen überprüft wird.

Genaue Termine, Startlisten und weitere Auskünfte gibt es bei:

UAE Equestrian Federation, Abu Dhabi, Tel. 02/666 18 00, www.uaeequafed.ae

Amateure können Mitte Sept.–Mitte Juni Reitstunden oder Ausritte in die Wüste buchen, z.B. bei:

Dubai Polo & Equestrian Club, Arabian Ranches, Dubai City, Tel. 04/361 81 11, www.poloclubdubai.com

Sharjah Equestrian & Racing Club, Al-Dhaid Road, Sharjah, Tel. 06/531 11 55, www.forsanuae.org.ae

Rugby

Reges Interesse sowohl bei Expats als auch bei Einheimischen findet das dreitägige internationale Rugby Turnier **Dubai Rugby Sevens** (www.dubairugby7s.com), das jedes Jahr im November oder Dezember stattfindet. Zum Finale strömen dann jeweils bis zu 50 000 Zuschauer ins Stadion des ausrichtenden Klubs:

Dubai Exiles Rugby Club, The Sevens Stadium, Al Ain Road (E66, Exit 29/30, am Stadtrand), Dubai City, www.dubaiexiles.com

Tickets unter Tel. 04/444 34 59 (internationale Anrufe) und Tel. 800 46 69 (in den VAE, gebührenfrei) sowie online unter www.timeouttickets.com

Wassersport

Die warmen Gewässer des Arabischen Golfs im Westen und des Golf von Oman im Osten sind ein Wassersportparadies par excellence, jedenfalls im Winterhalbjahr, wenn die Wassertemperaturen angenehme 22–25 °C betragen. **Schwimmen**, **Schnorcheln** und **Jet Ski** fahren stehen dann ganz oben auf der Liste der Vergnügungen.

Ganzjährig beliebte Ausflugsziele bei Jung und Alt sind die **Aquaparks** der Emirate, wie *Wild Wadi* und *Atlantis Aquaventure* in Dubai City oder der *Dreamland Aquapark* zwischen Umm al-Qaiwain und Ras al-Khaimah. Adressen sind unter *Praktische Hinweise* bei den jeweiligen Punkten aufgeführt.

Tauchen

Vor allem die Ostküste der Arabischen Halbinsel, der Golf von Oman von Maskat über Fujairah und Khor Fakkan bis nach Musandam, kann mit einigen sehr schönen Tauchgründen aufwarten. Dort bieten Korallenriffe ebenso wie Schiffs- und

Kleine Benimmschule für Ausländer

Kein Einheimischer erwartet von ausländischen Gästen, alle Feinheiten des arabischen Knigge zu beherrschen. Doch einige ›Dos und Don'ts‹ sollte man kennen, um vor Ort nicht unangenehm aufzufallen.

Generell sollten Männer wie Frauen abseits des Strandes nicht allzu viel nackte **Haut** zeigen. In Dubai hat man sich in dieser Hinsicht zwar schon an allerlei gewöhnt, aber gern gesehen sind Hot Pants und Netzshirts auch hier nicht. Außerhalb der großen Städte dagegen, in den Bergdörfern des Hajar-Gebirges etwa, ist konservative Kleidung ein absolutes Muss. Dies gilt umso mehr während des Fastenmonats **Ramadan**, sowohl in den Emiraten als auch im Oman. Auch wer nicht fastet, sollte während dieser Zeit darauf verzichten, in der Öffentlichkeit zu essen, zu trinken oder zu rauchen. Dafür gibt es vor Restaurants Sichtschirme oder die Abgeschiedenheit der Hotels.

Auch beim Besuch einer **Moschee** gelten einige Kleidervorschriften. Gepflegte Kleidung wird vorausgesetzt, nackte Beine oder Oberarme sind nicht gestattet. Vor dem Betreten der Moschee ziehen alle Besucher die Schuhe aus, Frauen müssen ihr Haar bedecken.

Ein Trugschluss wäre die Annahme, mit der **Landestracht** könne man nichts falsch machen. Während eine Dishdasha ein hervorragendes Mitbringsel ist, sollte man sie als westlicher Ausländer vor Ort nicht tragen, da sich viele Emiratis und Omanis dadurch beleidigt fühlen könnten.

Sehr unhöflich wäre es zudem, als Gastgeber keine Getränke anzubieten bzw. als Gast angebotenen **Kaffee** oder **Tee** abzulehnen. Hat man mindestens eine Tasse geleert, wird solange nachgeschenkt, bis man die leere Tasse mit der rechten Hand aus dem Handgelenk ein wenig hin- und herdreht. Ist man zum **Essen** eingeladen, kann man ruhig mehrmals zugreifen, sollte jedoch am Ende ein bisschen übrig lassen, um den Eindruck zu vermeiden, die Gastgeber hätten nicht genug auf den Tisch gebracht. Hier wie auch sonst im täglichen Leben gilt die rechte Hand als die ›gute‹. Man sollte nichts, weder Geschenke noch Wechselgeld, mit der linken Hand geben oder nehmen, da diese traditionell der Körperreinigung dient und daher bei den Arabern als ›unrein‹ gilt.

Wenn man jemandem aus einer Gruppe vorgestellt wird, sollte man allen Anwesenden die Hand reichen. Bei einer arabischen Frau wartet der Mann jedoch, bis sie von sich aus die Hand zum Gruß anbietet. Bei Zusammentreffen sitzen Araber häufig auf dem Boden eines Zeltes oder auf Kissen in einem Majlis, einem der traditionellen Empfangs- und Besprechungsräume. Gäste sollten dabei anderen nicht ihre Fußsohlen zuwenden.

Neben diesen eher speziellen Höflichkeitsregeln gilt auch in den Emiraten und im Oman die allgemeine **Etikette**, ältere Leute bevorzugt zu behandeln und Menschen nicht zu fotografieren, ohne sie vorher um Erlaubnis gefragt zu haben. In abgeschiedenen Gegenden kann das **Fotografieren** von Landschaft oder Bauwerken auf Verwunderung oder gar Unverständnis stoßen; Ordnungskräfte sind dann mitunter schnell zur Stelle. In einem solchen Fall ist es das Beste, sich als Tourist vorzustellen und vor allem ruhig zu bleiben, bis man nach einigem Hin und Her wieder ›entlassen‹ wird.

Autowracks Einblicke in eine bunte Tier- und Pflanzenwelt. Da sprechen so bildhafte Namen wie *Shark Island* (Hai-Insel) oder *Anemone Gardens* (Anemonengarten) für sich.

Empfehlenswerte Tauchbasen sind unter den *Praktischen Hinweisen* genannt.

Segeln und Motorbootsport

Vor der Küste der Emirate und des Oman finden meist zwischen Oktober und März zahlreiche Regatten – von modernen Segelbooten aller Klassen genauso wie von traditionellen Dhaus – und Powerboot-Rennen statt. Zu den größeren, international besetzten zählen:

Formula One World Championships (www.f1h2o.com): Mit bis zu 220 km/h kämpfen die F1-Powerboot-Teams aus aller Welt um den Sieg. Im Dezember werden die Rennen vor Abu Dhabi und Sharjah ausgetragen.

Dubai–Muscat Offshore Sailing Race: Die 360-Seemeilen-Regatta von Dubai City aus um die Nordspitze der Arabischen Halbinsel nach Maskat, der Hauptstadt des Oman, wird jedes Jahr im November ausgetragen. Organisator ist der:

Dubai Offshore Sailing Club, Jumeirah Beach Road, Jumeirah/Umm Suqeim, Dubai City, Tel. 04/394 16 69, www.dosc.ae

Als **Seglerparadiese** sind sowohl der *Khor al-Baydah* bei Umm al-Qaiwain als auch die Fjorde von *Musandam* im omanischen Norden bekannt.

Zahlreiche moderne Marinas säumen die Küsten der VAE und des Omans, Hotels und Klubs bieten teils Segelkurse und Charterboote an.

Entsprechende Adressen vor Ort sind unter den *Praktischen Hinweisen* der jeweiligen Punkte genannt.

Statistik

Organisation: Ende 1971 schlossen sich die Emirate Abu Dhabi, Dubai, Sharjah, Ajman, Umm al-Qaiwan und Fujairah zu den *Vereinigten Arabischen Emiraten* (VAE), auf arabisch *Al-Imarat al-Arabiyya al-Muttihada*, zusammen. Im Jahr 1972 trat auch Ras al-Khaimah der bundesstaatlichen Föderation bei, deren Mitglieder stark auf ihre Selbstständigkeit pochen. Die Amtsgeschäfte leitet der Oberste Rat, dem die herrschenden Scheichs aller sieben Emirate angehören. Eine von ihm ernannte Föderationsregierung übernimmt die Verwaltung und zeichnet für eine gemeinsame Außen-, Verteidigungs- und Ölpolitik verantwortlich. Auch Bildung, Gesundheit und Verkehr werden zum Teil zentralistisch geregelt.

Als Erstem unter Gleichen kommt Abu Dhabi im Obersten Rat eine Führungsrolle zu. Unterstützt wird es dabei – meist – durch das ebenfalls mächtige Dubai. Entsprechend sind Scheich Khalid bin Zayed al-Nahyan (Abu Dhabi) Präsident und Scheich Mohammed bin Rashid al-Maktoum (Dubai) Vizepräsident dieser einzigen Föderation der arabischen Welt. Parteien oder Wahlen gibt es nicht. Hauptstadt der VAE ist Abu Dhabi City, die Emirate und ihre jeweiligen Hauptstädte tragen stets die gleichen Namen.

Das Nachbarland *Oman* ist gemäß seiner Verfassung von 1996 eine absolute Monarchie, Staatsoberhaupt ist Sultan Qaboos bin Said. Ihn berät ein Konsultativrat, dessen Mitglieder 2003 erstmals vom Volk gewählt wurden. Hauptstadt des Oman ist Maskat.

Lage: Die *Vereinigten Arabischen Emirate* befinden sich im Nordosten der Arabischen Halbinsel. Von Süd nach Nord ziehen sich die Emirate Abu Dhabi, Dubai, Ajman, Umm al-Qaiwain und Ras al-Khaimah am Persischen Golf entlang, lediglich Fujairah besitzt eine längere Küste im Osten zum Golf von Oman hin. Im Nordwesten grenzen die VAE an Katar, im Westen und Süden an Saudi-Arabien, im Osten an den Oman.

Der *Oman* unterteilt sich in ein Kernland im Osten der Arabischen Halbinsel und die Enklave Musandam, die das felsige Nordkap an der Straße von Hormuz einnimmt. Dazwischen erstrecken sich Gebiete der VAE wie das Emirat Fujairah bis an die Ostküste am Golf von Oman. Die Nachbarländer des Oman sind im Süden der Jemen, im Westen Saudi-Arabien sowie im Nordwesten wie gesagt die Vereinigten Arabischen Emirate.

Landesnatur: Der wie ein Horn vorspringende Nordosten der Arabischen Halbinsel ist von einem relativ schmalen, fruchtbaren *Küstenstreifen* umgeben, dem sich landeinwärts Salzton- und Sandebenen anschließen. Letztere gehen im Südwesten und im Süden in die *Rub al-Khali* über, die große arabische Sandwüste, die sich viele Hundert Kilometer weit erstreckt. Ihre Dünen wandern übrigens, doch hält sich mit etwa 20 cm pro Jahr das Wachstum der Wüste in Grenzen. Parallel zum östlichen Golf von Oman erhebt sich vom felsigen Kap von Musandam im Norden bis zu den Karabergen in der südlichen Dhofar-Region des Oman das lang gestreckte felsenkahle *Hajar-Gebirge*, das mit dem Jebel Akhdar auf mehr als 300 m Höhe ansteigt.

Fläche: Oman 309 500 km^2, Abu Dhabi 67 340 km^2, Dubai 3885 km^2, Sharjah 2590 km^2, Ras al-Khaimah 1684 km^2, Fujairah 1165 km^2, Umm al-Qaiwain 777 km^2 und Ajman 259 km^2; VAE gesamt rund 83 600 km^2 (zum Vergleich: Schweiz 41 285 km^2).

Bevölkerung: Insgesamt leben in den VAE knapp 8 Mio. Menschen, gut vier Fünftel davon sind Ausländer. Neben den einheimischen Arabern leben und arbeiten hier zahlreiche Gastarbeiter aus Indien, Pakistan, Bangladesh, von den Philippinen sowie in geringerer Zahl westliche Ausländer wie Briten und Australier.

Der Oman zählt 2,8 Mio. Einwohner, etwa 28 % sind ausländische Arbeitnehmer, wie in den VAE meist ebenfalls Pakistani und Inder sowie einige westliche Ausländer. Die einheimische arabische Bevölkerung zeigt häufig schwarzafrikanische Züge, was auf den hier einst sehr bedeutenden Sklavenhandel zurückgeht.

Sprache: Arabisch ist Haupt- und Amtssprache. Im Geschäfts- und Tourismusbereich wird im Allgemeinen Englisch gesprochen, daneben ist auch Russisch weit verbreitet. Entsprechend der national stark gemischten Bevölkerung hört man auf den Straßen auch häufig Urdu, Farsi, Tagalog und zahlreiche indische Dialekte.

Religion: In den VAE und im Oman ist der Islam Staatsreligion, die Einheimischen sind jeweils zu mindestens 95 % Muslime. Während in den VAE die sunnitische Glaubensrichtung der Maliki- und Hanbali-Schulen vorherrscht, bekennen sich knapp drei Viertel der omanischen Bevölkerung zur Untergruppierung der Ibaditen, auch Charidschiten genannt, die übrigen sind Schiiten. In beiden Ländern gibt es hinduistische, christliche und jüdische Minderheiten.

Wirtschaft: Die **VAE** zählen mit einem durchschnittlichen Jahreseinkommen von 40 800 US-Dollar pro Kopf zu den reichsten Ländern der Erde. Möglich wird das durch *Erdöl- und Erdgasförderung*, die in Abu Dhabi (80 % der VAE-Förderung) seit 1962, in Dubai (10 %) seit 1970, in Sharjah (4 %) seit 1974 und in Ras al-Khaimah (1 %) seit 1984 on- und offshore betrieben wird. Die entsprechenden verarbeitenden Industrien sind zu einem Großteil entlang der Westküste angesiedelt, in Ruwais (Abu Dhabi) etwa und um Jebel Ali (Dubai), doch zwei Pipelines führen auch an die Ostküste nach Fujairah.

Der bedeutendste Verkehrsknotenpunkt der gesamten Region ist Dubai City, das durch seinen leistungsfähigen Flughafen und vor allem den modern ausgebauten Hafen zum größten Import- und Re-Exportzentrum im gesamten Nahen und Mittleren Osten avancierte. Als *Goldumschlagplatz* nimmt Dubai auch international eine Spitzenstellung ein, Schätzungen zufolge fließen 80 % der gesamten weltweit gehandelten Goldmenge über Dubai. Einen stimulierenden Effekt hat sicher die Tatsache, dass Handel und Einkommen in weiten Teilen steuerfrei und die Preise entsprechend günstig sind. Als *Finanzzentrum* ziehen die VAE auch reichlich Banken an, die sich vor allem in Abu Dhabi, Dubai und Ajman niederlassen.

Sehr bedeutend ist auch die *Tourismusindustrie*. Gleichzeitig fördern Großprojekte wie etwa in Dubai Neulandgewinnung nach dem Vorbild von *The Palm* vor der Küste oder das Hochziehen komplett neuer Stadtteile wie dem Vergnügungsviertel *Dubailand* die einheimische *Bauindustrie*. Ehrgeizige Projekte dieser Art in Abu Dhabi sind etwa das als Ökostadt geplante *Masdar City* oder das internationale Kulturzentrum auf der Insel *Saadiyat*. Mehr auf Naturerleben und Unterwassersport setzt Fujairah. Und auch die als ›Gärten der VAE‹ bekannten Emirate Ras al-Khaimah und Umm al-Qaiwain weisen im Tourismusbereich ebenfalls beachtliche Zuwachsraten auf. Im Übrigen fällt neben der *Gemüseproduktion* in den fruchtbaren Oasen im Landesinneren die landwirtschaftliche Produktion ebenso wie die Fischerei nur noch wenig ins Gewicht. Das früher so wichtige Perlentauchen ist heute bedeutungslos geworden.

Ähnlich ist die wirtschaftliche Lage im **Oman**, in dem seit 1967 *Erdöl und -gas* gefördert wird. Die Einnahmen aus dem Export entsprechen 90 % der Staatseinnahmen und machen auch den Oman zu einem wohlhabenden Staat. Raffinerien und Exporthafen befinden sich nahe der Hauptstadt Maskat. Auch der Dienstleistungssektor wächst stark. Allerdings verdienen nach wie vor etwa ein Drittel der Omanis ihren Lebensunterhalt in *Landwirtschaft* und *Fischerei*. Trockenfisch, Datteln, Granatäpfel, Zitrusfrüchte und Tabak werden exportiert, die Hochseejagd auf Haie und Thunfische ist staatlich subventioniert. Eine seit jeher wichtige Einnahmequelle ist das Sammeln von *Weihrauch*. Das wohlriechende Baumharz wird im Südoman gewonnen.

Unterkunft

Die Emirate sind für ihre erstklassigen Hotels berühmt und auch im Oman haben Urlauber zumindest in der Capital Area die Qual der Wahl. Neben den zahlreichen 5- und 4-Sterne-Unterkünften nach internationalem Standard gibt es eine ganze Reihe von einfacheren – und preisgünstigeren – Quartieren, die am bequemsten über das Internet oder nach Anfrage vor Ort zu buchen sind. Eine zentrale Vermittlung gibt es nicht. Während in *Abu Dhabi City* die gehobenen Geschäftshotels dominieren, ist in *Dubai City* vom Youth Hostel bis zum Luxus- und Resorthotel alles vertreten. Um Enttäuschungen zu vermeiden, ist jedoch ein minimaler Standard von wenigstens drei Sternen zu empfehlen.

Im direkten Vergleich dazu möchte sich *Sharjah City* gern als dubainahe, aber ruhige Alternative etablieren, *Ras al-Khaimah* setzt auf Erholung und *Fujairah* samt *Khor Fakkan* zieht in erster Linie Taucher und Wassersportler an. Sehr breit ist auch das Unterkunftsangebot in *Maskat*, das gepflegte Privatpensionen ebenso umfasst wie effiziente Stadt- und gestylte Strandhotels. Auch an Omans Küste finden sich in allen größeren Orten akzeptable Hotels, anders als in den Bergen im Landesinneren.

Besondere Empfehlungen sind unter den *Praktischen Hinweisen* bei den Ortsbeschreibungen im Hauptteil aufgeführt.

Verkehrsmittel

Bus

Auf Überlandstrecken, auch zwischen den Emiraten und dem Oman, verkehren sowohl Minibusse als auch komfortable klimatisierte Großbusse. Die Fahrpreise sind jeweils sehr gering. Innerhalb der Ortschaften erreicht man die Busbahnhöfe am einfachsten per Taxi.

Flugzeug

Mit dem Flugzeug reist man bequem von der Ost- an die Westküste oder auch in die Oasenstädte im Landesinneren. Jeder größere Ort besitzt einen nationalen, oft sogar einen internationalen Flughafen. Diese werden regelmäßig von den nationalen Airlines) sowie einigen kleineren Fluglinien angeflogen:

Etihad, www.etihadairways.com
Emirates, www.emirates.com
Air Arabia, www.airarabia.com
Oman Air, www.omanair.com

Mietwagen

Um die Emirate und den Oman unabhängig und auch einmal abseits der Hauptverkehrsstraßen zu erkunden, ist ein Mietwagen genau das Richtige. Alle großen internationalen und zahlreiche nationale Autoverleiher sind auf den Flughäfen in Abu Dhabi, Dubai, Sharjah und Maskat sowie in allen größeren Städten vertreten. Man kann auch einen Wagen mit Chauffeur mieten, die Preise für eine längere Mietdauer sind verhandelbar. Benzin ist überall in der Gegend für mitteleuropäische Verhältnisse mehr als günstig.

Manche autobahnähnlich ausgebaute Straßenabschnitte in Dubai sind mautpflichtig. Sie sind deutlich mit dem gelb grundierten Schild *Salik* (www.salik.gov.ae) gekennzeichnet. So gut wie alle Mietwagen verfügen über eine elektronisch lesbare Plakette an der Windschutzscheibe. Die Gebühr wird dann an Mautstellen, etwa an der Sheikh Zayed Road bei der Mall of Emirates, automatisch abgebucht.

Die meisten Straßen sind sehr gut ausgebaut und auch harte Sandpisten sind in aller Regel kein Problem für einen normalen Pkw. Für Offroad-Fahrten, in Wadis etwa, ins Hajar-Gebirge oder in die Sandwüste der Rub al-Khali, ist ein Wagen mit Allradantrieb (4x4) ein Muss. Alle Fahrzeuge sind mit Klimaanlage ausgestattet.

Wer von den Emiraten in den Oman oder umgekehrt fahren will, sollte das bei der Buchung erwähnen, denn man kann die Grenze nur mit einer speziellen, für das jeweils andere Land gültigen Mietwagen-Versicherung passieren.

Das gilt auch für die Einreise von Ras al-Khaimah nach Musandam, nicht jedoch beim bloßen Durchqueren von Enklaven. Nicht eindeutig geregelt ist, wie die Fahrt mit dem Mietwagen vom südlichen Teil des Oman aus in den Norden nach Musandam gehandhabt wird, während der man ein ganzes Stück durch die VAE fährt. Auskunft geben die Autoverleiher.

Taxi

Taxi fahren ist in den Emiraten und im Oman sehr preiswert. In Abu Dhabi und Dubai sowie in Maskat sind alle Taxis mit Taxameter ausgestattet, der mit einer geringen Grundgebühr startet. Ansonsten vereinbart man vor Fahrtantritt mit dem Fahrer einen festen Preis. Für Nachtfahrten wird meist ein Zuschlag erhoben.

Man sollte darauf gefasst sein, dass Taxifahrer das angegebene Fahrtziel nicht immer kennen, selbst wenn sie das beteuern. Gut ist es, wenn man die Richtung angeben kann, andernfalls fragen sich die Fahrer unterwegs bei Kollegen durch.

Sprachführer

Arabisch für die Reise

Das Wichtigste in Kürze

Ja/Nein	*na'am/lâ*	نعم/لا
Bitte/Danke	*'afwan/schukran*	عفوا/شكرا
Bitte (anbietend)	*tafaddal*	تفضل
Bitte (fragend)	*min fadlika (-ki)**	من فضلك
Entschuldigung!	*ana âsif (-fa)*!*	أنا آسف (فة)!
Wie bitte?	*na'am?*	نعم؟
Ich verstehe Sie nicht.	*ana la afhamuk (-ki)*.*	أنا لا أفهمك.
Gut! / In Ordnung!	*jayyed!*	جيد!
Können Sie mir bitte helfen?	*mumkin an tusâ'idni min fadlik?*	ممكن أن تساعدني من فضلك؟
Das gefällt mir (nicht).	*haḏâ yu'jibni (lâ yu'jibni).*	هذا يعجبني (لا يعجبني).
Ich möchte ...	*urîd ...*	أريد ...
Wie viel kostet das?	*mâḏa yukallif haḏâ?*	ماذا يكلف هذا؟
Kann ich mit Kreditkarte bezahlen?	*mumkin an adfa' bibitâqat bank?*	ممكن أن أدفع ببطاقة بنك؟
Guten Morgen!	*sabâh-al-chêr!*	صباح الخير!
Antwort:	*sabâh-an-nûr!*	صباح النور!
Guten Tag!	*as-salâmu 'alaikum!*	السلام عليكم!
Antwort:	*'alaikum as-salâm!*	عليكم السلام!
Guten Abend!	*masâ-al-chêr!*	مساء الخير!
Antwort:	*masâ-an-nûr!*	مساء النور!
Gute Nacht!	*laila sa'îda!*	ليلة سعيدة!

Wochentage

Montag	*al-iṯnain*	الإثنين
Dienstag	*aṯ-ṯalâṯâ*	الثلاثاء
Mittwoch	*al-irba'â*	الإربعاء
Donnerstag	*al-chamîs*	الخميس
Freitag	*al-jum'a*	الجمعة
Samstag	*as-sabt*	السبت
Sonntag	*al-ahad*	الأحد

Monate

Januar	*yanâîr*	يناير
Februar	*fibrâîr*	فبراير
März	*mârs*	مارس
April	*âbrîl*	أبريل
Mai	*mâyû*	مايو
Juni	*yûnyû*	يونيو
Juli	*yûlyû*	يوليو
August	*âghustus*	أغسطس
September	*sibtambar*	سبتمبر
Oktober	*uktûbar*	أكتوبر
November	*nûfambar*	نوفمبر
Dezember	*dîsambar*	ديسمبر

Zahlen

0	*sifr*	صفر	٠
1	*wâhid*	واحد	١
2	*iṯnân*	اثنان	٢
3	*ṯalâṯa*	ثلاثة	٣
4	*arba'a*	أربعة	٤
5	*chamsa*	خمسة	٥
6	*sitta*	ستة	٦
7	*sab'a*	سبعة	٧
8	*ṯamâniya*	ثمانية	٨
9	*tis'a*	تسعة	٩
10	*'aschara*	عشرة	١٠
11	*ahada 'aschar*	أحد عشر	١١
12	*iṯnâ 'aschar*	إثنا عشر	١٢
13	*ṯalâṯat 'aschar*	ثلاثة عشر	١٣
14	*arba'at 'aschar*	أربعة عشر	١٤
15	*chamsat 'aschar*	خمسة عشر	١٥
16	*sittat 'aschar*	ستة عشر	١٦
17	*sab'at 'aschar*	سبعة عشر	١٧
18	*tamâniyat' aschar*	ثمانية عشر	١٨
19	*tis'at 'aschar*	تسعة عشر	١٩
20	*'ischrîn*	عشرين	٢٠
21	*wâhid wa'ischrîn*	واحد وعشرين	٢١
22	*iṯnân wa'ischrîn*	إثنان وعشرين	٢٢
30	*ṯalâṯîn*	ثلاثين	٣٠
40	*arba'în*	أربعين	٤٠
50	*chamsîn*	خمسين	٥٠
60	*sittîn*	ستين	٦٠
70	*sab'în*	سبعين	٧٠
80	*ṯamânîn*	ثمانين	٨٠
90	*tis'în*	تسعين	٩٠
100	*mia*	مئة	١٠٠
200	*miatain*	مئتين	٢٠٠
1000	*alf*	ألف	١٠٠٠
2000	*alfain*	ألفين	٢٠٠٠
10000	*'aschrat âlâf*	عشرة آلاف	١٠٠٠٠
100000	*miat alf*	مئة ألف	١٠٠٠٠٠
1/2	*nisf*	نصف	٢/١
1/4	*rub'*	ربع	٤/١

Hallo! / Grüß dich!	*marhaba!*	مرحبا!
Wie ist Ihr Name, bitte?	*ma ismuka (-ki)* min fadlik?*	ما اسمك من فضلك؟
Mein Name ist …	*ismi …*	إسمي …
Auf Wiedersehen!	*ma'as-salama!*	مع السلامة!
Bis morgen!	*ilal-ghadd!*	إلى الغد!
gestern / heute / morgen	*al-bâriha / al-yaum / al-ghadd*	البارحة/اليوم/الغد
am Vormittag / am Nachmittag	*qablad-duhr / ba'dad-duhr*	قبل الظهر/بعد الظهر
am Abend / in der Nacht	*fil-masâ / fil-lail*	في المساء/في الليل
um 1 Uhr / 2 Uhr …	*fis-sâ'al-wâhida / at-tâniya …*	في الساعة الواحدة/الثانية …
um … Uhr 30	*fis-sâ'a … wa nisf*	في الساعة…ونصف
Minute(n) / Stunde(n)	*daqîqa (daqâiq) / sâ'a (sâ'ât)*	دقيقة (دقائق)/ساعة(ساعات)
Tag(e) / Woche(n)	*yaum (ayyâm) / usbû' (asâbî')*	يوم (أيام)/ أسبوع (أسابيع)
Monat(e) / Jahr(e)	*schahr (aschhur) / sana (sinîn)*	شهر (أشهر)/سنة (سنين)

Unterwegs

Nord / Süd / West / Ost	*schamâl / janûb / gharb / scharq*	شمال/جنوب/غرب/شرق
geöffnet / geschlossen	*maftûh / mughlaq*	مفتوح/مغلق
geradeaus / links / rechts / zurück	*ilal-amâm / ilal-yasâr / ilal-yamîn / ilal-warâ*	إلى الأمام/ إلى اليسار/ إلى اليمين/ إلى الوراء
nah / weit	*qarîb / baîd*	قريب/ بعيد
Wie weit ist das?	*kam il-masâfa?*	كم المسافة؟
Wo sind die Toiletten?	*ain al-mirhâd min fadlik?*	أين المرحاض من فضلك؟
Wo ist die (der) nächste …	*aina yûjad hunâ …*	أين يوجد هنا …
Telefonzelle / Bank / Polizei / Post?	*telefon / bank / schorta / barîd ?*	تلفون/بنك/ شرطة/ بريد؟
Bitte, wo ist …	*min fadlik aina …*	من فضلك أين…
der Flughafen / der Fährhafen / der Bahnhof / der Busbahnhof?	*al-matâr / al-mîna / mahattat al-qitâr / mahattat al-bâs?*	المطار/ الميناء/ محطة القطار/ محطة الباص؟
Wo finde ich …	*aina yûjad …*	أين يوجد …
eine Bäckerei / den Markt / ein Lebensmittelgeschäft?	*dukkan chubs / as-sûq / biqâla?*	دكان خبز/ السوق/ بقالة؟
Ist das der Weg nach …?	*hal yuwassil hadâ-attarîq ilâ …?*	هل يوصل هذا الطريق إلى…؟
Ich möchte mit …	*urîd an usâfir …*	أريد أن أسافر…
dem Bus / der Fähre / dem Flugzeug / dem Zug nach … fahren.	*bil-bâs / bis-safîna / bit-tâira / bil-qitâr ilâ …*	بالباص/ بالسفينة/ بالطائرة/ بالقطار إلى…
Wo ist …	*aina …*	أين …
das Fremdenverkehrsamt / ein Reisebüro?	*maktab as-siyâha / maktab as-safar?*	مكتب السياحة/ مكتب السفر؟
Ich benötige eine Hotelunterkunft.	*ana ahtâj ilâ funduq.*	أنا أحتاج إلى فندق.
Ich möchte eine Anzeige erstatten.	*urîd an uqaddim schakwa.*	أريد أن أقدم شكوى.
Man hat mir ….	*saraqû li …*	سرقوا لي…
Geld / die Tasche / die Papiere / die Schlüssel / den Fotoapparat / den Koffer gestohlen.	*nuqûd / asch-schanta / al-awraaq / al-mafâtîh / âlat at-taswîr / al-haqîba.*	نقود/الشنطة/ الأوراق/ المفاتيح/ آلة التصوير/ الحقيبة.

Hinweise zur Aussprache

â, û, î, ô, ê	lange Vokale wie in H**ah**n, H**uh**n, M**ie**te, B**oh**ne, M**ee**r
ch	wie ›ch‹ in Bu**ch**
d	wie das stimmhafte englische ›th‹ in **th**e
gh	›r‹ wie in **R**and
j	›dsch‹ wie in **J**ournal
t	wie das stimmlose englische ›th‹ in **th**ing
w	wie das englische ›w‹ in **w**all
z	wie ›s‹ in **s**ehr
'	stimmhafter Kehllaut, klingt wie ein aus der Kehle gepresstes ›a‹
( )*	die jeweilige weibliche Form

Bank, Post Telefon

Ich möchte Geld wechseln.	*urîd an usarref nuqûd.*	أريد أن أصرف نقود.
Brauchen Sie meinen Reisepass?	*hal tahtâj ilâ jawas safarî?*	هل تحتاج إلى جواز سفري؟
Ich möchte eine Telefon-verbindung nach …	*urîd an attasil bi …*	أريد أن أتصل بـ...
Haben Sie …	*hal 'indak …*	هل عندك …
Telefonkarten / Briefmarken?	*kart telefon / tawabi' barîd?*	كرت تلفون/ طوابع بريد؟

Tankstelle

Wo ist die nächste Tankstelle?	*aina tûjad mahattat banzîn qarîba?*	أين توجد محطة بنزين قريبة؟
Ich möchte … Liter …	*urîd … liter*	أريد ... لتر
Benzin / Super /	*banzîn / super /*	بنزين/ سوبر/
Diesel / bleifrei.	*diesel / bidûn rasâs.*	ديزل/ بدون رصاص.
Volltanken, bitte!	*imla il-chazzân min fadlik!*	إملا الخزان من فضلك!
Bitte prüfen Sie …	*mumkin an tafhas …*	ممكن أن تفحص ...
den Reifendruck / Ölstand /	*al-hawa / az-zêt /*	الهواء/ الزيت/
den Wasserstand /	*al-mai /*	الماء/
die Batterie.	*al-battariyya.*	البطارية.

Panne

Ich habe eine Panne.	*ta'attalat sayyarati.*	تعطلت سيارتي.
Der Motor startet nicht.	*al-mator la yadûr.*	المتور لا يدور.
Gibt es hier in der Nähe eine Werkstatt?	*aina yûjad huna garaj?*	أين يوجد هنا جراج؟
Können Sie mir einen Abschleppwagen schicken?	*mumkin an tab'aṯ li sayyara lis-sahb?*	ممكن أن تبعث لي سيارة للسحب؟
Können Sie den Wagen reparieren?	*mumkin an tusalleh as-sayyara?*	ممكن أن تصلح السيارة؟
Bis wann?	*ilâ matâ?*	إلى متى؟
Ich möchte ein Auto mieten.	*urîd an astâjir sayyara.*	أريد أن أستأجر سيارة.
Was kostet die Miete …	*kam al-îjâr fi …*	كم الإيجار في...
pro Tag / pro Woche /	*al-yaum / al-usbû' /*	اليوم/ الأسبوع/
mit unbegrenzter km-Zahl /	*ma' tahdîd al-kîlometrat /*	مع تحديد الكيلومترات/
mit Kaskoversicherung /	*ma' tamîn kâmil /*	مع تأمين كامل/
mit Kaution?	*ma' kafâla?*	مع كفالة؟
Wo kann ich den Wagen zurückgeben?	*ilâ aina urajje' as-sayyara?*	إلى أين أرجع السيارة؟

Unfall

Hilfe!	*an-najda!*	النجدة!
Achtung! / Vorsicht!	*intabeh! / al-haḏar!*	إنتبه!/الحذر!
Rufen Sie bitte schnell …	*utlub bi-sur'a min fadlik …*	أطلب بسرعة من فضلك ...
einen Krankenwagen /	*sayyârat is'âf /*	سيارة إسعاف/
die Polizei / die Feuerwehr.	*asch-schurta / al-itfâiyya.*	الشرطة/الإطفائية.
Es war (nicht) meine Schuld.	*ana-l-masûl (lastul-masûl) 'an wuqû' al-hâdiṯ.*	أنا المسؤول (لست المسؤول) عن وقوع الحادث.
Ich brauche die Angaben zu Ihrer Autoversicherung.	*a'tini al-ma'lûmât 'an tamîn as-sayyâra.*	أعطني المعلومات عن تأمين السيارة.
Geben Sie mir bitte Ihren Namen und Ihre Adresse.	*a'tini ismak wa'unwanak min fadlik.*	أعطني إسمك وعنوانك من فضلك.

Krankheit

Können Sie mir einen Arzt / Zahnarzt empfehlen?	*mumkin an turschidnî ilâ tabîb / tabîb asnân?*	ممكن أن ترشدني إلى طبيب/ طبيب أسنان؟
Wann hat er Sprechstunde?	*matâ mawâîd al-'iyâda?*	متى مواعيد العيادة؟
Wo ist die nächste Apotheke?	*aina aqrab saidaliyya?*	أين أقرب صيدلية؟

Ich brauche ein Mittel gegen …	*ahtâj ilâ dawâ dedd …*	أحتاج إلى دواء ضد…
Durchfall / Fieber /	*ishâl / hummâ /*	إسهال/حمى/
Insektenstiche /	*lad' al-hascharât /*	لذع الحشرات/
Kopfschmerzen / Verstopfung /	*sudâ'/ imsâk /*	صداع/ إمساك/
Zahnschmerzen.	*waja' asnân.*	وجع أسنان.

Im Hotel

Ich habe bei Ihnen ein Zimmer reserviert.	*ana hajazt ghurfa 'indakum.*	أنا حجزت غرفة عندكم.
Haben Sie …	*hal yûjad 'indakum …*	هل يوجد عندكم …
ein Einzelzimmer /	*ghurfa bi-sarîr wâhid /*	غرفة بسرير واحد/
Doppelzimmer …	*ghurfa bi-sarîrain …*	غرفة بسريرين …
mit Dusche /	*ma' dûsch /*	مع دوش/
mit Bad / WC …	*ma' hammâm / mirhâd …*	مع حمام/مرحاض …
für eine Nacht /	*li laila wahida /*	لليلة واحدة/
für eine Woche ?	*li usbû' wâhid ?*	لأسبوع واحد؟
Was kostet das Zimmer mit …	*kam tukallif al-ghurfa ma'…*	كم تكلف الغرفة مع …
Frühstück /	*al-futûr /*	الفطور/
Halbpension?	*wajbatein?*	وجبتين؟

Im Restaurant

Wo gibt es ein gutes und günstiges Restaurant?	*aina yûjad huna mat'am jayyed wa rachîs ?*	أين يوجد هنا مطعم جيد ورخيص؟
Die Speisekarte, bitte.	*qâimat at-ta'âm min fadlik .*	قائمة الطعام من فضلك.
Haben Sie vegetarische Gerichte?	*'indakum akl nabâti?*	عندكم أكل نباتي؟
Die Rechnung! / Bezahlen, bitte!	*al-hisâb min fadlik!*	الحساب من فضلك!

Essen und Trinken

Apfel	*tuffâh*	تفاح
Banane	*mauz*	موز
Brot / Toast	*chubs / tôst*	خبز/توست
Datteln	*tamr*	تمر
Essig	*chall*	خل
Fisch	*samak*	سمك
Fladenbrot	*chubz baladi*	خبز بلدي
Fleisch	*lahm*	لحم
Fruchtsaft	*'asîr fawakeh*	عصير فواكه
Gemüse	*chudra*	خضرة
Huhn	*dajâja*	دجاجة
Kartoffeln	*batâta*	بطاطا
Meeresfrüchte	*makûlât bahriyya*	مأكولات بحرية
Milch	*halîb*	حليب
Milchkaffee	*qahwa bi-halîb*	قهوة بحليب
Mineralwasser	*mâ ma'daniyya*	ماء معدنية
Nudeln	*makrûna*	مكرونة
Öl	*zait*	زيت
Oliven	*zaitûn*	زيتون
Orange	*burtuqâl*	برتقال
Reis	*ruzz*	رز
Schafskäse	*jubn ghanam*	جبن غنم
Süßigkeiten	*halwayât*	حلويات
Tee	*schâi*	شاي
Thunfisch	*samak tûna*	سمك تونة
Wassermelone	*battîch*	بطيخ
Zucker	*sukkar*	سكر

Ägypten	■	■
Algarve	■	■
Allgäu	■	■
Alpen – Freizeitparadies	■	
Amsterdam	■*	■*
Andalusien	■*	■*
Australien	■	■
Bali & Lombok	■	■
Baltikum	■	■
Barcelona	■*	■*
Bayerischer Wald	■	■
Berlin	■*	■*
Bodensee	■	■
Brandenburg	■	■
Brasilien	■	
Bretagne	■	■
Budapest	■*	■*
Bulgarische Schwarzmeerküste	■	■
Burgund	■	
City Guide Germany	■	
Costa Brava und Costa Daurada	■	
Côte d'Azur	■	■
Dänemark	■	■
Dalmatien	■	■
Deutschland – Die schönsten Autotouren		■
Deutschland – Die schönsten Orte und Regionen	■	■
Deutschland – Die schönsten Städtetouren	■	
Dresden	■*	■*
Dubai, Vereinigte Arab. Emirate, Oman	■	■
Elsass	■*	■*
Emilia Romagna	■*	■*
Florenz	■	■
Florida	■	■
Franz. Atlantikküste	■	■
Fuerteventura	■	■
Gardasee	■	■
Golf von Neapel	■	■
Gran Canaria	■	■
Hamburg	■	■
Harz	■*	■*
Hongkong & Macau	■	
Ibiza & Formentera	■	■
Irland	■	■
Israel	■	■
Istanbul	■	■
Istrien und Kvarner Bucht	■	■
Italien – Die schönsten Orte und Regionen	■	■
Italienische Adria	■	■*
Italienische Riviera	■	■*
Jamaika	■	
Kalifornien	■	■
Kanada – Der Osten	■	■
Kanada – Der Westen	■	■
Karibik	■	■
Kenia	■	■
Korfu & Ionische Inseln	■	■
Kreta	■	■
Kuba	■	■
Kykladen	■	
Lanzarote	■	■
Leipzig	■	■*
Lissabon	■	■*
London	■	■
Madeira	■	■
Mallorca	■	■
Malta	■	■
Marokko	■	■
Mauritius & Rodrigues	■	■
Mecklenburg-Vorpommern	■	■*
München	■	■*
Neuengland	■	■
Neuseeland	■	■
New York	■	■*
Niederlande	■	■
Norwegen	■	■
Oberbayern	■	■
Paris	■	■
Peloponnes	■	
Piemont, Lombardei, Valle d'Aosta	■	■*
Polen	■	■
Portugal	■	■*
Prag	■	■*
Provence	■	■
Rhodos	■	■
Rom	■	■
Rügen, Hiddensee, Stralsund	■	■
Salzburg	■	■*
St. Petersburg	■	■
Sardinien	■	■
Schleswig-Holstein	■	■
Schottland	■	■
Schwarzwald	■	■*
Schweden	■	■
Schweiz	■*	■*
Sizilien	■	■
Spanien	■	■
Südafrika	■	■
Südengland	■	■
Südtirol	■	■*
Sylt	■	■
Teneriffa	■	■
Tessin	■	■
Thailand	■	■
Thüringen	■	■
Toskana	■*	■*
Trentino	■	■
Tunesien	■	■
Türkei – Südküste	■	■
Türkei – Westküste	■	■
Umbrien	■	
Ungarn	■	■
USA – Südstaaten	■	
USA – Südwest	■	■
Usedom	■	■
Venedig	■	■
Wien	■	■*
Zypern	■	■

* mit Reise-Videos oder Audio-Features (abrufbar über QR-Code)

■ **ADAC Reiseführer**
144 bzw. 192 Seiten

■ **ADAC Reiseführer plus**
(mit Extraplan)
144 bzw. 192 Seiten

Foto: © Jens Wulf - Fotolia.com

Stand: 4/2013

Mehr erleben, besser reisen ... mit ADAC Reiseführern!

Register

Impressum

Chefredakteur: Dr. Hans-Joachim Völse
Textchefin: Dr. Dagmar Walden
Chef vom Dienst: Bernhard Scheller
Lektorat und Bildredaktion: Thomas Paulsen
Aktualisierung: Elisabeth Schnurrer
Kartographie: ADAC e.V. Kartographie/KAR, Computerkartographie Carrle
Layout: Suse Uhmann
Herstellung: Barbara Thoma
Druck, Bindung: Rasch Druckerei und Verlag

Ansprechpartner für den Anzeigenverkauf:
KV Kommunalverlag GmbH & Co KG,
München, Tel. 089/92 80 96 53

ISBN 978-3-89905-944-1

Neu bearbeitete Auflage 2014

Bildnachweis

Titel:
Das Hotel Burj al-Arab in Dubai City.
Foto: Corbis (George Hammerstein)

Action Press: 5.1 (Robert Schlesinger) – **AKG:** 10, 11.1, 11.2 – **Argus:** 25 oben (Peter Frischmuth) – **Getty Images:** 4.2 (Mark Horn), 57 (Gavin Hellier), 44 (N.N.) – **Ralf Freyer:** 2.4 (Wh.), 9.1 (Wh.), 14/15, 18, 23, 35.1, 36.2, 37.1, 46.2, 48, 49.2, 53, 66, 70/71, 71, 72.1, 76, 78.1, 81, 82, 83, 85.2, 103, 105, 106.1, 106.3, 106.5, 111, 113.2 – **Hartmuth Friedrichsmeier:** 6.1 (Wh.), 9.2 (Wh.), 32, 34 (M. Heimbach), 35.2 (T. Stankiewicz), 39, 46.1, 59.2 (M. Heimbach), 59.4 (T. Stankiewicz), 68.1, 69, 73, (M. Heimbach), 88.1 (T. Stankiewicz), 98.2, 102, 118, 120.1, 128, 131 (M. Heimbach) – **Sabina Gaßner:** 13, 30/31, 37.2, 72.2, 106.2, 106.4, 117, 119.1, 119.2, 126 – **Rainer Hackenberg:** 4.1, 7.3 (Wh.), 12, 25.2, 49.1, 50.1, 56, 63.1, 63.2, 78.2, 85.1, 86, 88.2, 91.1, 92, 93, 94, 95, 96, 101, 107, 109, 110, 112.1, 112.2, 114, 115.2, 116.1, 116.2 – **Bildagentur Huber:** 3 (Wh.), 5.2 (R. Schmid), 8/9 unten, 17, 64, 68.2, 120.2 (R. Schmid), 127 (Udo Bernhart) – **Interfoto:** 42/43 (Raga) – **IFA:** 27 (Hasenkopf), 47 (NOK), 54 (Aberham), 98.1 (Shashin Koubou), 113.1 (Aberham) – **Kempinski Emirates Palace:** 29 – **laif:** 2.2 (Wh.), 2.3 (Wh.), 7.2 (Wh.), 8.1 (Kirchgessner), 9.3 (Jens Neumann/Edgar Rodtmann), 19 (Thomas Linkel), 26 (Zhang Ning), 36.1 (Krause), 40 (Bella/Keystone Schweiz), 45 (Sasse), 50.2 (Piepenburg), 52, 55 (Thomas Ebert), 59.1 (Kirchgessner), 59.5 (Rodtmann), 61, 77 (Kirchgessner), 120.3 (N.N.), 124 (Piepenburg) – **Look:** 38 (Bernhard Limberger), 97 (Reinhard Dirscherl) – **Harald Mielke:** 75 – **Photo Press:** 115.1 (JBE) – **Jochen Tack:** 51 – **Visum:** 2.1 (Wh./7.1), 6.2 (Wh./59.3), 7.1 (Thies Raetzke), 59.3 (Björn Göttlicher)